W0299810

FETTNÄPFCHENFÜHRER

CONBOOK.

Bei einem lang zurückliegenden Gang in die örtliche Stadtbibliothek stellte **Daniel Müller**, 1974 in Halle/Saale geboren, erstaunt fest, dass es auch Reiseführer für Individualisten gibt. Die spontane Reaktion war: Das mache ich auch. Dieser Besuch hatte ungeahnte Konsequenzen. Seit nunmehr über 20 Jahren tourt er regelmäßig durch Asien, mit den Achsen Shanghai-Singapur und Mumbai-Manila als grobe Koordinaten und Thailand als »Basislager«. Er hat Politikwissenschaft und Neue Geschichte in Halle, Wien, Zürich und Kairo studiert und arbeitet als Südostasien-Verantwortlicher bei einem renommierten Wirtschaftsverband. Daniel Müller lebt und arbeitet in Berlin und Hamburg.

THAILAND

FETTNÄPFCHENFÜHRER

ENTSPANNT WÄHRT AM LÄNGSTEN

DANIEL MÜLLER

MIX
Papier aus verantwortungsvollen Quellen
FSC® C014496
FSC
www.fsc.org

3., komplett überarbeitete und aktualisierte Auflage
© Conbook Medien GmbH, Neuss, 2019, 2014
Alle Rechte vorbehalten

www.conbook-verlag.de

Einbandgestaltung: Weiß-Freiburg GmbH – Graphik & Buchgestaltung unter Verwendung eines Motivs von © shutterstock.de/Roma Black
Satz: Röser MEDIA, Karlsruhe
Druck und Verarbeitung: GGP Media GmbH, Pößneck

Printed in Germany

ISBN 978-3-95889-196-8

Die in diesem Buch dargestellten Zusammenhänge, Erlebnisse und Thesen entstammen den Erfahrungen und/oder der Fantasie des Autors und/oder geben seine Sicht der Ereignisse wieder. Etwaige Ähnlichkeiten mit lebenden Personen, Unternehmen oder Institutionen sowie deren Handlungen und Ansichten sind rein zufällig. Die genannten Fakten wurden mit größtmöglicher Sorgfalt recherchiert, eine Garantie für Richtigkeit und Vollständigkeit können aber weder der Verlag noch der Autor übernehmen. Lesermeinungen gerne an feedback@conbook.de

Folgen Sie uns!

Wir informieren Sie gerne und regelmäßig über Neuigkeiten aus der Welt des CONBOOK Verlags. Folgen Sie uns für News, Stories und Informationen zu unseren Büchern, Themen und Autoren.

www.conbook-verlag.de/newsletter
www.facebook.com/conbook
www.instagram.com/conbook_verlag

INHALT

VORWORT 9

1 LEBEN UND LEBEN LASSEN 12
oder Die hohe Kunst des Small Talks

2 DREI ENGEL FÜR CHARLIE 21
oder Nomen ist nicht immer Omen

3 HÄNDE GEFALTET, NICHT GESCHÜTTELT 28
oder Ein Hallo auf Augenhöhe

4 BITTE LÄCHELN! 35
oder Das verletzliche Gesicht

5 HIMMEL OBEN, ERDE UNTEN 41
oder Chef sein ist nicht leicht

6 IMMER SCHÖN RESERVIERT 52
oder Schenken leicht gemacht

7 DIE ENTDECKUNG DER LANGSAMKEIT 58
oder Wer zu spät kommt, hat ein volles Leben

8 ES GEHT AUCH BILLIGER 68
oder Das Mensch-ärgere-dich-nicht-Prinzip

9 ZU SCHÖN, UM ECHT ZU SEIN 77
oder Auf der Suche nach Evas Rippe

10 IRGENDWIE, IRGENDWO, IRGENDWANN 86
oder Wegangaben ohne Gewähr

11 **EIN TAG AM MEER** **94**
oder Das Sonnenstrahlen-Paradoxon

12 **DAS RECHT NEHM ICH MIR** **104**
oder Hundert (nicht legale) Einkommenstricks

13 **ENGE VERHÄLTNISSE** **111**
oder Die Thai-Familie, eine Allianz fürs Leben

14 **DON'T TOUCH THE MONK!** **121**
oder Wenn es Buddha (fast) das Lächeln verschlägt

15 **WASSER MARSCH!** **133**
oder Neujahr einmal anders

16 **DAS KARAOKE-KOMPLOTT** **140**
oder Jeder amüsiert sich, so gut er kann

17 **FREIE BAHN FÜR KAMPFKÄFER** **146**
oder Über Bräuche mit Nebenwirkungen

18 **BESUCH VON NEBENAN** **153**
oder Einer flog übers Geisterhäuschen

19 **ARM, ABER ADRETT** **161**
oder Thailändisches Kleider-Einmaleins

20 **IM KÖNIGREICH DER VERBORGENEN LECKERBISSEN** **168**
oder Simplify your order!

21 **ROYALES THAILAND** **178**
oder Ein König und eine Seele

22 **EINER FÜR ALLE** **185**
oder Zahlen macht glücklich

23 **SICHER IST SICHER** **190**
oder Ein Talisman für alle Fälle

24 **GUTE ZEITEN, BESSERE ZEITEN** **198**
oder Der Sparstrumpf als Ladenhüter

25 **SCHUHLOS GLÜCKLICH** **205**
oder Der Gast, ein König mit Pflichten

26 **LEGAL, ILLEGAL ...** **212**
oder Wer spielt, hat Spaß

27 **MIT KOPF, HÄNDEN UND FÜSSEN** **218**
oder Interkulturelle Gelenkgymnastik

28 **EINE STADT SIEHT GELB** **225**
oder Die wundersame Welt der Farben

29 **NO HAIRCUT TODAY!** **230**
oder Vor versperrter Tür zu stehen ist menschlich

30 **DAS ECHO IM PALMENHAIN** **236**
oder Don't worry, be Thai

ANHANG **244**
10 Dinge, die Sie getan haben müssen

ANHANG **246**
10 Handlungen, die Sie unbedingt vermeiden sollten

ANHANG **248**
Glossar

VORWORT

Thailand. Das ist eines jener exotischen Länder, die einem selbst von ferne erstaunlich vertraut erscheinen. Das hat seine Gründe. Schließlich gibt es in jeder größeren deutschsprachigen Stadt ein Thai-Restaurant, das mehr oder minder authentische Landesküche anbietet. Außerdem kennen wahrscheinlich viele jemanden, der schon einmal den Urlaub in dem südostasiatischen Königreich, dessen Gestalt an einen Elefantenkopf erinnert, verbracht hat. Hinzu kommen TV-Reportagen, in denen mit besonderer Hingabe vor allem diejenigen Seiten Thailands beleuchtet werden, die die westliche Fantasie auf Trab bringen. Aber wie realistisch ist unser Thailandbild? Welchen vorgefassten Meinungen und voreiligen Urteilen sitzen wir auf? Wie ticken die Thais wirklich? Was ist ihnen wichtig, was können sie partout nicht ab? Und daraus folgend: Welche »kulturellen Mindestvorkehrungen« sollte der Besucher treffen, um nicht aufzutreten wie ein Rhinozeros im Orchideengarten? Wo haben Thais ihre Tabuzonen, und wo lauert für den Besucher entsprechend akute Blamagegefahr? Einfache Fragen, faszinierende Antworten. Fest steht: Thais sind ein außergewöhnlicher Menschenschlag, echte Unikate. Fast alles tun sie exakt so, wie es ihnen beliebt. »Land der Freien« – diesen Ehrentitel trägt Thailand mit Fug und Recht.

Wenig läuft hier so, wie man es vermuten würde. Mit einem Wort: Thais sind überaus eigensinnig. Eigensinnig und entspannt. Sie wissen den Wert einer geselligen Runde und eines üppigen Festmahls ohne jede Einschränkung zu schätzen. Ich genieße, also bin ich. So könnte das Lebensmotto der Thais lauten. Sich nicht von ihrem Frohsinn, ihrem Faible für Vergnügungen und ihrer Lebensfreude anstecken zu lassen, ist fast ein Ding der Unmöglichkeit. Dies garantiert dem Landesgast viel Kurzweil, aber auch die eine oder andere Überraschung. Und hier wird die Sache ein wenig unübersichtlich. Denn natürlich braucht jede Gesellschaft verbindliche Regeln und Normen. Gerade in Thailand werden Tradition und Etikette großgeschrieben. Dabei fragt man sich, wie das zusammengeht: Wie bekommen Thais Individualität und Anpassung unter einen Hut? Ganz einfach: Sie kultivieren den Spagat, üben sich in der Disziplin des Sowohl-als-auch und geben dem Begriff Flexibilität ungeahnte Wendungen. Bei all dem muss jedoch das eigene »Gesicht« unter allen Umständen gewahrt bleiben.

Ihr manchmal völlig unvorhersehbares Verhalten macht es dem Ausländer nicht eben leicht, sich allzeit stilsicher unter Thais zu bewegen. Hiervon kann Familie Meyer aus Hamburg ein beschwingtes Lied singen. Denn Thailand hat für Debütanten den etwas misslichen »Nachteil«, dass es auf den ersten Blick den Anschein erweckt, als ginge es hier gar nicht so anders zu als in den heimischen Gefilden. Die bunten Fassaden, die legeren Umgangsformen und der moderne Kleidungsstil verstärken die Annahme, dass das Land alles in allem doch recht verwestlicht ist. Aber das wäre eindeutig zu kurz gegriffen. Wer das glaubt, befindet sich klar auf dem Bambusweg. Bei anderen asiatischen Ländern wie Indien oder China würde niemand im Traum darauf kommen, dass dort die kulturellen Uhren im selben Sekunden- oder auch nur Stundentakt ticken wie zu Hause. Dies ist bei Thailand als populärem Touristenziel und Asien-Anfänger-Destination etwas anders, was Irrtümern und Fehldeutungen Tür und Tor öffnen kann.

Denn jenseits der Beach Resorts, Department Stores und 7-Eleven-Läden liegt eine Welt, die mindestens genauso fremdartig, aufregend und auch irritierend ist wie die genannten Wiegen der asiatischen Zivilisation. In vielerlei Hinsicht ist Thailand sogar komplexer und einzigartiger als andere asiatische Länder. Die Liste mit dem Kleingedruckten ist dort jedenfalls ellenlang. Die Motive und Beweggründe seiner Menschen sind alles andere als leicht zu durchschauen. Mehr noch: Je tiefer man in Thailands Mentalitätslandschaft schürft, desto mehr Wesensarten und Kuriositäten wird man zutage fördern. Dies alles ist selbstverständlich kein Grund, sich ins Bockshorn jagen zu lassen. Mit einem handelsüblichen Mindestmaß an Achtsamkeit sowie nach der Lektüre des vorliegenden Buches sollten sich zumindest größere bleibende Schäden auf beiden Seiten verhindern lassen. Ein wenig Rücksicht nehmen – das kann absolut jeder! Doch genug der Vorrede und zur Sache: Begleiten Sie Martin, Susanne und Lisa Meyer bei ihren thailändischen Abenteuern. Vorhang auf für ein tolles Land!

1 LEBEN UND LEBEN LASSEN

ODER DIE HOHE KUNST DES SMALL TALKS

Die Maschine von Thai Airways überfliegt die indische Metropole Kolkata, als es Martin, Susanne und Lisa dämmert, dass es nun allmählich ernst wird. Nur noch gut zwei Stunden, und sie werden in ihrer vorübergehenden neuen Heimat sein. Ganze Stapel an DVDs, Reisemagazinen und Kulturratgebern haben die drei in den letzten Monaten eifrig studiert, sogar mühsam ein paar Brocken Thai gelernt – aber grau ist alle Theorie, und der sagenhafte Ferne Osten hat bislang noch jeden Europäer in den Bann geschlagen.

Während es draußen langsam hell wird und aus dem Fenster schemenhaft seltsam geformte Landschaften zu erkennen sind, hat das Bordprogramm bereits auf Airshow umgeschaltet. Die Stewardessen in ihren lilafarbenen Kostümen mit einer frischen Orchidee am Revers huschen mit grazilen Trippelschritten und einem ansteckenden Dauerlächeln durch die Gänge, um das Frühstück zu präparieren. Die Meyers befinden sich im Anflug auf die thailändische Hauptstadt Bangkok, wo Martin ein Jahr lang den Aufbau der Produktionsstätte eines Automobilzulieferers beaufsichtigen soll. Trotz einiger Bedenken und eher skeptischer Reaktionen im Bekanntenkreis hat die Familie beschlossen, das Asien-Abenteuer gemeinsam zu wagen. Und entsprechend aufgeregt sind sie nun ob der bevorstehenden Ereignisse. Aber alle Aufgeregtheit hin oder her – nach nunmehr neun Stunden Flug wollen die Meyers erst mal nur eines: endlich ankommen.

Martin holt zum x-ten Mal die Ausgabe der *Bangkok Post*, die beim Einstieg verteilt wurde, aus der Tasche seines Vordersitzes hervor und versucht angestrengt, den englischen Wörtern einen Sinn zu geben. Dort ist von irgendeiner Regierungsumbildung die Rede, wobei es ihm unmöglich ist, die komplizierten thailändischen Namen auseinanderzuhalten, geschweige denn die geschilderte Sachlage auch nur annähernd zu erfassen. Teenager Lisa drückt, nachdem sie ihr Tagebuch beiseitegelegt hat, gelangweilt auf ihrem Falt-Tablet herum. Als Mutter Susanne versucht, ihr Kissen zurechtzurücken, stößt sie damit ihre Nachbarin an, eine Thai, die den gesamten bisherigen Flug im Schlummermodus verbracht hat.

»Oh, verzeihen Sie!« Susanne zieht ihr Kissen zurück.

»*Mai pen rai*« (Macht nichts), murmelt diese noch etwas schlaftrunken.

»Mein Name ist Susanne Meyer, wir kommen aus Hamburg und werden für ein Jahr in Bangkok leben«, stellt sich Susanne akkurat vor. Wer weiß, vielleicht erfährt sie ja etwas Interessantes über Thailand, wenn sie die Kommunikation am Laufen hält.

»*Sawadee kha* (Hallo), ich heiße Rupata und war gerade bei meiner Schwester in Frankfurt zu Besuch. Die hat dort mit ihrem Mann ein Restaurant. Sie werden Thailand bestimmt mögen – es ist ein großartiges Land!«

»Wir sind alle drei große Fans der Thai-Küche.« Ihre Gesprächspartnerin strahlt vor Freude. Susanne hat das Gefühl, dass sie sich auf Anhieb sympathisch sind, und so entschließt sie sich, einige ihrer drängendsten Fragen loszuwerden. Sie tastet sich langsam vor: »Leben Sie auch in Bangkok?«

»Ursprünglich stamme ich aus Khorat, also aus Nakhon Ratchasima, lebe aber schon seit einigen Jahren in Bangkok. Aber ich besuche regelmäßig meine Familie in der Heimat. In Bangkok kann man natürlich viel mehr unternehmen, aber dort, wo man aufgewachsen ist, ist es eben doch am schönsten.«

»Aber das liegt doch im Nordosten. Sind die Leute dort wirklich so schrecklich arm, wie ich gelesen habe?«, entfährt es Susanne unwillkürlich.

»Ja, bei uns im Isaan sind die Böden nicht so gut, und es ist sehr trocken, weshalb die Ernten nicht so üppig ausfallen. Aber dafür haben wir eine sehr reichhaltige Geschichte. Und auch die Küche des Isaan ist besonders. Auf jeden Fall müssen Sie mal *som tam* (scharfer Salat aus unreifen Papayas) probieren!«

»Das muss doch ein sehr hartes Leben sein?« Susanne nimmt ihr Frühstückstablett in Empfang und erwidert das herzliche Lächeln der Stewardess. Wie freundlich hier alle sind.

»Ja, schon, aber die Menschen dort sind recht genügsam«, erklärt Rupata, zieht das Boardmagazin *Sawasdee* hervor, breitet es über ihrem Frühstückstablett aus und beginnt zu lesen.

Hm, soll's das schon wieder gewesen sein mit dem Gespräch?

Als Rupata sich in einen Artikel vertieft, beugt sich Martin zu ihnen hinüber. »Die Armut auf dem Land ist doch eine Ursache für die politischen Probleme in Thailand«, sagt er mit einem fragenden Unterton.

Rupata zieht die Stirn ein wenig in Falten und entgegnet, ohne dabei ganz von ihrem Magazin aufzusehen: »Wir Thais sehen uns als eine große Familie, und wie in jeder Familie gibt es auch bei uns kleinere Streitereien. Ich kann Ihnen übrigens ein paar sehr gute Ausflugshinweise für die Umgebung von Bangkok geben, wenn Sie möchten.« Sie blickt die Meyers offen an.

»Aber was ist mit den schlimmen Bildern, die wir im Fernsehen gesehen haben?« Susanne ist sich sicher, dass ihr Mann recht hat. Die Armut auf dem Land führt wirklich zu massiven Problemen.

Rupata schweigt und blättert in ihrer Zeitschrift. Dann sagt sie: »Das waren nur vereinzelte Vorfälle. Aber im Großen und Ganzen herrscht bei uns eine große Harmonie.«

»Könnte es sein«, mischt sich Martin abermals ein, »dass es an der Religion liegt, dass in Ihrem Land die Probleme nicht offen angesprochen und gelöst werden?«

Rupata lächelt verlegen und scheint dabei tiefer in ihren Sitz zu sinken. Dann widmet sie sich ihrem Frühstück.

Beim Aussteigen verabschiedet sie sich von den Meyers mit einem kurzen Gruß und geht schnurstracks ihrer Wege. Zurück bleibt ein konsterniertes Ehepaar.

Was ist da schiefgelaufen?

Wie lässt sich dieser drastische Stimmungswandel erklären? Zunächst einmal gilt, wie überall auf der Welt, dass auch die Thais sich nicht so gern von Ausländern über ihre Probleme aufklären lassen. Selbstverständlich gibt es auch in Thailand eine Vielzahl von sozialen Konflikten – nach außen hin ist man jedoch stets bestrebt, vor allem das Positive herauszustellen. Dabei ist zu bedenken, dass die Thailänder trotz aller regionalen Rivalitäten glühende Patrioten sind. Schließlich haben sie es mit großem diplomatischem Geschick und einer klugen Bündnispolitik vermocht, als einziges Land Südostasiens der direkten kolonialen Fremdherrschaft zu entgehen. Genauer gesagt, hat man der Einrichtung von europäischen Handelsniederlassungen zugestimmt, was auch den Vorteil hatte, dass man sich wohldosiert mit westlichen Verhaltensweisen vertraut machen konnte. Selbst den großen Kulturen Indien und China ist es nicht gelungen, koloniale Ambitionen auf Abstand zu halten. In einer heiklen Sandwichposition zwischen Britisch-Indien und Französisch-Indochina gelegen, war dies eine Meisterleistung der thailändischen Führung, auf die man zu Recht stolz ist.

Und es macht natürlich einen riesigen Unterschied, ob dieselben Dinge von einem Insider oder einem Outsider kritisiert werden – wie würde es ein Deutscher auffassen, wenn ihn ein, sagen wir, Südkoreaner über die Vor- und Nachteile des deutschen Sozialsystems belehren würde? Hinzu kommt, dass in Thailand, mehr als in unseren Breiten, dezente Zurückhaltung und Respekt zentrale Gebote im Umgang miteinander sind.

Thais sind megatolerant und kümmern sich bevorzugt um ihren eigenen Kram. Höflichkeit ist nicht nur eine Frage der guten Kinderstube, sondern ein Grundprinzip, auf dem die thailändische Gesellschaft aufgebaut ist. Dazu gehört es, kritische Fragen – wenn sie denn unbedingt sein müssen – nur sehr dosiert und verklausuliert vorzutragen. Dies gilt speziell für direkte persönliche Kritik, auf welche die Thais enorm dünnhäutig, ja, explosiv reagieren können, aber auch für Kritik an den allgemeinen Verhältnissen. Dabei besitzen die Thais ein verblüffendes Talent, unerfreulichen Dingen und Fragen elegant auszuweichen oder diese schlicht und einfach zu ignorieren.

Wer nach Erklärungen für dieses eigentümliche Verhalten sucht, wird nicht zuletzt bei der herausgehobenen Rolle des Buddhismus in Thailand fündig, der lehrt, dass nur gleichmütiges Reden und Denken Erlösung versprechen (mehr dazu in Kapitel 14: »Don't touch the monk!«, Seite 121). Bevor man irgendetwas Verfängliches von sich gibt und den anderen womöglich verletzt, belässt man es lieber bei mehrdeutigen Aussagen. Die tun niemandem weh, und (fast) jeder weiß, was von ihnen zu halten ist. Anstatt sich mit den diversen unschönen Seiten dieser Welt auseinanderzusetzen, betont man vielmehr die positiven Aspekte und erfreut sich an den (mehr oder weniger gelungenen) ästhetischen Seiten der Dinge. Vieles wird häufig weniger nach seinem praktischen Nutzen, sondern vielmehr danach beurteilt, ob es *suay* (schön) ist. In diesem Sinne ist auch soziale Harmonie etwas, was Thais überaus schätzen und was man nicht unbedarft infrage stellen sollte. Genau dies aber haben die Meyers getan.

Wie geht es entspannter?

Eines vorweg: Thais sind in einem ganz außergewöhnlichen Maß bereit, über Fehltritte von Ausländern großzügig hinwegzusehen.

Selbst grobes Fehlverhalten nehmen sie zumeist mit einer stoischen Gelassenheit zur Kenntnis. Aber alles hat seine Grenzen. Will man seinen Gesprächspartner nicht über die Maße vergrätzen oder als ungehobelter Kultur-Tölpel dastehen, ist in der Unterhaltung mit Thais ein Minimum an Fingerspitzengefühl gefragt. Will man von ihnen gar etwas Substanzielles in Erfahrung bringen, bedarf es fast schon eines strategischen Vorgehens. Für Susanne hätte dies zum Beispiel geheißen, zunächst ausgiebig über Lifestyle-Themen und vor allem über die unendlichen Vorzüge der Thai-Cuisine zu räsonieren und dann bei sich bietender Gelegenheit etwas tiefer gehende Fragen zu stellen. Selbst dann wäre zwar immer noch nicht unbedingt mit klaren und eindeutigen Aussagen zu rechnen gewesen, aber zumindest hätten aus der Art der ausweichenden Antworten gewisse Rückschlüsse gezogen werden können.

Äußerst unklug ist es hingegen, sich wie Martin mit den beiden universellen Gesprächskillern Politik und Religion auf ungesichertes Terrain zu begeben. Denn hier können selbst Randbemerkungen sehr subjektive Werthaltungen erkennen lassen, die den Gesprächspartner unbeabsichtigt verletzen. Zumal wenn man es mit einem komplett anderen Kulturkreis zu tun hat, von dem man – wenn überhaupt – nur einzelne Facetten kennt. Hier sind Missverständnisse geradezu vorprogrammiert. Selbst für Experten ist es nicht immer einfach, die überaus turbulenten politischen Entwicklungen im Land detailgenau nachzuvollziehen. Daraus folgt, dass man in Thailand aus seiner Überzeugung auch schon mal eine Mördergrube machen kann. Gelegentlich ist deshalb eher Schattenboxen statt Schlagabtausch angesagt.

Insgesamt mag einem das Kommunikationsverhalten der Thais vielleicht ein wenig oberflächlich erscheinen. Dabei sollte jedoch berücksichtigt werden, dass sich die Völker nicht zufällig auf bestimmte Normen zur Regelung des Zusammenlebens geeinigt haben. Im Fall von Thailand wird die Konflikt-Aversion vor allem auf die Notwendigkeit zurückgeführt, die Dorfgemeinschaft für die Erfordernisse der künstlichen Bewässerung beim Reisanbau zu einigen. Für diese schwere und mühselige Arbeit mussten die vorhandenen Kräfte straff und effektiv gebündelt und jede Art von fruchtloser Zwietracht vermieden werden. Besserwisserische Kommentare hierzu von außen sollte man sich lieber verkneifen. Passender ist es vielmehr, zwischen den Zeilen zu lesen und sich ansonsten in der hohen Kunst des Small Talks zu üben.

EIN LAND, VIER REGIONEN ...

Auch wenn es angesichts der allgegenwärtigen nationalen Symbole nicht den Anschein haben mag, ist das moderne Thailand eine Schöpfung vergleichsweise jüngeren Datums. Genauer gesagt, existiert das Land in seiner heutigen Form erst seit Beginn des 20. Jahrhunderts.

Der Name Thailand (Muang Thai oder Prathet Thai) ist erst seit 1939 gebräuchlich, zuvor war das Land unter der Bezeichnung »Siam« bekannt. Das relativ späte Zusammenwachsen der thailändischen Nation hatte v. a. geografische und klimatische Ursachen: Thailand besteht aus vier großen und sich markant unterscheidenden Naturräumen (Zentral, Nord, Nordost und Süd).

Diese Verschiedenheit hatte zur Folge, dass sich regional sehr ungleiche Gemeinwesen mit teils eigener Sprache und Schrift entwickelten, die im Übrigen auch eigene Regionalküchen hervorgebracht haben. Angesichts der überall im Land anzutreffenden Dreifaltigkeit von Nation, Buddhismus und Monarchie sind diese Unterschiede für den Besucher allerdings nicht immer auf Anhieb ersichtlich. Während es im Süden und im Norden eigenständige Staaten gegeben hat, gehörte der Nordosten (Isaan) lange Zeit zu Laos. Ein Drittel der dortigen Bevölkerung ist laotischer oder kambodschanischer Abstammung. Im Süden, an der Grenze zu Malaysia, leben – auf dem Gebiet des früheren Sultanats Pattani – in den Provinzen Yala, Pattani und Narathiwat mehrheitlich Muslime malaiischer Abstammung.

Ihr Anteil an der Gesamtbevölkerung von 69 Millionen Menschen liegt bei geschätzt 5 bis 8 Prozent.

Diese verschiedenen Traditionen mussten erst mühsam zusammengeführt werden, wobei man hier mit einer »nationalen Bewusstseinsbildung« tüchtig von oben nachgeholfen hat. Dabei wird der Ton faktisch von Zentralthailand, d.h. von den Bangkoker Eliten, dem Militär und dem Königshaus angegeben. Mit den sehr ungleich verteilten Erträgen des wirtschaftlichen Aufschwungs der letzten Jahre haben sich die alten Animositäten wieder deutlich verschärft.

Speziell im armen und rückständigen Nordosten hat man das Gefühl, ökonomisch und sozial abgehängt zu werden, wodurch der ohnehin vorhandene Minderwertigkeitskomplex noch weiter verstärkt wird. Hierin liegt auch die Quelle der Zwietracht im teils erbittert geführten Konflikt zwischen Geld- und Rothemden, wobei erstere den privilegierten konservativen Schichten und letztere den traditionell Benachteiligten zuzuzählen sind. Gelb ist dabei die Farbe des Königshauses. Auch im Süden ist man unzufrieden. Dort kämpfen viele Muslime für die Wiederherstellung eines eigenen Staates oder für den Anschluss an Malaysia – ein kleiner radikaler Teil von ihnen schreckt auch nicht vor gewalttätigen Anschlägen zurück, wobei es die Zentralregierung zuweilen auch an Umsicht hat fehlen lassen, die Region nachhaltig zu befrieden.

... und (mindestens) vier Mentalitäten

Den Nord-Thais, die – etwa im legendären Königreich Lan Na – lange unter feudalen Verhältnissen gelebt haben, wird ein besonders höfliches und zurückhaltendes Wesen attestiert. Demgegenüber gelten die Süd-Thais als wesentlich forscher und direkter, was darauf zurückgeführt wird, dass sie lange unabhängig waren und zudem in einer von der Natur außerordentlich bevorzugten Umgebung leben. Die Menschen aus dem Nordosten, die sowohl mit zyklischen Überschwemmungen als auch mit ausgedehnter Trockenheit zurechtkommen müssen, gelten hingegen als etwas grob und ungeschliffen. Diese mangelnde Weltläufigkeit nehmen Bewohner anderer Regionen gern zum Anlass, um Scherze auf Kosten der Isaaner, die rund ein Drittel der thailändischen Bevölkerung stellen, zu machen und ihnen etwa in Fernsehserien die Rolle des tumben Vetters vom Land zukommen zu lassen. Die Zentral-Thais, die eigentlichen Siamesen, bescheinigen sich selbst hingegen gern edle und aristokratische Charakterzüge.

Komplettiert wird der Vielvölkerstaat Thailand von diversen Minderheiten, von denen die Bergvölker im hohen Norden (Karen, Lahu, Hmong, Lisu, Akha usw.) ihren alten Traditionen noch am stärksten verhaftet sind. Sie stammen ursprünglich aus Hinterindien und Südchina und sind teils seit dem 18. und v. a. seit Mitte des 19. Jahrhunderts zugewandert. Sie gelten trotz einiger Integrationsversuche des Staates immer noch als Außenstehende in der thailändischen Gesellschaft.

2 DREI ENGEL FÜR CHARLIE

ODER NOMEN IST NICHT IMMER OMEN

Schon als sie den ersten Schritt aus der Maschine in die Gangway setzen, macht sich eine Ahnung der bevorstehenden Tropenhitze breit.

»So Leute, auf geht's!«, sagt Martin mehr zu sich selbst.

Auf ellenlangen Laufbändern lassen sich die Meyers in Richtung *Immigration Hall* des Suvarnabhumi International Airport transportieren. Aus den Lautsprechern dringen Durchsagen im Dreißig-Sekunden-Takt: »Last call for Passenger soundso.« Immer wieder werden sie von besonders eiligen Fluggästen überholt, die das moderate Tempo der Bänder durch den resoluten Einsatz ihrer eigenen Füße beschleunigen. Nach kurzer Fahrt betreten sie die monumentale Einreisehalle.

Was sie zu sehen bekommen, ist eine babylonische Vielfalt: Dicht gedrängt stehen Frauen in bunten Saris, Männer in wallenden arabischen Gewändern, schneeweiße russische Urlauber, chinesische Urlaubsabordnungen in Kompaniestärke, Rucksacktouristen im Outdoor-Look, Sportmannschaften im Einheitsdress, Westler mit ihren Thai-Ehefrauen, asiatische Geschäftsleute. Dazu braun gebrannte *beach boys* mit Schnorchelausrüstung, religiöse Würdenträger verschiedener Konfessionen, Kegelrunden und

Skatbruderschaften mit schwäbischem Dialekt, gelangweilte Botschaftsangehörige aus aller Herren Länder. Ein pulsierender Mikrokosmos. Und mittendrin steht Familie Meyer aus der Freien und Hansestadt Hamburg.

Nachdem die Grenzformalitäten schneller erledigt sind, als es die endlose Schlange vermuten ließ, nehmen sie ihr Gepäck von den rotierenden Kofferbändern in Empfang und steuern ein wenig zaghaft auf den Ausgang zu.

Draußen ist einiges los. Ein Wollknäuel von Menschen. Wortfetzen schwirren durch die Luft. Nur gut, dass wir abgeholt werden, denkt sich Martin und schaut auf einen Zettel mit dem Namen des Chauffeurs. Er ist erleichtert: Mr. Srinath – kurz und schmerzlos und keiner dieser epischen Thai-Namen, die eine halbe Buchseite füllen. Das müsste zu machen sein. Männer im global weitgehend identischen Taxifahreroutfit recken Schilder mit den wunderlichsten Namen empor. Da, auf einem steht auch ihrer. Kein Zweifel. Meyer/Hamburg.

Hochgehalten wird das Schild von jemandem, der aus der breiten Masse heraussticht. Ein hochgewachsener, modern, aber gewissenhaft gekleideter Mann Ende zwanzig mit dem typischen militärisch anmutenden Thai-Kurzhaarschnitt. Zielstrebig laufen sie auf ihn zu. Er lächelt nun und geht seinerseits auf die Familie zu. Schon von weitem streckt er ihnen die Hand entgegen wie ein engagierter Politiker auf Wahlkampftour. *»Hello Mr. Martin«*, begrüßt er den Familienvater.

»Schönen guten Tag, Herr Srinath, aber mein Familienname ist Meyer.«

Der Angesprochene lächelt nur still und sagt: »Ich weiß. Ich habe öfter mit Westlern zu tun. Im Übrigen können Sie mich Charlie nennen.«

»Charlie? Ich verstehe nicht ganz. Sind Sie denn kein richtiger Thai?«

»Doch natürlich. Mein eigentlicher Name ist Chalermchai Srinath. Aber Charlie klingt irgendwie besser, finde ich.«

Lisa, die sich bisher im Hintergrund gehalten hat, schüttet sie sich halb aus vor Lachen und singt: »Ich bin der Charlie Brown und reise um die Welt ...« Dazu imitiert sie originalgetreu das ewig schwermütige Gesicht und den schulterwippenden Gang der legendären Comicfigur.

Mr. Srinath alias Charlie lächelt ein wenig gequält und weiß offensichtlich nicht so recht, wie er auf diese sonderbare Vorführung reagieren soll. Vielleicht ist das ja der Jetlag? Oder dem Mädchen ist der Orangensaft im Flugzeug nicht bekommen? Nein, wahrscheinlich ist das einfach deutscher Humor. Für diese These spricht, dass nun auch Susanne meint, ihr komödiantisches Talent unter Beweis stellen zu müssen. Aus heiterem Himmel setzt sie zu einer filmreifen Kung-Fu-Einlage an, sodass »Charlie« vorsichtshalber in Deckung geht. Keiner sagt etwas. Der Taxifahrer blickt betreten zu Boden.

»*Drei Engel für Charlie.* Die Filme kennen Sie doch?«, versucht sich Susanne an einer Erklärung für ihren merkwürdigen Ausbruch.

»Ja, kenne ich, aber die hatte ich eigentlich nicht im Sinn«, sagt Charlie und sieht dabei zutiefst unglücklich aus. Von den positiven Willkommensenergien ist nichts mehr zu spüren.

Was ist da schiefgelaufen?

Na, das geht ja heiter weiter! Aber was – um Buddhas willen – veranlasst einen erwachsenen Mann dazu, sich selbst einen quasi offiziellen Spitznamen zu geben? Um diese und andere Eigenheiten verstehen zu können, muss man etwas über die thailändische Lebensphilosophie wissen. Dabei lässt sich fast ohne zu übertreiben sagen, dass Thais so ziemlich das exakte Gegenteil des pflichtgeplagten, leicht sauertöpfischen und weitgehend genussabstinenten Mitteleuropäers sind. Thais wollen in allererster Linie ihr Leben auskosten und versuchen daher, bei allen sich bietenden Gelegenheiten ihren Alltag ein wenig aufzulockern, um ihm das Flair des Einzigartigen und Unkonventionellen zu geben. Mit anderen Worten: Thais sind geborene Lebenskünstler, Humoristen und Genießer. Mit sämtlichen dazugehörigen Risiken und Nebenwirkungen. Für sie zählt hauptsächlich eins: eine gute Zeit zu haben. Dieses Motto lässt sich in einem kleinen, aber markanten Wörtchen ausdrücken, das ihren Charakter perfekt auf den Punkt bringt und dem Thailand-Entdecker auf Schritt und Tritt begegnen wird: *sanuk*.

SANUK – SPASS HABEN IST DIE ERSTE BÜRGERPFLICHT

Wenn es eine spezifisch thailändische Eigenschaft gibt, dann die bewundernswerte Fähigkeit, auch den drögesten Dingen eine angenehme Seite abzugewinnen. Das Streben nach *sanuk*, was man am besten mit »Spaß an der Freude« übersetzen könnte, stellt so etwas wie die Grundkonstante im Leben der Thais dar: Man ist stets zu einem Scherz oder Schabernack aufgelegt und weiß sich in nahezu jeder Situation ordentlich zu amüsieren. Eine hektische Plackerei um ihrer selbst willen ist den Thais hingegen völlig unbegreiflich. Das Gleiche gilt für die deutsche Neigung, minutiöse Altersvorsorgepläne aufzustellen. Man lebt stattdessen ganz im Hier und Jetzt, und das soll gefälligst jede Menge Spaß beinhalten.

Möglich wurde dieser Laisser-faire-Lebensstil nicht zuletzt durch eine überaus freigiebige Natur, bei der die Nahrungsmittel nicht erst mühsam der Scholle abgerungen werden müssen, sondern das ganze Jahr über quasi frei Haus geliefert werden. Dass diese Erklärung einige Plausibilität hat, zeigt etwa der Vergleich mit den emsigen und stoisch zielstrebigen Vietnamesen, die sich regelmäßig mit Natur- und Wetterkapriolen wie schweren Taifunen herumzuschlagen haben.

Dass das *sanuk*-Lebensprinzip auch weniger vorteilhafte Seiten hat, liegt auf der Hand: Man nimmt es etwa mit Pflichten und Vorschriften nicht ganz so haargenau, und eine gewisse Tendenz zum

Müßiggang ist den Thais nicht fremd. Zudem suchen sie auch dann schonungslos ihr Vergnügen, wenn sie es sich eigentlich gar nicht leisten können, mit entsprechend verheerenden Konsequenzen für die Haushaltskasse. Die logische Folge: Viele Thais schrammen mit einer traumwandlerischen Sicherheit die Grenze zur Privatinsolvenz. Die enorme Verschuldung der Privathaushalte, die zu den höchsten in ganz Asien gehört, stellt sogar ein ernsthaftes volkswirtschaftliches Problem dar, da immer mehr Thais große Probleme haben, ihre Kredite zu begleichen.

Zu den stilistischen Lässigkeiten, die sich aus diesem entspannten Daseinskonzept ergeben, gehört auch der spielerische Umgang mit Namen. Es ist allgemein üblich, sich neben seinem normalen Ruf- auch einen Spitznamen zuzulegen. Abgesehen von sehr förmlichen Anlässen benutzen Thais beim Kontakt untereinander in der Regel ihren *tschüü len* (Spielnamen). Da die Thais ihre Spielnamen durchaus ernst nehmen, waren Lisas mittelgroßer Lachanfall und Susannes Gymnastiknummer ein nicht eben freundlicher Willkommensgruß. Verständlich, dass »Herr Charlie« *not amused* war.

Bei der Wahl der Spielnamen sind, wie es sich für Berufsindividualisten gehört, der Fantasie absolut keine Grenzen gesetzt. Dabei können völlig willkürliche englische Worte wie *yes* oder *no* oder Abkürzungen wie Bo (von »Jumbo«) verwendet werden. Oft haben sie aber eine tiefere Bedeutung und verweisen etwa auf als erstrebenswert angesehene Charakterzüge.

Nachnamen waren in Thailand lange unbekannt. Sie wurden von den Behörden erst 1926 eingeführt, um die Verwaltung zu vereinfachen. Diese fehlende Tradition zeigt sich auch heute noch darin, dass man sich untereinander – und auch Ausländer, die in Thailand unter der Sammelbezeichnung *farang* laufen – mit dem Vornamen anspricht. Die thailändischen Nachnamen sind übrigens häufig sehr lang, weil sie aus verschiedenen Wörtern kombiniert werden.

FARANG – ALLE AUSLÄNDER SIND FRANZOSEN

Thais bezeichnen ausnahmslos alle westlichen Ausländer als *farang*. Es handelt sich hierbei vermutlich um eine abgewandelte Form des Wortes *français*. Die Franzosen waren die ersten Europäer, die nach Thailand kamen und in den benachbarten Ländern Indochinas (Vietnam, Kambodscha, Laos) Kolonien errichteten. So war es wohl für die Thais offenbar aus Gründen der Einfachheit naheliegend, alle Fremden unter diesem arg gleichmacherischen Begriff zu bündeln. Mit irgendwelchen Haarspaltereien, etwa damit, dass man doch Deutscher sei und mit den Médoc- und Roquefort-Enthusiasten nicht so wahnsinnig viel gemeinsam habe, braucht man den Thais nicht zu kommen. Man ist nicht von hier, ergo ein Ausländer, und damit hat es sein Bewenden.

Eine andere Theorie besagt, dass der Begriff von der ursprünglich aus Südamerika stammenden Guavenfrucht abgeleitet wurde, die bei den Thais ebenfalls *farang* heißt. Aber Theorien sind ja bekanntlich v. a. etwas für Theoretiker. Und außerdem ist die erste Variante irgendwie schöner, oder nicht? Na dann: *Santé!*

Wie geht es entspannter?

Eigentlich ist es nicht sonderlich kompliziert: Es gibt eine Reihe von Eigentümlichkeiten anderer Völkerschaften, über die sollte man schlicht und ergreifend Bescheid wissen. Besonders dann, wenn man für längere Zeit seine Zelte im Ausland aufschlagen will, ist es mehr als vorteilhaft, diesbezügliche Erkundungen einzuholen. Halbwegs sattelfeste Grundlagenkenntnisse über die herausstechendsten Kuriositäten, Stolperfallen und kulturellen Tretminen des Gastlandes helfen eminent dabei, lauernde Fauxpas-Gruben geschickt zu überspringen. Der Sinn der Übung: Es geht darum, sich – und anderen – nicht unnötig das Leben schwer zu machen.

Gewusst wie, spart Energie! Ein vergleichsweise harmloses Beispiel hierfür ist die Spitznamen-Marotte der Thais. Als Faustformel kann dabei gelten, dass Namensangaben, die nur aus einer Silbe bestehen, auf einen Spielnamen hindeuten. Häufig wird dabei vom regulären Namen lediglich die erste oder letzte Silbe verwendet.

Da Thais sich manchmal Spitznamen geben, weil sie mit ihren etwas obskuren, etwa aus dem Reich der wilden Tiere stammenden Originalnamen unzufrieden sind, sollte man hier keinen detektivischen Spürsinn walten lassen und nicht endlos nachbohren. Denn dann würde ja der mühsam erdachte Parallelname seinen Charme verlieren. Vielleicht legt man sich für den Aufenthalt in Thailand ja vorübergehend auch selbst einen inspirierenden Alias-Namen zu. Etwas unübersichtlich kann es jedoch werden, wenn sich am Telefon jemand mit einem in Thailand weithin beliebten Spitznamen wie Jum, Lek, Ken oder Toy meldet und man mehrere gleichnamige Personen kennt. Dann sind gewisse ermittlungstechnische Fähigkeiten unerlässlich.

3 HÄNDE GEFALTET, NICHT GESCHÜTTELT

ODER EIN HALLO AUF AUGENHÖHE

Die unvorteilhaften Schwingungen der etwas verkorksten Vorstellungsrunde sind genauso schnell verflogen, wie sie gekommen sind. Die Thais scheinen kein nachtragendes Volk zu sein. Heiter und beschwingt geht es zum Parkplatz. Herr Srinath verstaut die Kofferkollektion der Meyers umsichtig im Kofferraum. Auf geht's, die ersten Impressionen warten! Die Fahrt verläuft auf einer achtspurigen, auf langen Stelzen gebauten Schnellstraße in Richtung City. Beiderseits wird zwischen den haushohen, Billboards genannten Reklametafeln ein dichter Wald aus saftig-grünen Bananenstauden sichtbar. Auf den Plakaten sind attraktive junge Menschen zu sehen, die nachdrücklich auf die Vorzüge ausgewählter Sanitärartikel, Tütensuppen und Smartphones aufmerksam machen.

»Ich frage mich, warum die Models alle so westlich aussehen, die haben ja eine fast weiße Haut«, denkt Susanne laut nach.

»Ich glaube gelesen zu haben, dass die Thais nicht so auf Sonnenbaden stehen«, sagt Martin.

Die in der Ferne aufragenden Wolkenkratzer Bangkoks rücken mit jeder Reifenumdrehung näher. Ratatat, ratatat, ratatat. Nach nicht allzu langer Zeit geht es von der Schnellstraße ab, zuvor ist noch eine Maut zu entrichten. Wie menschliche Roboter nehmen die Kassierer den fälligen Betrag entgegen. Jeder Handgriff sitzt, ist schon tausendmal erprobt. Und ratzfatz befindet man sich mittendrin im quirligen Großstadtdschungel.

»Hier geht ja richtig die Post ab! Ein einziges Gewusel«, bringt Lisa die Szenerie prägnant auf den Punkt.

Martialisch gekleidete Polizisten mit weißem OP-Mundschutz dirigieren mit gebieterischen Gesten den Verkehr. Nachtschwarz abgedunkelte und hermetisch von der Außenwelt abgeschottete Toyota-Pick-ups fädeln sich behände wie frisch geschlüpfte Kaulquappen in den Verkehr ein. Motorrad-Taxis nutzen noch die schmalste Gasse, weichen, wenn es sein muss, auf den Bürgersteig aus. Wobei von Bürgersteigen nicht so recht die Rede sein kann, da die meisten Straßen links und rechts von Warenständen, Garküchen und fliegenden Händlern flankiert werden.

STADT DER (GEFALLENEN) ENGEL

Bangkok lässt niemanden kalt. Hier hat man Stellung zu beziehen. In Thailands Hauptstadt findet sich so ziemlich alles, was man mag oder verachtet. Die Stadt ist wie eine charmante Mischung aus einer Streicheleinheit und einem Kinnhaken. Schönes vermählt sich mit Unansehnlichem. Die Thais benutzen für Bangkok den hübschen Namen Krung Thep, »Stadt der Engel«. Es fragt sich nur, ob sich die Himmelswächter ausgerechnet hier niederlassen würden. Zumindest würden sie wohl einen großen Bogen um die Rotlichtdistrikte mit ihren dubiosen Gewächsen machen.

Zwölf Millionen Menschen leben im Großraum Bangkok, wobei nicht ganz klar ist, wo die Metropole eigentlich anfängt und wo sie endet. Gegensätze prägen jede Großstadt. In Bangkok ist jedoch alles eine Spur intensiver: Die Stadt ist zum einen eine gigantische

Orgie aus Glas, Stahl und Beton, zum anderen finden sich auch (kleine) Refugien der Ruhe und Einkehr. Hippe Gutverdiener treffen auf bettelarme Zuwanderer vom Land. Einerseits geht es in Bangkok um den schnellen Profit, andererseits gibt es auch hier Raum für Moral und Zuwendung.

Doch egal, wie man zu Bangkok steht, eines ist Fakt: Die auf flachem Sumpfland erbaute Stadt verliert zusehends ihr Fundament. Denn infolge des gigantischen Wasserbedarfs sinkt der Grundwasserspiegel fortwährend. Da hierdurch der Gegendruck im Boden gemindert wird, sackt auch die Stadt immer weiter ab.

Experten haben einen Wert von zehn Zentimetern pro Jahr seit Ende der 1970er-Jahre errechnet. Und da die Stadtfläche weitgehend zubetoniert ist und das Regenwasser nicht mehr im Boden versickern kann, nehmen die Überschwemmungen in der Regenzeit immer schwerere Ausmaße an. Einige Politiker haben deshalb bereits die Idee einer Stadt-Verlegung oder die Errichtung einer zweiten Hauptstadt ins Spiel gebracht.

Herr Srinath teilt den Meyers mit, dass es nun nicht mehr weit bis zu ihrem neuen Domizil ist.

»Ich bin echt auf unsere Haushälterin gespannt«, sagt Lisa. »Das ist auch wieder so ein komischer Name: Madame Sopapun.«

Herr Srinath schweigt.

»Jedenfalls haben die Leute von der Agentur gesagt, dass sie eine Seele von Mensch sei und auch Erfahrung mit Ausländern hat. Hoffentlich stellen wir uns nicht allzu dusselig an«, merkt Martin an.

»Madame Sopapun – ich finde, das hat etwas von Flaubert«, meldet sich Susanne zu Wort.

Sie erreichen den Apartmentkomplex. Gärtner sind emsig zugange, den natürlichen Wildwuchs der Pflanzen im angeschlossenen Garten in ästhetische Formen zu kanalisieren.

Der Immobilienmakler erwartet sie schon. Sie steigen aus und verabschieden sich, wobei Herr Srinath zahlreiche Halb-Verbeugungen macht. Martin will dem Makler die Hand geben, muss aber feststellen, dass dieser erst stutzt, dann etwas erschrocken einen halben Meter Abstand nimmt und ihn anschaut, als hätte er sich ihm auf ungebührliche Weise genähert. Martin zieht seine Hand zurück und versucht es mit einem Nicken, das der Makler nun sichtlich erleichtert erwidert. Er führt die Meyers zu ihrer Etagenwohnung und schließt die Tür auf. Eine Wohlfühloase kommt zum Vorschein. Hell, geräumig mit einladenden Rattan-Möbeln eingerichtet. Lisa nimmt umgehend das für sie reservierte Zimmer in Beschlag.

Es klingelt. Und da ist sie: ihre Haushälterin, ihre Verbündete, ihr Fels in der Brandung des thailändischen Alltags. Die Chemie stimmt auf Anhieb, ohne dass auch nur ein Wort gewechselt wurde. Andächtig stehen die Meyers vor Madame Sopapun, die eine angenehme und zutiefst beruhigende Aura verströmt. Ein menschliches Konzentrat aus Jahrtausenden asiatischer Weisheit, Heiterkeit und Kontemplation. Eine einigermaßen exakte Altersangabe ist kaum möglich. Sie könnte vierzig, aber genauso gut auch sechzig sein. Die Uhren in Asien sollen ja bekanntlich anders ticken, was das zeitlose Aussehen vieler Asiaten erklären könnte. Die vielen Lachfältchen um die wachen Augen zeugen jedenfalls von einem uneingeschränkt fröhlichen Naturell. Die beiden Parteien stehen sich erwartungsvoll gegenüber.

Ein herzliches Lächeln aus den Tiefen ihres Gemütes huscht über die Lippen der Haushälterin. Dann faltet sie die Hände wie im Gebet zusammen und hält sie sich vor die Brust. Was hat das nun wieder zu bedeuten? Lisa, die sich mit einigem Nachdruck durch ihre Eltern hindurchgezwängt hat, weiß, was es mit dieser Geste auf sich hat. Genau das ist ein *wai!* So begrüßt man sich Thailand, im Land von Mangos und Chilis, der buddhistischen Tempel, lächelnden Menschen und endlosen Sandstrände. Lisa hat sich schließlich ordentlich vorbereitet. Entsprechend will sie sich nun stilecht vorstellen.

Wie eine russische Primaballerina hebt sie ihre gefalteten Hände empor, so weit es eben geht. Das Ganze sieht eher wie eine Sporteinlage als eine ehrwürdige Begrüßungszeremonie aus. Die Madame schaut sie verwundert an, dann bricht sie in ein freundliches Lachen aus.

Was ist da schiefgelaufen?

Machen die Thais tatsächlich so viel Federlesen um ein einfaches Hallo? Die Antwort lautet ja. Denn Thailand ist anders. Viele Dinge, die uns völlig normal erscheinen, stoßen hier auf Verwunderung und Unverständnis. Dasselbe gilt natürlich auch umgekehrt. Mit am schwierigsten dürfte die Beobachtung zu verarbeiten sein, dass in Thailand zwischen den Menschen himmelweite Unterschiede gemacht werden. Natürlich sind auch in Europa manche gleicher als andere. Überhaupt keine Frage. Der Unterschied: Bei uns werden die Rangunterschiede nicht in einer Alltagshandlung wie der Begrüßung sichtbar. Und es ist bedeutend einfacher, sich aus unteren Verhältnissen zumindest in die gehobene Mittelschicht hochzurobben. Dies ist zwar auch in Thailand nicht unmöglich, aber sehr unwahrscheinlich.

Die sozialen Mauern sind Resultat des ausgeprägten Hierarchiedenkens der Thais: Thailand ist ungeachtet aller Veränderungen immer noch eine strikte Klassengesellschaft mit haargenau abgegrenzten Gesellschaftsstufen. Jedem Individuum wird ein Rang zugewiesen, dem es duldsam und widerspruchslos zu entsprechen hat. Nur durch massiven materiellen Reichtum ist es einem Thai möglich, sich dem rigorosen kollektiven Unterordnungsdruck zu entziehen. Erklären lässt sich die Akzeptanz dieses Systems durch die tiefgehende Verbreitung des Karma-Konzepts, wonach die aktuelle Stellung das Ergebnis einer ethisch vorbildlichen oder verwerflichen Lebensführung in der vorigen Existenz ist (mehr dazu in Kapitel 14: »Don’t touch the monk!«, Seite 121).

Äußerst prägnant lassen sich die Rangunterschiede zwischen den Thais bei ihrem traditionellen Gruß, dem *wai,* ablesen. Beim *wai,* dessen Ursprung im indischen Namaste-Gruß vermutet wird, werden die Handflächen aneinandergelegt und in Abhängigkeit vom sozialen Status des zu Grüßenden auf eine bestimmte Höhe angehoben. Haben sich bei Ranggleichen die Daumen der gefalteten Hände auf Brusthöhe zu befinden, ist bei höherrangigen oder älteren Personen zusätzlich der Kopf zu senken. Bei besonders hoch stehenden Personen sowie bei den Eltern müssen die Daumen bis auf Mundhöhe gehoben und der Kopf ebenfalls gesenkt werden. Bei Mönchen werden die Hände noch weiter bis an die Nase gehoben und der Kopf besonders demütig gesenkt. Über den Kopf werden die Hände nur bei Mönchen gehoben, denen eine außergewöhnliche spirituelle Qualität zugeschrieben wird.

Für den *farang* ist dieser Gruß deshalb problematisch, weil er qua Geburt außerhalb der thailändischen Sozialordnung steht. Insofern war Lisas gut gemeinte interkulturelle Anpassung ein klitzeklein wenig deplatziert, auch wenn dies angesichts von Madame Sopapuns unerschütterlicher Lebensfreude keinen Beinbruch darstellt, sondern eher witzig-charmant aufgenommen wurde.

Wie geht es entspannter?

Es ist uneingeschränkt lobenswert, wenn Besucher eines Landes versuchen, sich an die vorherrschenden Gepflogenheiten anzupassen. Denn dies signalisiert Interesse und Wertschätzung. Daher werden die Einheimischen dem Ausländer bei einem erkennbaren Bemühen immer einen üppigen Vorschusskredit gewähren und ihm stilistische Missgriffe nicht sonderlich krumm nehmen. Dies gilt für Thais gleich doppelt und dreifach. Dennoch könnte man über den olympischen Gedanken »Dabei sein ist alles« hinausgehen und versuchen, es auch gleich richtig zu machen.

Beim *wai* etwa sollte bedacht werden, dass er weit mehr ist als eine bloße Geste zur Begrüßung oder zur Verabschiedung. Er ist vielmehr ein Gradmesser für soziale Beziehungen in einer abgestuften Gesellschaft. Insofern ist er nicht mit unserem Händedruck vergleichbar, mit dem viele Thais nebenbei bemerkt nicht viel anfangen können. Der Versuch, einem Thai das Händeschütteln nahezubringen, kann schnell ins Fach von Laurel and Hardy führen.

Ein korrekt ausgeführter *wai* ist vor allem eine Frage des Respekts, was im Umkehrschluss bedeutet, dass ein unsachgemäßer *wai* einen entsprechenden Mangel anzeigen kann. Dabei kann die Respektlosigkeit grundsätzlich in beide Richtungen gehen. Man kann also einen »Ranghöheren« unter Wert wie auch einen »Rangniedrigeren« über Wert grüßen. So wäre es unangemessen, einen Taxifahrer oder Kellner auf derselben Ebene zu begrüßen wie den Abt eines buddhistischen Klosters. Das wäre zu viel der Ehre. Zumal sich der Taxifahrer bei einer unangebracht ehrfürchtigen Begrüßung vielleicht verhohnepiepelt vorkommt – frei nach dem Motto: Wenn eure Grafschaft die Güte besitzen würden, meine Koffer ins Auto zu tragen ... Der *farang* steht hier vor einem vertrackten Doppelproblem. Einerseits kann er nicht recht beurteilen, auf welcher Sprosse der sozialen Hühnerleiter sein Gegenüber sitzt, anderseits stammt er selbst aus einem komplett anderen Stall, sodass ein Vergleich dummerweise nicht möglich ist.

Die Positionslosigkeit des *farang* führt auf der Gegenseite zuweilen dazu, dass die Thais nicht wissen, wo sie ihn denn nun eigentlich hinstecken sollen. Also, Geld scheint er ja zu haben, aber sonst? Von der Garderobe machen viele Ausländer nicht so recht etwas her. Und erst die Manieren ... Wie auch immer: Er passt einfach in keine Hierarchie-Schublade.

Hier gibt es leider keine allgemeingültige Empfehlung. Wer auf Nummer sicher gehen will, kann sich mit einer leichten Verbeugung oder einem anerkennenden Kopfnicken in Kombination mit einem freundlichen Lächeln aus der Affäre ziehen. Das kommt immer gut an. Und es gibt in Thailand schließlich noch genügend andere Felder, auf denen man seine interkulturelle Sensibilität mit Bravour unter Beweis stellen kann.

4 BITTE LÄCHELN!

ODER DAS VERLETZLICHE GESICHT

Ziemlich abgefahren, die Stadt! Zu diesem einhelligen Urteil kommen die drei Thailand-Novizen, wenngleich sich ihre konkrete Wortwahl ein wenig unterscheidet. Während Martin sein Lieblingswort »phänomenal« ins Feld führt, gibt Susanne dem etwas nobleren »grandios« den Vorzug. Lisa lässt es bei einem knackigen »krass« bewenden. Im Grunde meinen sie ein und dasselbe. Der zähflüssige Jetlag-Nebel hat sich endgültig gelichtet, und all das, was zuvor wie hinter einem ungeputzten Schaufenster nur in Schemen zu erkennen war, offenbart nun seine wahre Pracht. Was sie am meisten erstaunt, sind die satten Farben, mit denen hier alles wie angepinselt erscheint, so als hätte ihr bisheriges Leben in einem Schwarz-Weiß-Film stattgefunden. Den ultimativen Farbtupfer bilden dabei die Mönche in ihren safrangelben Roben. *Amazing Thailand!*

In ihrem *condo*, so der Bangkoker Ausdruck für ein Apartment, fühlen sich die Meyers ebenfalls wohl. Es ist hübsch eingerichtet, könnte aber noch ein paar typisch thailändische Details vertragen – Vasen, Masken, *mawn-sam-liam*-Kissen (dreieckige Kissen aus Baumwolle mit komplexen Mustern). Also macht Susanne sich auf die Socken, um sich und ihre Liebsten mit stimmungsvollen Accessoires einzudecken.

Mit präzisen Anweisungen von Madame Sopapun im Gepäck steuert sie einen der Verkaufstempel an. Nach ein paar Ehrenrunden ist Susanne im Reich ihrer Einrichtungsträume angelangt. Dort wird sie von einer höchst aufmerksamen Angestellten in Empfang genommen. Wie ein Bodyguard einer akut gefährdeten Berühmtheit folgt sie Susanne auf Schritt und Tritt, was dieser ausgesprochen unangenehm ist. Schließlich will sie erst einmal schauen, sich einen Überblick verschaffen, herumstöbern. Da kann sie es überhaupt nicht gebrauchen, wenn sie hautnah observiert wird. Sie atmet tief ein und wieder aus und beschließt, die Gegenwart ihres Schattens auszublenden, so gut es geht.

Das erweist sich jedoch als schwierig, denn die Angestellte vollzieht jeden Positionswechsel ihrer Kundin zeitgleich, als wären sie beide ein eingespieltes Team von Synchronschwimmerinnen. Susanne geht in die Offensive und wirft der Frau einen genervten Blick zu. Dies scheint die Verkäuferin allerdings als Aufforderung zu verstehen, noch ein Stück näher an ihre Kundin heranzurücken und diese in ein Gespräch zu verwickeln.

Einmal ins Plaudern gekommen, scheint ihr Schatten nicht mehr an sich halten zu können und offenbart sein Talent in Sachen Verkaufsförderung. Farben, Formen, Größen, Materialien, Preise – hier scheint nichts unmöglich zu sein. Probleme, die einem Verkaufsabschluss im Wege stehen könnten, werden von der Verkäuferin vorsorglich bestritten. So langsam wird Susanne fuchsig. Sie nimmt Reißaus. Aber immer, wenn sie glaubt, sich erfolgreich vor der Verkäuferin versteckt zu haben, taucht diese genau dort auf, wohin Susanne sich geflüchtet hat. Sie scheint über hellseherische Fähigkeiten zu verfügen!

Okay, das reicht. Man kann es nicht anders sagen: Susanne ist sauer, bedient, hat die Faxen dicke. Sie verliert die Contenance, vergisst alle guten Vorsätze, von wegen immer entspannt sein und so weiter, und knöpft sich die Angestellte vor und sagt im Tonfall einer strengen Lehrerin und mit lauter Stimme: »Ich möchte Sie wirklich bitten, mich nicht mehr länger zu belästigen!«

»*Kao tott* (Entschuldigung), ich habe gedacht, Sie bräuchten Hilfe. Bitte vielmals um Verzeihung«, sagt die Angestellte betreten.

Mit einem schiefen Lächeln schaut die Verkäuferin schnell nach links und rechts, wohl um zu sehen, wie weit die akustischen Bugwellen dieser Schelte reichen. Zu ihrer Bestürzung muss Susanne feststellen, dass der gesamte Laden wie in einem Standbild eingefroren ist und alle, wirklich alle gebannt auf sie schauen. Aber immerhin, sie lächeln. Auch die Verkäuferin. Susanne lächelt zurück. Daraufhin jedoch scheint die Angestellte einen jähen Schwächeanfall zu erleiden. Sie wankt, als wären ihre Beine aus Gelee, und einen Moment später ergreift sie Hals über Kopf die Flucht. Susanne ist nun endlich allein. Glücklich ist sie trotzdem nicht.

Was ist da schiefgelaufen?

Autsch, das war nicht sehr charmant! Man kann auch sagen: ziemlich unangemessen und deplatziert. Bloß warum sind die Thais bei einer Bitte, nun gut, bei ein bisschen Kritik gleich dermaßen derangiert? Und weshalb, verflixt und zugenäht, lächeln sie auch dann in einem fort, wenn sie eigentlich zutiefst betrübt sind? Dieses Verhalten verwirrend zu nennen, wäre eine Untertreibung. Aber versuchen wir, das Rätsel zu lösen und dem Thai-Wesen ein wenig auf die Spur zu kommen.

Thais sind in ihrer übergroßen Mehrzahl sehr zurückhaltende Menschen. Konflikte sind ihnen ein Gräuel, ein harmonisches Miteinander steht für sie an oberster Stelle. Und eines fürchten sie noch mehr als der Teufel das Weihwasser: ihr »Gesicht zu verlieren« *(sia naa)*. Was hat es damit genau auf sich? Im Prinzip ist unter diesem bildhaften Ausdruck die persönliche Würde eines jeden Einzelnen zu verstehen. Wobei hier zwischen Würde und Selbstachtung zu unterscheiden ist. Selbstachtung ist etwas, was man sich selbst zugutehalten kann. Würde wird einem hingegen von der Umwelt bescheinigt oder auch abgesprochen. Bei der Gesichtsproblematik in Thailand spielt vor allem der zweite Punkt eine zentrale Rolle.

Dabei ist zu bedenken, dass sich ein Thai (wie auch viele andere Asiaten) weniger als Individuum, sondern vielmehr als Teil eines größeren Kollektivs betrachtet. Innerhalb dieses Kollektivs hat ein jeder seine feste Position, die mit bestimmten Aufgaben und Verhaltensvorschriften verbunden ist. Dieses Eingebundensein in einen größeren Kontext gibt dem Thai Orientierung und Halt im Leben. Aus dieser kulturellen Ordnung folgt, dass der Fehltritt einer Person nicht nur auf diese selbst zurückfällt (was schon schlimm genug wäre), sondern auch ein schlechtes Licht auf sein Kollektiv wirft. Das wiederum ist für den Thai doppelt problematisch. Zum einen weil er damit den wichtigsten Fixpunkt in seinem Leben abwertet, zum anderen weil die Gefahr besteht, dass er die emotionale Unterstützung seiner Gruppe verliert und womöglich aus ihr ausgeschlossen wird. Das wäre gleichbedeutend mit einem ewigen Exilanten-Dasein.

Der Verlust des Gesichts ist für Thais deshalb keine Kleinigkeit, sondern ungefähr so gravierend wie der Verlust eines realen Körperteils. Kein Wunder also, dass sie alles versuchen, um dieses beängstigende Szenario auszuschließen. Um ja nicht in ein kreuzgefährliches Fahrwasser zu gelangen, wird alles vermieden, was in irgendeiner Weise falsch verstanden werden oder Anlass für Beanstandungen geben könnte. Damit einem Thai bei diesem heroischen Ringen keine persönlichen Leidenschaften in die Quere kommen können, wird ihm schon von Kindesbeinen an ein *jai yen* (kühles Herz) anerzogen. Dies ist gewissermaßen eine Schutzmaske, mit der man mit stoischer Gelassenheit durchs Leben gehen kann. Und sollte es trotzdem einmal zu einem Missverständnis oder gar zu einer Konfrontation kommen, greift man zu einer altbewährten Kulturtechnik: dem Lächeln.

DAS LÄCHELN DER THAIS

Es gibt wohl kaum eine Bezeichnung, die in Bezug auf Thailand öfter strapaziert wird als »Das Land des Lächelns«. Das ist verständlich, drängt sie sich doch für farbenfrohe Werbezwecke geradezu auf. Und sicher ist da auch eine ganze Menge dran – die Thais sind im Durchschnitt tatsächlich wesentlich frohgemuter als viele andere

Nationen. Allerdings ist es von hier nur ein kurzer Schritt bis zum kitschigen Klischee. Denn natürlich leben auch die Thais nicht in einem Garten Eden, in dem ewige Glückseligkeit herrscht. Die gibt es nur in Reiseprospekten. Genau wie alle anderen Erdenbürger haben auch sie mit vielen Problemen und Alltagsnöten zu kämpfen.

Gegen die Annahme allzeit vergnügter Thais spricht schon die Beobachtung, dass sie auch dann lächeln, wenn ihnen etwas Schlechtes widerfährt und ihnen innerlich wohl eher zum Heulen zumute ist. Hieran kann man sehen, dass das Thai-Lächeln – zumindest in manchen Situationen – ein probates Mittel ist, die eigenen Gefühle nicht an die Oberfläche gelangen zu lassen. Dies wiederum ist ungemein hilfreich, wenn es darum geht, das Gesicht zu wahren und Konflikte nicht aus dem Ruder laufen zu lassen. Denn das sind die beiden außergewöhnlichen Stärken des Lächelns: Es wirkt deeskalierend, und es ist hochgradig ansteckend. Es bedarf insgesamt einiger Übung, die einzelnen Varianten des Thai-Lächelns trennscharf erkennen und zutreffend deuten zu können.

Wie geht es entspannter?

Lächeln, cool bleiben und – zur Sicherheit – noch mal lächeln. Am allerbesten ist es, wenn man in Thailand die Mundwinkel grundsätzlich ganz weit nach oben zieht und mit einem eingemeißelten Dauerlächeln durch die Gegend wandelt. Denn eine solche freundliche Gesichtsstellung hat einige nicht zu unterschätzende Vorzüge. So kann man elegant über Missgeschicke – die eigenen und die von anderen – hinweggehen und zudem auch einen wertvollen Beitrag zur Förderung des allgemeinen Wohlbefindens leisten.

Zur harmonischen Stimmungsaufhellung trägt auch ein Verfahren bei, das man »Gesicht geben« *(hai naa)* nennt. Dahinter verbirgt sich eine Haltung, bei der man penibel darauf achtet, andere Menschen nicht in Situationen zu bringen, in denen ein Gesichtsverlust droht. Dies sollte angesichts der geschilderten Folgewirkungen eine pure Selbstverständlichkeit sein!

Darüber hinaus ist mit »Gesicht geben« gemeint, jemand anderes aktiv in ein besonders positives Licht zu rücken, sodass dessen Prestige gemehrt und folglich seine Stellung im Kollektiv aufgewertet wird. Dies kann geschehen, indem man die Person lobt, ihr Komplimente macht, sie betont mit etwaigen Ehrentiteln anredet und ihr eine Vorzugsbehandlung gewährt. All dies kann zwischenmenschliche Beziehungen ungemein stärken und vertiefen. Jedoch sollte dies nicht zur künstlichen Lobhudelei ausarten, zumal die engen Hierarchiestufen der Thai-Gesellschaft hier ohnehin für relativ enge Grenzen sorgen (mehr dazu in Kapitel 3: »Hände gefaltet, nicht geschüttelt«, Seite 28). Ab einem gewissen Punkt wirken unangemessene Ehrbezeugungen bestenfalls nur noch komisch. Letztlich geht es im Kern darum, den Thais Respekt und Wertschätzung entgegenzubringen – und dies auch zu zeigen.

Der Aspekt der gegenseitigen Rücksichtnahme spielt in Thailand eine so prominente Rolle, dass dafür eigens eine ausgeklügelte Lehre geschaffen wurde, die einen Ausgleich zwischen dem Recht des Einzelnen auf eine freie Entfaltung seiner Persönlichkeit *(sabai jai)* und dem Bedürfnis der Gemeinschaft nach sozialer Harmonie *(greng jai)* ermöglicht. Letzteres wird vor allem dadurch erreicht, dass man sich mit Forderungen anderen gegenüber zurückhält. Und wenn alle sich ein wenig zurücknehmen, löst dies eine nette Kettenreaktion von Harmonie, Freude und Wohlbefinden aus. Bei einer Kaufhaussituation, wie sie Susanne erlebt hat, bleibt einem vorbildlichen Landesgast nicht viel mehr übrig, als gute Miene zum anstrengenden Spiel zu machen. Außer vielleicht, so lange heftig zu lächeln, bis die Verkäuferin irgendwann die eigentliche Botschaft versteht.

Zu guter Letzt soll an dieser Stelle noch auf die restlos positiven gesundheitlichen Folgen des Lächelns und seines großen Bruders – des Lachens – hingewiesen werden: Probieren Sie es aus! Nähere Auskünfte hierzu erteilen Ihnen gern die Bürger des Königreichs Thailand.

5 HIMMEL OBEN, ERDE UNTEN

ODER CHEF SEIN IST NICHT LEICHT

Morgens halb acht in Bangkok. Martin ist ziemlich aufgeregt, schließlich ist der erste Eindruck, den man am neuen Arbeitsplatz hinterlässt, sehr wichtig. Im Meyerschen Apartment herrscht der normale morgendliche Aufruhr. Madame Sopapun hat der Familie diesmal *khaot tom kung lae kai* (Reissuppe mit Garnelen und Huhn) zum Frühstück vorgesetzt.

»Aber das kann man doch nicht früh morgens essen!«, protestiert Lisa.

»Das ist doch besser als euer ewiger Toast und gibt außerdem eine gute Basis für den Tag.« Die Haushälterin lässt keinen Widerspruch zu.

Auch Martin und Susanne sind nicht gerade begeistert, bemühen sich aber redlich, der ungewohnten Morgenmahlzeit etwas abzugewinnen, und bedeuten ihrer Tochter, dasselbe zu tun. Da klingelt Martins Mobiltelefon. Dankbar für den Vorwand schiebt Martin seine Suppenschüssel beiseite.

»*Sawadee kha* Mr. Martin, hier ist Pantisa, Ihre Assistentin. Ich hatte mich Ihnen schon per E-Mail vorgestellt.«

»*Sawadee khrap* Pantisa. *Sabai die mai* (Wie geht es Ihnen)?«

HÖFLICHKEITSFORMEN FÜR SIE UND IHN

Höflichkeit ist eine Zier. Oft reichen da ein paar Buchstaben, um eine Sache in einem deutlich angenehmeren Licht erscheinen zu lassen. Im Thailändischen gibt es hierfür zwei zentrale Silben, die eigentlich ein und dasselbe meinen, von denen eine jedoch von Frauen, die andere von Männern gebraucht wird: Eine Frau, die besonders freundlich sein möchte, hängt an einen Satz einfach ein *kha* an. Demgegenüber fügt ein höflicher Mann stets ein *khrap* an.

»*Sabai die* (Mir geht es gut). Schön, dass Sie schon so gut Thai können. Ich wollte Ihnen nur Bescheid geben, dass wir ein Auto mit Fahrer für Sie organisiert haben. Er wird Sie dann nachher abholen, es ist ein schöner BMW.«

»Na ja, ich kann bislang eigentlich nur ein paar Phrasen auf Thai. Und ein Fahrer ist nicht nötig, ich habe mir schon ein Taxi bestellt.«

»Aber Mr. Martin, Sie sind doch der Boss! Da brauchen Sie schon ein vorzeigbares Gefährt!«

Mit dem Hinweis, dass er in Deutschland für gewöhnlich mit der U-Bahn zur Arbeit fährt, lehnt Martin dankend ab. Ich werde doch hier nicht damit anfangen, einen auf neureich zu machen!, denkt er.

Im Hintergrund hat sich Lisa eine Tüte Marshmallows aus dem Schrank gefischt und versenkt einige davon in hohem Bogen in ihrer Reissuppe.

»Aber hier in Thailand kann der Chef nicht mit dem Bus fahren, sonst denken doch alle, wir hätten kein Geld! Und wollen keine Geschäfte mit uns machen«, lässt seine neue Assistentin nicht locker. Nach einigem Hin und Her willigt Martin schließlich ein, sich im Premiumsegment in die Firma chauffieren zu lassen. Mein Gott sind die aber ehrpusselig, überlegt er sich während der Fahrt in der geräumigen Limousine und streckt entspannt seine Beine aus. Wobei, das ist tatsächlich gar nicht so übel. Daran könnte er sich durchaus gewöhnen.

Die Fahrt geht in Richtung Eastern Seaboard. Nachdem sie der städtischen Stress- und Stauzone entkommen sind und den Flughafen linker Hand hinter sich gelassen haben, lichtet sich die dichte Bebauung Stück für Stück und es tauchen erste Vorboten des malerischen thailändischen Dorflebens auf: stille Kanäle, umgeben von flachen Holzhäusern, die sich in harmonischer Eintracht mit der üppigen Natur üben. Alles wirkt wie ein riesiger botanischer Garten. Nur ab und zu wird das Bild durch die geometrischen Flächen der Betriebsansiedlungen unterbrochen. In ein solches Areal, das wie mit dem Lineal gezogen wirkt, biegen sie schließlich ein.

Das Großraumbüro ist in einem schmucklosen Bau untergebracht, vor dem ein uniformierter Wächter postiert ist. Der sieht aus, als wäre er geradewegs von einer Prinzengarde aus dem Rheinland abkommandiert worden. Im strahlenden Weiß steht er da, wobei vor allem seine opulenten Schulterpolster ins Auge stechen. Neben ordentlich Ordenslametta auf der Brust hat er sich eine fast zentimeterdicke Kordelschnur um den rechten Arm gewickelt. Als Kontrast zur nüchternen Umgebung kommt er nicht schlecht. Nur wofür braucht man hier überhaupt einen Wachmann im Fantasiekostüm?

EIN KÖNIGREICH FÜR EINE UNIFORM

Wachmänner *(jaam)* sind speziell in Thailands Städten ein allgegenwärtiger Anblick. Oftmals tragen sie eine kreativ gestaltete Uniform mit einem starken Einschlag ins Militärische. Diese halboffiziellen Outfits tragen dazu bei, dass die Grenzen zwischen staatlichen und privaten Ordnungskräften für den Außenstehenden nicht immer klar ersichtlich sind. Dabei muss aus ihrer Präsenz nicht notwendigerweise geschlossen werden, dass es tatsächlich irgendetwas gäbe, was es wert wäre, beschützt zu werden. Der überwiegende Teil von ihnen wird vielmehr nur deshalb angestellt, um nach außen hin einen demonstrativen Anschein von Wichtigkeit zu erzeugen. In jedem Fall sind die thailändischen Wachmänner wahre Champions in der Disziplin des gepflegten Zeittotschlagens.

Als Martin sich dem Gebäude nähert, hebt der Wachmann reflexartig die weiß behandschuhte Hand und salutiert, als wäre er Mitglied einer Ehrenkompanie, die ein Staatsoberhaupt willkommen heißt. Stockend bewegt sich Martin auf den Mann zu und will ihm als guter Vorgesetzter die Hand geben. Der blickt ihn verdutzt an und streckt, sehr zögerlich, ebenfalls die Hand aus. Nachdem man sich nun auf die westliche Art begrüßt hat, ist Martin mit seinem Latein am Ende und weiß nicht, wie er weiter vorgehen soll. Glücklicherweise kommt in diesem Moment Pantisa zur Tür hinaus und begrüßt ihren Chef:

»Hallo *Khun* Martin!« Pantisa eilt ihm entgegen und erlöst ihn. »Gut, dass Sie schon da sind, wir wollen jetzt gleich eine Besprechung abhalten.« Seine Assistentin führt ihn in sein Büro, das einen diskreten Siebziger-Jahre-Charme versprüht.

»Perfekt, dann trommeln Sie die Mannschaft zusammen und sorgen Sie bitte für kühle Erfrischungen für alle.«

Zaghaft treten seine Mitarbeiter nacheinander ein und werden von Pantisa im Einzelnen vorgestellt. Als Herr Tammawong an der Reihe ist, fällt Martin spontan ein, dass er ihn noch von Deutschland aus beauftragt hat, einen geeigneten Einzelteilproduzenten für die Produktion ausfindig zu machen und erste Gespräche zu führen. Aufs Geratewohl fragt Martin ihn, ob er denn schon Vollzug melden könne.

»*Chai* (Ja), Boss, eigentlich schon.«

»Was heißt denn eigentlich«, will Martin wissen. »Haben Sie den Auftrag erledigt oder nicht?«

»Ich habe da eine Reihe von Kandidaten im Blick, bin mir aber nicht sicher, welcher am besten zu uns passt.«

»Und warum haben Sie dann keine weitere Rücksprache mit mir gehalten?«

Unter größter innerer Anspannung ringt sich Herr Tammawong eine Art Entschuldigung ab und verweist darauf, dass er dachte, Martin würde sich selbst darum kümmern wollen.

»Also, Herr Tammawong, bei allem, was recht ist, ich erwarte von meinen Mitarbeitern schon ein Mindestmaß an Eigeninitiative. Sie können doch nicht einfach untätig bleiben, wenn Sie nicht weiter wissen.«

Na, das kann ja heiter werden, denkt Martin. Ich kann mich doch nicht um jedes Detail selbst kümmern.

»Was haben Sie dazu zu sagen?« Martin gibt sich unerbittlich.

Sichtlich getroffen blickt Herr Tammawong nach unten und bleibt stumm wie ein Fisch. Auch die anderen scheinen körperlich mitzuleiden und starren konzentriert auf den Boden, als suchten sie dort nach geheimen Botschaften, die irgendwie Licht auf die Sache werfen würden. Im Büro herrscht ein betretenes Schweigen wie nach einer misslungenen Theatervorführung.

Uh, das läuft aber gar nicht gut. Was ist denn bloß mit denen los?

Da meldet sich Herr Wichai zu Wort: »Mr. Martin, haben Sie schon entschieden, ob Sie mich zur Vorstellung meines Sohnes bei einem möglichen Arbeitgeber begleiten können?«

Da geht Martin endgültig die Hutschnur hoch: »Aber doch nicht jetzt! Wir haben im Moment Wichtigeres zu besprechen als Ihre Privatangelegenheiten. Außerdem bin ich doch nicht Ihr Kindermädchen!«

Nun ist die Stimmung endgültig auf den Gefrierpunkt gesunken. Sogar der gewitzten Pantisa hat es vorübergehend die Sprache verschlagen. Seine Mitarbeiter scheinen ja so dermaßen durch den Wind zu sein, da machen weitere Erörterungen einfach keinen Sinn. Martin vertagt die Besprechung. Ratlos sitzt er in seinem Büro und zerbricht sich den Kopf darüber, warum diese erste Runde derart katastrophal gelaufen ist.

Was ist da schiefgelaufen?

Kulturelle Eigenheiten schlagen sich in allen Lebensbereichen nieder. Da stellt auch und gerade die Arbeitswelt keinen Sonderfall dar, in der es bekanntlich besonders reglementiert zugeht. Hinzu kommt, dass man sich hier nicht einfach umdrehen und seines Weges gehen kann. Diese Einschätzung ist zwar spontan einleuchtend. Dennoch müssen die entsprechenden Verhaltensweisen in der Praxis erst mühsam erlernt werden. Anfängliche Missverständnisse lassen sich da kaum vermeiden.

Die größte Herausforderung für eine Führungskraft in Thailand liegt darin, den kniffligen Anforderungen, die sich aus den hierarchischen Beziehungsgeflechten ergeben, gerecht zu werden. Dies gilt sowohl für das Bedürfnis nach glasklaren Ansagen als auch für die Erwartung der Untergebenen nach fürsorglichem Schutz. Mit dieser Doppelerwartung hat Martin, der flache Hierarchien gewohnt ist, seine liebe Not.

Thais schätzen es gemeinhin, eine Rolle zugewiesen zu bekommen, bei der sie präzise wissen, was sie zu tun und zu lassen haben. Und wenn sie eines garantiert nicht mögen, dann unklare Stellenbeschreibungen. Auch bei der Übernahme von verantwortungsvollen Aufgaben stehen sie – so viel Klischee muss sein – nicht unbedingt Schlange. Diese Haltung lässt sich gut mit der Redewendung *»faa suung pen din tam«* umschreiben, übersetzt: »Himmel oben, Erde unten«, was sinngemäß bedeutet, dass man die Dinge dort lassen sollte, wo sie hingehören. Dies gilt nicht zuletzt auch für die einzelnen Gesellschaftsschichten. Zugleich wird erwartet, dass die nahezu bedingungslose Unterordnung mit einer umfassenden Protektion von oben vergolten wird. Insofern hat Martin einen klaren Tabubruch begangen, als er Herrn Tammawong vor versammelter Mannschaft offen kritisiert hat.

Dies kann sich gleich in zweifacher Weise als kontraproduktiv erweisen: Zum einen wird sich nach einem solchen Affront die Arbeitsleistung des Mitarbeiters mit großer Sicherheit nicht verbessern. Zum anderen kann der erlittene Gesichtsverlust den Mitarbeiter derart mitnehmen, dass er seinem Chef langfristig sehr unfreundlich gesonnen ist. Da manche Thais unter der beherrschten Oberfläche ein leicht entzündliches Gemüt haben, sind Kurzschlussreaktionen nicht auszuschließen.

Auch in puncto Arbeitsmoral ticken die Uhren in Thailand selbst in Zeiten der Globalisierung anders. In Umkehrung des teutonischen Dogmas »Erst die Arbeit, dann das Vergnügen« müsste es dort heißen: Ohne ein Minimum an Vergnügen ist überhaupt keine vernünftige Arbeit möglich! Nicht sehr clever wäre jedenfalls der Versuch, »deutsche Verhältnisse« herstellen zu wollen. Denn dieser wird aller Voraussicht nach gerade nicht zu einer Steigerung der Produktivität führen. Wahrscheinlicher ist stattdessen eine schleichende Demotivierung der Mitarbeiter. Mit alemannischen Gründlichkeitsidealen gewinnt man in Thailand keinen Blumentopf. Es bleibt dabei: Thais brauchen ihre tägliche Dosis Spaß wie die Luft zum Atmen – und entspannt währt am längsten.

Wie geht es entspannter?

Zunächst sollte sich jeder, der in Thailand geschäftlich aktiv werden will, bewusst machen, dass hier der äußere Eindruck eine sehr maßgebliche Rolle spielt. Thais unterliegen einem hohen sozialen Druck, sich nach außen hin als wohlhabender zu präsentieren, als sie es in Wirklichkeit sind. Understatement gilt mithin nicht als Tugend, sondern führt zu unnötigen Missverständnissen. Für den Ausländer, der das Handicap seines Standes außerhalb der Thai-Gesellschaft wettmachen muss, kann es also nicht schaden, hier ausnahmsweise ein wenig auf den Putz zu hauen. Dies gilt insbesondere im Kontakt mit potenziellen Geschäftspartnern. In einer Luxuskarosse vorzufahren, ist da keine schlechte Idee. Beispielsweise einen Stern auf der Motorhaube zu haben, kommt in Thailand immer gut an.

In Bezug auf seine Mitarbeiter ist es für Martin trotz seines mittleren Alters angeraten, in die Rolle eines strengen, aber treu sorgenden Familienoberhauptes zu schlüpfen. Mit all den daraus folgenden Obliegenheiten. Das bedeutet zum einen, eine klare Distanz gegenüber den Untergebenen zu halten. Für den Wachmann hätte in diesem Sinne ein dezentes Zunicken völlig gereicht. Zum anderen muss der Chef aber zugleich ein offenes Ohr für die Anliegen seiner Untergebenen haben.

Martin hätte also zumindest eine generelle Aufgeschlossenheit für die Probleme seines Mitarbeiters zeigen sollen. Ob er ihm tatsächlich helfen kann, steht auf einem anderen Blatt. Was hier primär zählt, ist der gute Wille. Ein harsches und vor allem öffentliches Maßregeln eines Mitarbeiters ist dagegen nicht nur für den Betroffenen selbst unerträglich. Es ist ein regelrechter Anschlag auf die Gruppenharmonie. Sie erinnern sich? Konsens und Gelassenheit sind die tragenden Säulen der thailändischen Gesellschaft. Gerade als Vorgesetzter ist es das A und O, in absolut jeder Situation die Fassung zu bewahren. Eine vernünftige Reaktion hätte so ausgesehen, dass Martin Herrn Tammawong unter vier Augen und mittels unmissverständlicher Instruktionen die Möglichkeit einräumt, sein Versäumnis nachzuholen. In Thailand ist es manchmal erforderlich, Aufträge mehrmals zu erteilen. Nach einer angemessenen Frist werden diese dann normalerweise in einer ordentlichen Qualität erledigt. Diesen Vorlauf gilt es einzukalkulieren.

Das gesteigerte Harmoniebedürfnis der Thais kann aber auch ein Ansatzpunkt zur Verbesserung der Arbeitsleistung sein. Immer wieder mal ein geschickt platziertes Lob oder eine gut vernehmbare Anerkennung auszusprechen, kann als Motivationshilfe Wunder wirken. Und sollte der *farang*-Chef in seiner grenzenlosen Unwissenheit dennoch einmal die Harmoniebalance aus den Angeln gehoben haben, so hilft es, einen netten Betriebsausflug oder einen ausgiebigen Restaurantbesuch zu veranstalten. Denn das ist in jedem Fall *sanuk* und hilft dabei, ein Wir-Gefühl herzustellen, das die Thais über alle Maßen schätzen.

TIGERWIRTSCHAFT – VIEL MEHR ALS REIS UND STRÄNDE

Thailand hat seit den 1970er-Jahren einen imposanten ökonomischen Aufstieg erlebt. Dabei hat sich das Land schrittweise von einem Agrarland zu einem industrialisierten Schwellenland gemausert. Thailands Außenwahrnehmung, die noch stark vom Bild eines attraktiven Ferienziels geprägt ist, hat mit dieser Entwicklung nicht Schritt gehalten. So ist die Überraschung meist groß, wenn etwa bekannt wird, dass Thailand 2017 auf Rang 12 der weltweit größten Standorte zur **Automobilherstellung** stand. Um diese Erfolgsgeschichte fortschreiben zu können, soll künftig die Elektromobilität gezielt gefördert werden. 2018 lag das Jahreseinkommen pro Kopf bei umgerechnet rund 7.200 US-Dollar. Bis 2020 soll es weiter auf 8.500 US-Dollar ansteigen. Damit steht Thailand bei den Einkommen in Südostasien hinter Singapur, Brunei und Malaysia an vierter Stelle.

Anders als die meisten asiatischen Staaten, die sich zumindest grob an den Wirtschaftsmodellen der früheren kolonialen Herrscher orientieren konnten, musste Thailand seinen eigenen Entwicklungsweg finden. Schon in den 1950er-Jahren zeigte sich das Land offen für Investitionen aus dem Ausland, wobei man speziell von Ansiedlungen japanischer Konzerne wie Toyota und Mitsubishi profitierte. Dabei setzte Thailand von Anfang an stark auf **Exporte**: Wurden zuerst Nahrungsmittel und Rohstoffe ausgeführt, kamen später Textilien, Konsumgüter und Elektronik hinzu. Der Sprung zum Tigerstaat gelang in den 1990er-Jahren noch nicht, weil das wirtschaftspolitische Umfeld mit der Entwicklung nicht Schritt gehalten hatte und exzessiv ungesicherte Kredite an »Freundesfreunde« vergeben wurden.

1997 war Thailand Ausgangspunkt der Asienkrise, die das Land herb getroffen hat. Ab der Jahrtausendwende konnte dann wieder an alte Erfolge angeknüpft werden. Unter Premier Thaksin Shinawatra spielte der Staat eine aktivere Rolle im Wirtschaftsgeschehen (Thaksinomics), und es wurde ein stärkeres Augenmerk auf den Binnenkonsum und die vernachlässigten ländlichen Gebiete gelegt. Der übergroße Teil der Wirtschaftsleistung wird jedoch wie eh und je im erweiterten Großraum Bangkok und dabei vornehmlich entlang des südöstlich von Bangkok gelegenen Eastern Seaboard erbracht.

Dieser einseitige Fokus wird sich künftig weiter zuspitzen. Denn Thailand steht aktuell vor der Herausforderung, den Sprung auf die **nächsten Wertschöpfungsstufen** zu vollziehen und den Großkomplex Digitalisierung in Angriff zu nehmen. Dafür hat die Regierung diverse Reformprogramme lanciert und einen umfangreichen Ausbau der Infrastruktur auf den Weg gebracht. Das Kernprojekt ist die Errichtung eines »Östlichen Wirtschaftskorridors« im Eastern Seaboard. Dort sollen in den Provinzen Chon Buri, Rayong und Chachoengsao mit Milliarden-Investitionen »Intelligente Städte« und Produktionsstätten für Zukunftstechnologien entstehen.

Sehr leistungsstark ist weiter der **Agrarsektor**. Ein prominentes Beispiel ist der Agrar- und Lebensmittelkonzern Charoen Pokphand Foods (CPF), der mit dem unbescheidenen Slogan *»Kitchen of the World«* wirbt. Die Firma ist einer der weltweit größten Hersteller von Futtermitteln und führt eine gigantische Hühner-, Garnelen- und Schweinewirtschaft. Darüber hinaus versucht CPF den Thais die Vorzüge von Fertiggerichten nahezubringen und führt als Franchisenehmer die im Land sehr populäre Kentucky-Fried-Chicken-Kette mit – Stand Dezember 2018 – inzwischen 700 Filialen.

Eine enorm wichtige Devisenquelle ist ferner der **Tourismus**. Er steht für rund 10 Prozent der gesamten Wirtschaftsleistung des Landes und verzeichnete in den letzten Jahren in Serie neue Besucherrekorde. Das galt auch für 2018, als 38,3 Millionen Personen das Königreich besuchten. Da in Zukunft v. a. noch mehr Chinesen und auch Inder andere Länder erkunden werden, dürfte sich der Stellenwert der thailändischen Ferienindustrie weiter erhöhen. Für 2030 ist die Zahl von dann sage und schreibe 60 Millionen Besuchern im Umlauf. Um den Andrang auffangen zu können, wird auch der südlich von Pattaya gelegene Flughafen U-Tapao ausgebaut.

6 IMMER SCHÖN RESERVIERT

ODER SCHENKEN LEICHT GEMACHT

Es ist ein herrlicher sonnenüberfluteter Dienstagmorgen. Nach heftigen nächtlichen Regengüssen ist die Luft fast so klar und frisch wie in einem Kurort in den Bergen. Susanne trifft ihre Nachbarin Patchari mit deren dreijähriger Tochter Oraya auf dem Arm im kleinen Vorgarten des Apartmentkomplexes, wo die beiden Bienen bei der Arbeit an einem üppigen rot-violetten Bougainvillea-Strauch beobachten. Zwischen den Büschen lauert geduckt eine schwarz-weiße Katze mit blitzenden Augen und angelegten Ohren. Ameisenkarawanen verrichten ihr mühsames Tagwerk. Nach einer aus einem freundlichen Zunicken bestehenden Begrüßung zwischen den Frauen beginnt Susanne damit, mit der goldig-süßen Oraya ein Gespräch auf Deutsch führen, auf das die Angesprochene mit rhythmischem Händeschlagen und vergnügten Quietschlauten reagiert.

»*Very na rak* (Sehr niedlich)«, bestätigt Susanne.

Patchari leuchtet vor Mutterstolz. »Einige Nachbarinnen und ich treffen uns immer Donnerstagnachmittag bei mir zu Hause. Wir würden uns sehr freuen, wenn Sie auch vorbeikommen.«

»Ja, gern. Wann soll ich denn da sein? Und kann ich etwas mitbringen?«, erkundigt sich Susanne pflichtbewusst.

»Nein, nein. Vielen Dank, das ist nicht nötig«. Patchari schüttelt den Kopf. »15:30 Uhr wäre prima.«

»*Tòk long* (Einverstanden).«

Wenig später in der Wohnung berichtet Susanne ihrem Angetrauten angetan von ihrer Einladung: »Sie ist richtig nett. Ich muss ihr auf jeden Fall etwas mitbringen. Was meinst du, passt bei einer solchen Einladung?«

»Na, was Frauen allgemein so brauchen: Zeitschriften und Schokolade«, antwortet Martin und blättert in Unterlagen seiner Firma.

»Du bist wieder einmal eine Riesenhilfe.«

In einem unerwarteten Anflug von Ernsthaftigkeit korrigiert Martin seinen Ratschlag: »Das ist schwer zu sagen. Firmengeschenke sind ja etwas anderes. Vielleicht kaufst du was für euer Nachmittagstreffen? Kuchen?«

»Nein, das ist mir zu unpersönlich. Ich möchte, dass sie sich wirklich freut. Und außerdem will ich doch bei den anderen einen guten Eindruck hinterlassen.«

Nach einem zweieinhalbstündigen Shoppingmarathon wird Susanne schließlich fündig: Ein edler rosafarbener Schal aus Thai-Seide soll es sein. Und weil er ihr so gut gefällt, kauft Susanne noch einen weiteren Schal in Lila für sich selbst.

Donnerstagnachmittag. Susanne klingelt an Patcharis Tür.

»*Sawadee kha.*« Patchari öffnet freudestrahlend die Wohnungstür. »Kommen Sie herein!«

Im Hintergrund hört Susanne bereits ein Stimmenwirrwarr und fröhliches Lachen. Sie streift sich ihre Schuhe von den Füßen und lässt sie am Eingang stehen, denn dort sind schon mindestens weitere fünf Paar Frauenschuhe deponiert. Manche Leute sind ja etwas empfindlich, was Straßenschuhe in den eigenen vier Wänden anbelangt, da geht sie lieber auf Nummer sicher. Susanne betritt die Wohnung und überreicht geradewegs ihr Geschenk mit beiden Händen. »Ein kleines Dankeschön für Ihre nette Einladung.«

»Oh, was für eine schöne Überraschung. *Kop khun kha* (Danke).« Patchari nimmt das aufwändig verpackte Geschenk lächelnd in Empfang und legt es eher achtlos auf einem Holztischchen ab.

Susanne steht etwas hüftsteif da und schaut ihre Gastgeberin erwartungsvoll an.

»Folgen Sie mir ins Wohnzimmer!«

Susanne jedoch bleibt unschlüssig in der Eingangstür stehen und kann nicht umhin, immer wieder demonstrativ auf ihr Geschenk zu schauen. Sie ist doch so gespannt, wie Patchari der Schal gefällt.

Aber Patchari zeigt erneut in Richtung Wohnzimmer. »Die ersten Gäste sind auch schon da. Kommen Sie bitte!«

Susanne wirft einen letzten wehmütigen Blick auf ihr Geschenk. Wie undankbar, denkt sie, bis sie von Patchari sanft am Unterarm gefasst und in Richtung Wohnzimmer gelotst wird.

Was ist da schiefgelaufen?

Was hier gerade geschehen ist, lässt sich als ein typischer Fall von kulturbedingt auseinanderlaufenden Erwartungen verstehen. Während sich Susanne eine unmittelbare emotionale Reaktion erhofft hat, ging es Patchari darum, die Situation nicht durch das Zeigen überbordender Gefühle zu überladen. Bei solchen Konstellationen kann es leicht zu irreführenden Interpretationen kommen. Denn mit an Sicherheit grenzender Wahrscheinlichkeit hat sich Patchari allein darüber, dass Susanne an sie gedacht und ihr eine Aufmerksamkeit mitgebracht hat, mächtig gefreut.

Allerdings werden Geschenke in Thailand nicht wie im Westen üblich mit einer mehr oder weniger echten Begeisterung entgegengenommen, sondern ungeöffnet beiseitegelegt. Damit wird zwar die (ziemlich kuriose) westliche Konvention, dass auch der Schenkende direkt etwas von seiner Gabe haben soll, nämlich die klar vernehmliche Dankbarkeit des Beschenkten und ein Teilhaben an dessen neuer Besitzerfreude, verletzt. Dieses Vorgehen entbindet den Geschenkempfänger jedoch davon, dem Schenkenden womöglich eine unauthentische Zufriedenheit signalisieren zu müssen. Damit umgeht man elegant potenziell peinliche Situationen, bei denen sich – man kennt es von den alljährlichen Weihnachtsprozeduren –

gut gemeinte Absichten öffentlich als unvorteilhafte Fehlannahmen über die Wünsche und Bedürfnisse des zu Beschenkenden entpuppen können. Hieran können die extrem harmoniebedürftigen Thais keinerlei Interesse haben. Also hebt man sich den Moment der Geschenköffnung für einen späteren Zeitpunkt auf. Dann kann man sich ungestört über eine gelungene Zuwendung freuen oder ein Präsent, das in erster Linie die persönlichen Vorlieben des Schenkenden offenbart, achselzuckend zur Kenntnis nehmen und gegebenenfalls entsprechend entsorgen.

Hinzu kommt, dass die Thais als große Liebhaber einer verspielten und etwas plakativen Ästhetik es als einen mittelgroßen Frevel betrachten würden, ein hübsch eingepacktes und mit Schleifchen versehenes Geschenk durch sofortiges Aufreißen unwiederbringlich zu verunstalten. Mitunter ist in Thailand die Verpackung wichtiger als der Inhalt.

THAI-ÄSTHETIK – HAUPTSACHE NIEDLICH!

Dass man in Thailand die Dinge nicht immer ganz so bierernst nimmt, ist bekannt, genauso wie der Umstand, dass hier jedermann versucht, eine gute Zeit zu haben. Was dann aber doch ein wenig überrascht, ist die kunterbunte Verspieltheit, mit der fast alle Alltagsgegenstände »aufgehübscht« werden – als wäre das Land eine Art überdimensioniertes Kinderzimmer. Dabei scheut man auch vor der Verniedlichung von eigentlich ehrwürdigen Figuren wie in Meditation versunkenen Mönchen nicht zurück. Die Welt muss für die Thais offenkundig mit einer großzügigen Portion Puderzucker bestreut werden. Schwermütige Innerlichkeit ist hingegen verpönt. Soziologisch lässt sich diese Einstellung gut damit erklären, dass in Gesellschaften mit einem rigorosen Unterordnungsdruck die Individuen verständlicherweise versuchen, nicht unnötig anzuecken und entsprechend nach möglichst unverfänglichen Ausdrucksmöglichkeiten zu streben. Deshalb wird gemeinhin alles als attraktiv angesehen, was naiv, liebreizend, kantenlos, putzig und überhaupt konsensfähig ist. Der Übergang zu einer sterilen Künstlichkeit ist dabei – wie sich vielfach beobachten lässt – durchaus fließend.

In zwischenmenschlichen Dingen geben Thais sich nach außen hin oft supercool. Aller äußerlichen Unbeschwertheit zum Trotz legen sie großen Wert auf eine klar abgegrenzte innere Diskretionszone, zu der sie niemandem Zutritt gewähren – oft nicht einmal dem eigenen Partner oder der eigenen Familie. Die Konfrontation mit den emotionalen Bedürfnissen und Problemen ihrer Mitmenschen hat für Thais etwas zutiefst Beängstigendes. Dies ist weniger einer fehlenden Empathie zuzuschreiben als der mangelnden Fähigkeit, sich gemütsverträglich mit unangenehmen Seelenfragen auseinanderzusetzen. Besonders Fremden gegenüber bleiben sie erst einmal deutlich reserviert. Doch selbst wenn sie alte Freunde nach langer Zeit wiedertreffen, ist meist nicht mehr als ein lässiger Schulterklapser drin. Das bedeutet natürlich nicht, dass sie gefühlsmäßige Eisblöcke sind. Als solche würden sie allein schon wegen der ganzjährigen Wärme so schnell wie eine Portion Kokosnuss-Eiscreme in der Tropensonne dahinschmelzen.

Wie geht es entspannter?

Wie in Thailand mit der Geschenkefrage verfahren werden sollte, liegt auf der Hand. Auch hier gilt der Grundsatz, sich in emotionaler Zurückhaltung zu üben und diese anderen nicht zu verwehren. Handelt es sich um eine längerfristige Beziehung, werden sich persönliche Geschenke auch dann positiv bemerkbar machen, wenn es nicht sofort im Zuge der Übergabe zu euphorischen Dankbarkeitsbezeugungen und Verbrüderungsszenen kommt. Insofern kann Susanne sich sicher sein, dass ihre wohlüberlegte Aufmerksamkeit bei

Patchari auf die von ihr erhoffte Resonanz stoßen wird. Beim näheren Kontakt mit Thais sollte dieses emotional sprödere Verhalten in Rechnung gestellt und gelernt werden, mehr zwischen den Zeilen und aus Gesten zu lesen. Ein dezentes Lächeln zum richtigen Zeitpunkt sagt hier mehr als tausend Beteuerungen.

Insgesamt ist es bei Freundschaftsbeziehungen zu Thais wichtig, sie nicht gefühlsmäßig zu überfordern. Pausenlose Wasserstandsmeldungen über die eigene Befindlichkeit werden nicht als Vertrauensbeweis, sondern als unangemessene Zudringlichkeit empfunden, die den Gefährten sogar zu einem fluchtartigen Rückzug veranlassen kann. Möglicherweise ist eine gewisse Sparsamkeit beim Gefühlezeigen ohnehin gar kein so schlechter Wesenszug, weil man dann zumindest sicher sein kann, dass es das Gegenüber tatsächlich ehrlich meint. Von andernorts üblichen *Hello-nice-to-meet-you*-Inszenierungen und *That's-sooo-beautiful*-Jubelarien ist somit eindeutig abzusehen.

7 DIE ENTDECKUNG DER LANGSAMKEIT

ODER WER ZU SPÄT KOMMT, HAT EIN VOLLES LEBEN

Das Ding sieht ja aus wie ein gigantischer Espressoautomat! Das ist der erste Gedanke, der Martin durch den Kopf schießt, als er sich dem Gebäude im warmen Nieselregen nähert. Er steuert auf die Sicherheitsschleusen des Esplanade Ratchada zu, eines der größten Shoppingkomplexe im Großraum Bangkok. Dort ist er mit Herrn Saowaluk verabredet.

Der Grund für die Zusammenkunft: Es geht darum, auszuloten, ob der Betrieb von Herrn Saowaluk als Lieferant für Martins Firma infrage kommt. Der Treffpunkt: die Filiale von Coffee World. Eine etwas kuriose Wahl für ein Geschäftstreffen, ist Martins erster Gedanke gewesen. Aber jetzt sagt er sich: Besser als die immer gleichen Business-Lunches. Und ein guter Kaffee kommt gerade genau richtig.

Offenbar macht er einen so harmlosen Eindruck, dass der Security-Posten am Eingang es nicht für nötig befindet, ihn genauer unter die Lupe zu nehmen. Nach einem kurzen prüfenden Blick winkt er ihn einfach durch. Das Ganze dauert allenfalls zweieinhalb Sekunden. Martin fragt sich, ob er wirklich wie ein Obernormalo aussieht, dass er nicht einmal anständig kontrolliert wird. Aber der Hader über das ihm abgesprochene Gefahrenpotenzial währt nicht lange, denn schon ist er mittendrin im kunterbunten Himmelreich von Konsum und Kommerz.

Zunächst fällt ihm das enge Rolltreppen-Geflecht auf. Dann geht sein Blick auf die einzelnen Ebenen, wo Besucher ameisengleich in jeden Winkel krabbeln. Hier herrscht ja ein richtiger Jahrmarkttrubel. Eine Mischung aus Taubenschlag und Bienenwabe. Martin schaut auf die Uhr. Oh, fünf vor, da muss er sich aber sputen!

Angestrengt studiert er die Infotafeln. Da ist es ja: Coffee World – dritte Etage. Scheinbar schwerelos gleitet Martin die rollenden Treppen empor und spurtet dem Coffeeshop mit dem blau-gelben Banner entgegen.

Im Innern unterscheidet sich der Laden nur unwesentlich von seinen Geschwistern, die in jeder mittelprächtigen Boomtown wie Pilze aus dem Boden schießen. Die übliche Klientel ist auch versammelt: Mittelklasse-Thais mit Polohemd und Schirmmütze, gertenschlanke Schönheitsprinzessinnen, koffeinsüchtige Bürohengste, wohlgenährte australische Urlauber und viel beschäftige *permanent residents,* also Langzeitgäste im Land, die auf ihren Tablet-Computer starren, als würde er jeden Moment die Weltformel ausspucken. Nur keine Spur vom werten Herrn Saowaluk.

Na ja, da kann ich mir ja schon mal einen Platz suchen und eine Kleinigkeit essen. Wie wäre es mit einem Stück *signature cake?* Unterschrifts- oder Erkennungskuchen? So ein Quatsch aber auch!

Die Zeit rinnt dahin. Martins Verabredung lässt weiter auf sich warten. Also nutzt er die Gunst der Stunde und probiert auch einen *signature muffin* und ein paar von den *signature cookies.* Um das Ganze runterzuspülen, hat er sich gleich noch einen Chocolate Frappé gegönnt. Irgendwie schmeckt das alles gleich süß hier.

Herr Saowaluk ist offensichtlich unzuverlässiger als ein deutscher Sommer. Martin wird langsam unruhig. Von den vielen Schlemmereien hat er inzwischen auch Sodbrennen gekommen. Er schaut zum mindestens zwanzigsten Mal auf den Ausdruck mit den Verabredungsdaten. Kein Zweifel: Genau hier müsste er in Erscheinung treten. Vor exakt einer halben Stunde. Wo bleibt der nur? Hält der sich für den Messias?

In Ermangelung einer anderen Beschäftigung observiert Martin die Kunden an der Theke, die sich bei ihrer Wahl beraten lassen, als wären sie in einem Juweliergeschäft. So langsam wird er ungehalten. Sehr ungehalten. Nach weiteren dreißig Minuten ist seine Toleranzgrenze endgültig überschritten.

Jetzt reicht es aber! Was zu viel ist, ist zu viel! Von mir aus kann der bleiben, wo der Koriander wächst. Ich fahre nach Hause!

Just als Martin den Heimweg antreten will, kommt Herr Saowaluk mit mehreren Einkaufstüten, einer bombastischen Eistüte und einem Becher Bubble-Tea beladen gemächlich um die Ecke spaziert. Martin hat alle Mühe, seine Verärgerung zu verbergen. Im Hintergrund erreicht der Geräuschpegel im Kaufhaus ungeahnte Höhen.

Na, mal sehen, was er für eine Geschichte zu seiner Verteidigung anzubieten hat. Vielleicht hat er ja wenigstens Sinn für Humor.

»Hallo, es ist schön, dass Sie jetzt da sind.«

»Ja, ich freue mich auch, Sie zu sehen.«

Martin ringt um Fassung: »Und, wie war der Verkehr?«

»Eigentlich ganz gut. Erstaunlicherweise gab es keinerlei Verzögerungen«, antwortet Herr Saowaluk lammfromm.

»Und warum, im Namen des Erleuchteten, kreuzen Sie dann erst jetzt auf?«, bricht es aus Martin heraus.

»Ach, meinten Sie *farang*-Zeit?«

»Wie, gibt es denn in diesem Land mehrere Zeitrechnungen?«

So eine Unverschämtheit aber auch! Wie kann der mich so lange warten lassen und bequemt sich dann noch nicht einmal, sich eine anständige Ausrede einfallen zu lassen? Aus dem Geschäft wird wohl nichts!

Was ist da schiefgelaufen?

Womit Martin hier seine Probleme hat, war Albert Einstein schon vor über hundert Jahren klar: Die Zeit ist nichts Absolutes, sondern sie ist relativ. Diese physikalische Erkenntnis wird man in Thailand auch in alltagspraktischer Hinsicht bestätigt finden. Allerdings resultiert der reichlich unbefangene Umgang der Thais mit den Verkündungen von Gott Chronos weniger aus einer tieferen Auseinandersetzung mit der Relativitätstheorie. Er ist vielmehr eine typische Mischung aus genereller Nonchalance bei der zeitlichen Alltagsorganisation und objektiv pünktlichkeitshemmenden Umständen. Der Wartende kann für sich jeweils entscheiden, welche Seite dieser Mixtur ihm persönlich lieber ist. In der Megalopolis Bangkok etwa ist Pünktlichkeit angesichts des notorischen Verkehrsstaus tatsächlich ein bisschen Glückssache. Für ein und dieselbe Strecke kann man im Morgengrauen nur zwanzig Minuten, aber während der Rushhour locker zweieinhalb Stunden benötigen.

Doch auch auf dem Land ist man flexibel und hat meist alle Zeit der Welt. Auch das hat seinen nachvollziehbaren Grund: Für eine immer noch agrarisch geprägte Gesellschaft, die sich mit den Unbilden der Natur zu arrangieren hat, ist eine unerbittliche Terminfixierung eine wenig zweckmäßige Haltung. Stattdessen sorgen Zeitpuffer oder besser noch eine großzügig bemessene »Gleitzeit« für die nötige Geschmeidigkeit bei Verabredungen und Fristen. Der Lebensrhythmus auf dem Land wird immer noch maßgeblich von den Wachstumsphasen des Reises bestimmt – und da kommt es auf ein, zwei Stunden nun wirklich nicht an. Dieser Umstand hat trotz aller modernen Errungenschaften tiefe Spuren in der thailändischen Mentalität hinterlassen. Terminkalender und Stoppuhren hält man in Thailand deshalb für weitgehend entbehrliche Errungenschaften.

REIS – EIN HOCH AUF DAS WEISSE GOLD!

Ohne Reis *(khao)* geht in Thailand wie auch in anderen asiatischen Ländern überhaupt nichts. Sein Anbau hat die Traditionen und Kultur des Landes in einem kaum zu überschätzenden Ausmaß geprägt. Bevor die heutige Willkommensformel *sawadee* gängig wurde, lautete die übliche Begrüßung *kin khao reu yang,* was sich mit »Schon Reis gegessen?« übersetzen lässt.

Die Errichtung erster Siedlungen in Thailand wird mit den Erfordernissen der intensiven Pflege der Nassreisfelder in Verbindung gebracht. Während beim Anbau auf Trockenfeldern die Bewässerung ausschließlich vom Regen übernommen wird, werden die Pflanzen bei Nassfeldern (Paddy Fields) über angelegte Kanäle bewässert, die während des Monsuns aufgefüllt werden. Dadurch werden höhere Erträge erzielt. Die nationale Reiskammer ist das wasserreiche Zentralthailand mit der Schwemmlandebene des Chao-Phraya-Flusses. Wie wichtig der Strom ist, sieht man daran, dass er meist nur mit dem Thai-Wort für Fluss – *Menam* – bezeichnet wird. Reis hat für Thailand eine wichtige ökonomische Bedeutung. Das Land war lange der größte Reisexporteur der Welt, sieht sich heute aber verstärkter Konkurrenz v. a. aus Indien und Vietnam ausgesetzt.

Dabei handelt es sich beim Reis im thailändischen Sinne nicht wie bei unserer Kartoffel um eine »Sättigungsbeilage«, vielmehr ist er selbst das eigentliche, mit ein paar Zutaten ergänzte Gericht. Thais essen morgens, mittags und abends Reis. Er kann gekocht, gebraten, in die Suppe gelegt, zu Nudeln verarbeitet, als Snack gegessen, für süße Desserts verwendet oder auch zu Wein und Schnaps destilliert werden.

Im Prinzip gibt es in Thailand zwei Reissorten: Langkornreis und Klebereis. Letzterer wird vornehmlich im Norden und Nordosten gegessen. Klebereis, auch *sticky rice* genannt, wird in an den Enden verschlossenen Bambusröhren oder in kleineren Portionen auch in Bananen- oder Lotusblättern unter Zugabe von Kokosmilch, Zucker und Salz gedämpft. Süßer Klebereis mit Mango *(khao niaw mamuang)* würde bei den Meisterschaften der weltbesten Desserts sicher mit auf dem Podest stehen. Klebereis wird üblicherweise mit der

Hand gegessen, wobei er zu einer Kugel geformt und dann in die jeweilige Beilage getunkt wird. Beim Reis bestehen erhebliche Qualitätsunterschiede, sodass es regelrechte Reis-Connaisseurs geben soll. Unter den Langkornreissorten gilt der weiße Jasmin- oder Duftreis *(Thai hom mali rice)* als am qualitativ hochwertigsten. Daneben werden auch verschiedene Arten von *colour rice* wie Roter Reis *(sang yod rice)* oder Riceberry angebaut. Da die farbigen Reissorten nicht geschrotet werden, weisen sie gegenüber weißem Reis einen wesentlich höheren Nährstoffgehalt auf.

Zeitangaben von Thais sollten immer ein wenig als lyrische Absichtserklärungen verstanden werden. *Five o'clock* kann, muss aber nicht 17 Uhr heißen. Gilt in Deutschland allerhöchstens eine Viertelstunde Verspätung als tolerabel, kann dieser Wert in Thailand getrost um den Faktor zwei bis drei erhöht werden. Ausreißer nach oben sind nicht ausgeschlossen. Möglicherweise machen ja unfreundlich gesonnene Elementargewalten die vorbildliche Zeitplanung der Verabredung zunichte. Oder diese hatte schlicht etwas Besseres zu tun, etwa einen Imbiss zu nehmen oder ein Nickerchen zu halten, als sich mit dem ewig quengelnden *farang* auseinanderzusetzen.

Während man bei festen Terminen sicher sein kann, dass sich die Thai-Verabredung tatsächlich irgendwann materialisiert, ist bei ungefähren Zusagen à la *tomorrow* oder *soon* größte Skepsis angebracht. In nicht wenigen Fällen handelt es sich dabei um Thai-Synonyme für »nie und nimmer« oder »ausgeschlossen«. Da viele Thais in keiner festen Anstellung stehen, verfügen sie über ein überaus üppig bemessenes Zeitbudget. Zeit ist folglich nicht Geld, sondern so überreichlich vorhanden wie der Sand am Big Buddha Beach von Ko Samui. Und schlussendlich: Wenn alles vergänglich ist, wie der Erleuchtete so prägnant lehrt, warum sich dann künstlich über ein paar unbedeutende Wimpernschläge im Meer der Zeit echauffieren?

IM JAHRE DES ERLEUCHTETEN

Schon so mancher Thailand-Reisende wird sich beim Blick auf sein Zug- oder Busticket gefragt haben, ob da womöglich ein Fehler im Computersystem vorliegt. Steht da wirklich 8. Februar 2555? Ja, und alles ist korrekt. Denn seit 1912 herrscht in Thailand – wie auch in Myanmar und Sri Lanka – die buddhistische Zeitrechnung *(Buddha Sakarat, Buddhist Era / B.E.),* die ab dem Tod Buddhas im Jahr 543 v. Chr. zu zählen beginnt. Demnach muss man, um auf die aktuelle thailändische Jahreszahl zu kommen, einfach zu unserem Jahr weitere 543 Jahre hinzuzählen. Für Verwirrung kann dabei die Frage führen, ob das Jahr 544 v. Chr. als das Jahr 1 *B.E.* oder wie in Thailand als das Jahr 0 gewertet wird.

Ein Jahr beginnt offiziell übrigens auch in Thailand am 1. Januar, obwohl das Neujahrsfest *Songkran* erst vom 13. bis 15. April gefeiert wird. In jedem Monat gibt es in Analogie zum Sonntag im Christentum vier heilige Tage *(wan phra)*, an denen die Mönche nicht zum Almosensammeln gehen, sondern die Laien in den Tempel kommen, um zu singen, religiösen Reden zuzuhören und besondere Spenden zu verteilen. Da im Buddhismus der Mondkalender herangezogen wird, liegen die *wan phra* auf verschiedenen Wochentagen. Wenn sie auf Arbeitstage fallen, kommen viele Gläubige frühmorgens vor der Arbeit in die Tempel.

Wie geht es entspannter?

Natürlich ist es sehr ärgerlich, wenn man sich selbst fast überschlägt, um bei einer Verabredung beizeiten vor Ort zu sein, und der thailändische Freund oder Geschäftspartner kommt erst nach einer gefühlten halben Ewigkeit lässig mit einem Becher Thai Iced Coffee in der Hand angeschlendert. Dennoch: Auch wenn der Blutdruck bedenklich hoch steigt und man innerlich kocht wie eine Hühnersuppe im Kessel einer Garküche, ist das noch lange kein Grund, wie Martin aus der Haut zu fahren. *Jai yen yen* – behalte ein kühles Herz und nimm es, wie es kommt, sonst nimmt es dich!

Nun ist der unerschütterliche Gleichmut, den Thais auch beim Warten auf sehr hypothetische Ereignisse zeigen können, eine Fähigkeit, die man wohl mit dem ersten Papaya-Smoothie aufgesogen haben muss. Daher ist es für den Westmenschen sicherlich sinnvoller, vorausschauend mit dieser »kulturellen Zeitverschiebung« umzugehen. Im Prinzip gibt es hier zwei Strategien: Entweder man versucht, seiner Thai-Verabredung pastorenhaft ins Gewissen zu reden, dass man ausdrücklich »*farang*-Zeit« meint und dass das die ist, die klipp und klar auf dem Ziffernblatt abzulesen ist. Oder man kalkuliert die schier grenzenlose Vielfalt von Faktoren, die ein rechtzeitiges Eintreffen verunmöglichen können, von vornherein ein und genehmigt sich selbst ein paar Einheiten »Gleitzeit«. In Indonesien, wo dieses Phänomen in vielleicht noch zugespitzter Weise anzutreffen ist, benutzt man übrigens den treffenden Begriff „*jam karet*“(Gummizeit).

Damit ist jedoch das Risiko verbunden, dass die thailändische Verabredung wie durch ein Wunder auf die Minute pünktlich erscheint und man selbst als Hallodri dasteht. Da dies speziell für Deutsche eine nahezu unerträgliche Vorstellung sein dürfte, die mindestens eine klärende Aussprache beim kassenregistrierten Therapeuten erforderlich macht, wird Ihnen nicht viel mehr übrig bleiben, als zur vereinbarten Zeit vor Ort zu sein und auf das Beste zu hoffen. Eventuell hat man ja lang aufgeschobene Dinge zu erledigen, etwa einen autobiografischen Roman zu beginnen. Oder man wollte schon immer mal ein wenig im Ramakien, der thailändischen Version des indischen Ramayana-Epos schmökern (sehr lehrreich). Als effektive blutdrucksenkende Maßnahme empfiehlt sich zudem grundsätzlich die Einübung verschiedener Meditationsübungen. Denn deren Ziel besteht ja vor allem in der Loslösung des Ichs von Raum und Zeit. Und die moderne Hirnforschung hat sowohl die Wandlungsfähigkeit des Gehirns als auch die Tatsache nachgewiesen, dass Meditation neue Nervenzellen sprießen lässt.

RAMA, DER TUGENDHAFTE HELD

Alle Kulturvölker haben ihre Nationalepen. Die Deutschen haben ihre Nibelungen, die Griechen ihre Ilias, die Engländer ihren Beowulf. Sie sind Lehrstücke in puncto Anstand und Moral, obwohl es ordentlich zur Sache gehen kann. Oft ist auch Allzumenschliches wie Hass, Verrat und Eifersucht im Spiel, sodass die Epen als Vorläufer der modernen TV-Seifenopern gelten können. Die jeweiligen Motive werden in vielfältiger Weise in der Landeskultur aufgegriffen, wobei die Epen als Verkörperung des nationalen Charakters gelten.

Das Ramakien wurde im 15. Jahrhundert zu Zeiten der Besatzung durch die Truppen des Angkor-Reiches populär und diente v. a. der Selbstvergewisserung in Krisenzeiten. Der Plot im Schnelldurchlauf: Rama, der Anwärter auf den Thron des fiktiven Königreiches Ayutthaya wird infolge von Intrigen seiner Stiefmutter in ein 14-jähriges Exil geschickt. Er wird von seiner Frau Sita und seinem Bruder Lakshman begleitet. Sie gehen tief in den Wald, wo Tosakan, der Dämonenkönig von Longka, Sita entführt. Er bringt Sita auf seine Insel Longka, um sie dort zu ehelichen.

Die beiden Brüder setzen ihm nach, unterstützt vom weißen Affengott Hanuman. Es gelingt ihnen, die Affenkönige Sukrip und Chompupan mit ihren mächtigen Armeen von einem Angriff auf Tosakan zu überzeugen. Gemeinsam marschieren sie ans Ufer gegenüber der Insel Longka. Die Affenarmeen bauen eine Brücke über das Wasser und beginnen, Tosakans Heer von Dämonen anzugreifen. Schließlich sind alle seine Vorkämpfer besiegt, und es kommt zum finalen Kampf, in dem der Held Rama den Übeltäter Tosakan tötet. Rama übergibt Tosakans verbannten Bruder Piphek die Krone von

Longka, kehrt mit Sita nach Ayutthaya zurück und errichtet dort seine Herrschaft.

Rama, der oft mit grünem Gesicht dargestellt wird, wird eine göttliche Natur attestiert. Er ist die siebte Inkarnation des Hindu-Gottes Vishnu. So wie im Ramakien sind auch in Thailand viele Figuren präsent, die ursprünglich aus der hinduistischen Mythologie stammen. Dies hängt damit zusammen, dass die Grenzen zwischen Hinduismus und Buddhismus fließend sind, wobei der Hinduismus etwa ab der Zeitenwende von Indien aus als Erstes nach Südostasien kam. Um ihre Vollkommenheit zu demonstrieren, haben die Könige der von 1782 bis heute regierenden Chakri-Dynastie den Namen Rama für sich in Anspruch genommen.

80 Kilometer nördlich von Bangkok liegt das echte Ayutthaya, die alte Haupt- und Königsstadt von Siam mit einem großen Herrschaftsgebiet bis an die heutige malaysische Grenze. Sie wurde nach dem Ort im Ramakien benannt. Vom vergangenen Glanz Ayutthayas legen die sehenswerten, mit dem UNESCO-Siegel geadelten Tempelruinen im dortigen Historical Park Zeugnis ab.

8 ES GEHT AUCH BILLIGER

ODER DAS MENSCH-ÄRGERE-DICH-NICHT-PRINZIP

Seit Tagen schon liegt Lisa ihren Eltern in den Ohren, am Wochenende doch endlich einmal auf den berühmten Chatuchak Weekend Market zu fahren, der sich über eine Fläche von 1,13 Quadratkilometern erstreckt. Von ihren Klassenkameradinnen hat sie den Tipp bekommen, dass man dort die ausgeflippten T-Shirts mit den großen knallbunten Buchstaben-Prints kaufen könne, die bei der Bangkoker Jugend so en vogue sind. Da auch Susanne schon seit Längerem auf der Suche nach einer neuen Handtasche ist, bearbeiten die beiden Frauen Martin so lange, bis auch er von der Notwendigkeit eines ausgedehnten Einkaufsbummels überzeugt ist.

Mit dem Skytrain, Bangkoks oberirdischer Schnellbahn, machen sie sich in Richtung Norden auf. Nahezu geräuschlos fährt der Zug in den Bahnhof ein, die Türen öffnen sich und den Meyers weht ein kühler Wind entgegen. Susanne zieht sich ihren leichten Pullover über, denn im Waggon ist die Temperatur um gut fünfzehn Grad niedriger als draußen. Nach ungefähr zwanzig Minuten erreichen sie die Station Mo Chit, wo sie in die Metro umsteigen, bis sie schließlich vor dem Haupttor des – wie es die Eigenwerbung verspricht – größten Wochenendmarktes der Welt stehen.

Aus allen Himmelsrichtungen strömen die Menschen auf den Eingang zu. Es herrscht gelöste Volksfeststimmung, überall hört man Lachen, um die diversen Getränkestände haben sich größere Menschentrauben gebildet. Nur mit einiger Mühe gelingt es den Meyers, sich einen Weg zu bahnen, wobei ein Durchkommen nur im Gänsemarsch möglich ist. Plötzlich bleibt Martin stehen und inspiziert interessiert einen mobilen Stand, an dem Drinks aus frischen Kokosnüssen verkauft werden.

DIE ROLLENDEN GESCHÄFTE

Für Touristen sind sie ein dankbares Fotomotiv, die Heerscharen von Mikrounternehmern, die mit ihren Schiebekarren *(rod khen)* dem infernalischen Bangkoker Verkehr trotzen und ihre ausladenden Verkaufsstände virtuos noch durch das engste Gassenwirrwarr navigieren. Für die fliegenden Händler, bei denen es sich häufig um zugewanderte Landbewohner handelt, ist ein mobiles Verkaufslokal oft die einzige Chance, ihr Dasein zu fristen. Historisch stehen sie in der Tradition der Lieferboten, die vor dem Bau des modernen Straßennetzes die Kanäle *(klongs)* befuhren, um die Menschen mit dem Lebensnotwendigen zu versorgen. Dabei können die Stände gezogen, geschoben oder per Fahrrad fortbewegt werden. Ihr Sortiment reicht von einzelnen Gebrauchsartikeln über Blumen bis zu ganzen Tante-Emma-Läden auf Rädern. Zahlreich sind auch die fahrbaren Garküchen und Erfrischungsstände, an denen sich die Thais so gern verköstigen.

Den Behörden sind die Straßenhändler ein Dorn im Auge, weshalb immer neue Regeln erlassen werden. Viele von ihnen haben ihre Unabhängigkeit verloren und arbeiten nun auf Kommission für einzelne Hersteller. Außerdem sind die gleichen Artikel in den großen

Supermärkten oft billiger. Ihr großes Plus bleibt aber, dass sie eine bestehende Nachfrage nahezu überall befriedigen können. Und angesichts der legendären Komfortbedürfnisse der Thais dürfte ihr Überleben noch eine ganze Weile gesichert sein. 2017 ließ die seinerzeitige (Militär-)Regierung sogar verlautbaren, in Bangkok alle Garküchen verbieten zu wollen – mit der Begründung, auf den Gehwegen wieder Platz für Fußgänger schaffen zu wollen. Hintergrund war jedoch eher, sich als Verfechter von Recht und Ordnung zu präsentieren. Umgesetzt wurde das Ansinnen bislang glücklicherweise allenfalls punktuell. Offenbar ist man zu der Einsicht gelangt, dass ein Verzicht auf das weltberühmte Bangkoker Street-Food die unsinnige Abschaffung eines kulturellen Alltagsgutes bedeuten würde.

Schnell ist man sich einig, eine Verkostung zu wagen. Der Verkäufer greift aus einem Bambuskorb drei Kokosnüsse heraus, bohrt kleine Löcher in die Schalen und steckt jeweils einen Strohhalm hinein. Als die Meyers das süßliche Kokoswasser *(náam maphráao)* ausgetrunken haben, will Martin die Nüsse in den Abfallkorb werfen, woran ihn der Verkäufer mit einer schnellen Handbewegung hindert. Mit einer Art Machete schlägt er die Nüsse in zwei Hälften und schabt das Fruchtfleisch in eine Plastiktüte.

»Hab ich schon lang nicht mehr gegessen, Kokosnuss«, schwärmt Susanne, greift in die Tüte und reicht sie an Lisa weiter.

Derart gestärkt setzen die Meyers ihre Erkundung des gigantischen Warenumschlagplatzes fort. Und schon nach kurzer Zeit wird Susanne fündig. An einem Stand entdeckt sie ansprechend gestaltete Taschen im Thai-Stil mit einem originellen Blumenmuster.

»Was die wohl kosten«, will sie von Martin wissen.

Der zuckt nur mit den Schultern und sagt: »Keine Ahnung, vielleicht so um die 1.000 Baht (ca. 25 Euro). Zumindest glaube ich, dass ich ähnliche Taschen in einem Kaufhaus zu diesem Preis gesehen habe«.

»How much is this one?«, fragt Susanne ein wenig ungelenk die Verkäuferin, die gerade eine Portion *phat thai*, des traditionellen Reisbandnudelgerichts, verzehrt.

»Aber Mama, das heißt doch *›kih Baht?‹* auf Thai«, flüstert ihr Lisa von hinten zu.

Die Verkäuferin, vielleicht sechzehn Jahre alt, schaut von ihrem Teller auf, mustert die Familie kurz und antwortet dann kess und ohne mit der Wimper zu zucken: *»3.000 Baht.«*

Just in dem Moment, als die Preisforderung ausgesprochen wird, entgleiten Susanne die Gesichtszüge, sie läuft knallrot an und steht mit halboffenem Mund eine ganze Weile unschlüssig da. »*Paeng pai* (Das ist zu teuer)«, bringt sie schließlich mit gepresster Stimme hervor.

»How much you pay?«, kontert die Verkäuferin in aller Seelenruhe und stochert in ihrem Nudelgericht.

»1.000 Baht.«

»Mai (Nein), *this is not enough, but I can give you discount: 2.700 Baht«*, beginnt die Verkäuferin in feierlichem Ton ihr übliches Verhandlungsritual, indem sie einen kleinen Nachlass *(lót raakhaa)* anbietet.

»No, 1.000 Baht«, beharrt Susanne auf ihrem ersten Angebot.

»Sorry, not possible«, lächelt die Verkäuferin nun etwas verlegen. *»I give you 2.500.«*

»And I give you 1.000. Basta.«

»Vielleicht solltest du ihr mit dem Preis auch etwas entgegenkommen«, gibt Martin vorsichtig zu bedenken.

»Ich lasse mich doch nicht über den Tisch ziehen!«, entgegnet Susanne aufgebracht und sieht die Verkäuferin erwartungsvoll an.

Die hat sich in der Zwischenzeit zwei anderen Kundinnen zugewandt. Die beiden Thai-Frauen haben sich nach einem Moment der Beratschlagung, bei der sie sich vor Lachen fast krumm gebogen haben, für zwei Taschen entschieden. Die Preisverhandlung nimmt bei ihnen kaum mehr als einen Augenblick in Anspruch. Nachdem die Errungenschaften in Plastiktüten verstaut und die Geldscheine überreicht wurden, nehmen sie vergnügt schnatternd den nächsten Stand ins Visier.

Die Verkäuferin hat nun wieder Zeit für diese störrische *farang*, die offenkundig etwas *ting tong* (durchgeknallt) zu sein scheint, und gibt ihrerseits ein neues Angebot ab: »*Okay, special price for you: 2.300 Baht.*«

Susanne aber ist so geladen, dass sie nur monoton ihr altes Angebot erneuert: »*1.000 Baht.*« Das wäre ja noch schöner, wenn sie hier nicht den regulären Preis bekommen sollte!

Die Verkäuferin hat sich derweil schon wieder ihrem üppigen Essenspaket zugewandt und murmelt: »*My last offer: 2.000 Baht.*«

Langsam schwant Susanne, dass ihre Verhandlungsstrategie, sofern man überhaupt von einer solchen sprechen kann, möglicherweise doch ein klein wenig zu unflexibel war, weshalb sie sich bemüßigt fühlt, sich nun doch zu bewegen. Unter nahezu körperlichen Schmerzen bringt sie ein »*1.200 Baht*« über die Lippen.

Aber die Verkäuferin schüttelt nur noch lächelnd den Kopf. Indem sie sich wieder mit voller Konzentration ihrem Imbiss widmet, gibt sie zu verstehen, dass die Angelegenheit für sie beendet ist. Ziemlich bedröppelt ziehen die Meyers von dannen.

Was ist da schiefgelaufen?

Jedem, der beispielsweise schon mal in einem arabischen Land seinen Urlaub verbracht hat, wird nicht entgangen sein, dass auf den dortigen Märkten keine festen Preise existieren, sondern diese erst in einem mehr oder weniger umfangreichen Verfahren ausgehandelt werden müssen. Mitteleuropäer, die das System der flexiblen Preisfindung allenfalls von der Internetauktionsplattform eBay kennen, stellt dieses Überbleibsel aus den Zeiten des Tauschhandels vor gewisse Herausforderungen. Für den Thailand-Besucher muss dies keineswegs eine schlechte Nachricht sein, denn die Preise sind dort zum Teil sehr beweglich und mit etwas Geschick lassen sich stattliche Ersparnisse realisieren.

Die entsprechende Frage lautet dabei: *Lot noi dai mai?* (Geht es nicht billiger?). Dabei mag man einwenden, dass es sich hierbei nicht um ein thailändisches Spezifikum handelt. Dies ist zwar richtig, dennoch liegen die Dinge in Thailand – wieder einmal – ein Stück weit komplizierter. Denn selbstredend sind die beteiligten Parteien auch hier bestrebt, ein gutes Geschäft zu machen. Dennoch sollte man nicht allzu verbissen zur Sache gehen. Dabei gilt es, unter allen Umständen das eigene Gesicht zu wahren und das Gegenüber nicht unnötig in eine peinliche Lage zu bringen (mehr dazu in Kapitel 4: »Bitte lächeln!«, Seite 35).

Ist es auf arabischen Märkten nicht unüblich, lautstark über die skandalöse Skrupellosigkeit des Verkäufers zu wettern und die eigene Notlage bunt auszumalen, wird man in Thailand mit einem derartigen Verhalten wohl nur ein Stirnrunzeln ernten. Thais versuchen in aller Regel, nicht als Pfennigfuchser oder Knauserer aufzutreten, sondern als großzügig und gelassen zu erscheinen. Als Geizhals *(kieniau)* ist man in Thailand nicht sonderlich populär. Folglich werden sie kaum auf Biegen und Brechen um einen letzten, minimalen Nachlass schachern.

Dies steht in einem klaren Gegensatz zu den Ansichten in einem Land, in dem Geiz angeblich geil ist und wo dem hemmungslosen Schnäppchenjäger Respekt ob seiner Cleverness und Ausdauer entgegengebracht wird. Das heißt natürlich nicht, umstandslos jeden geforderten Preis zu zahlen. Denn dann steht man als Volltrottel da, den das Gegenüber nach Herzenslust ausnehmen kann. Wobei überdies noch die ohnehin vorhandene Wahrnehmung der Thais verstärkt würde, dass es sich bei Ausländern ausnahmslos um auf zwei Füßen wandelnde Geldautomaten handelt.

Gefragt ist also eine entspannte Balance zwischen der Wahrnehmung der eigenen Interessen und einer auf den eigenen Status bedachten Selbstkontrolle. Letztere wird in Thailand mit der Metapher »kühles Herz« *(jai yen)* umschrieben. So gesehen haben die Meyers sich einigermaßen unmöglich gemacht. Sie haben sich als absolute Greenhorns geoutet, die weder das thailändische Preisniveau kennen noch wissen, wie man einen Kaufvorgang sozialverträglich abwickelt. Zu allem Überfluss haben sie auch die Verkäuferin durch ihren Starrsinn in eine unerquickliche Lage gebracht.

Wie geht es entspannter?

Am besten ist es für einen Thailand-Besucher, den Aushandlungsprozess auf den Märkten als eine Art soziales Spiel zu betrachten, das durchaus Spaß machen kann und idealerweise am Ende zwei zufriedene Parteien hinterlässt. Und wie bei allen Gesellschaftsspielen sollte man sich hierbei von dem Motto »Mensch ärgere dich nicht« leiten lassen, also mögliche Misserfolge sportlich nehmen. Angesichts der überschaubaren Geldbeträge, um die es bei derartigen Markteinkäufen üblicherweise geht, wird man auch bei einem weniger optimalen Abschluss kaum in existenzielle Nöte gestürzt, die einen Verlust der Contenance rechtfertigen würden. Andererseits ist es überaus hilfreich, die Spielregeln zu kennen.

Hätte Susanne sich vorab eingehend informiert, wäre ihr klar gewesen, dass der exorbitante Ausgangspreis lediglich eine erste grobe Taxierung des Kunden darstellt, auf die man bevorzugt mit einer humorvollen Kennerschaft reagieren sollte. Konkret heißt dies, immer schön cool zu bleiben und unverschämte Preisforderungen mit einem leicht vergnügten Lächeln zu quittieren, ohne dabei gleich in höhnisches Gelächter auszubrechen. Dann hätte Susanne mit der Akribie einer Antiquitätensachverständigen das Objekt der Begierde gründlich prüfen und durch den sparsamen Einsatz mimischer Mittel ihr Missfallen über reale oder eingebildete Mängel ausdrücken sollen.

Bei derartigen Manövern ist jedoch zu bedenken, dass der Verkäufer dem Ausländer gegenüber immer über einen satten Informationsvorsprung verfügt und solche Verkaufssituationen schon zigmal erlebt hat und daher alle Kniffs und Tricks aus dem Effeff beherrscht. Also nicht übertreiben, sondern dem Verkäufer dezent zu verstehen geben, dass man grundsätzlich Bescheid weiß und nicht gewillt ist, sich übervorteilen zu lassen.

Genaue Angaben über die Höhe von Rabatten lassen sich aufgrund der teilweise völlig willkürlichen Forderungen nicht machen. Aber an der alten Dreißig-Prozent-Regel für Discounts kann man sich auch in Thailand orientieren. Thailand-Novizen werden bei ihren ersten Markteinkäufen um ein gewisses Lehrgeld wohl nicht herumkommen. Völlig aussichtslos ist es derweil zu versuchen, den Preis, nachdem die Schmerzgrenze des Verkäufers erkennbar erreicht ist, noch weiter zu drücken. Am günstigsten ist es stets, wenn man die Preise grob kennt und seine Offerten auf Thai abgeben kann. Dann wird man normalerweise ein anerkennendes Nicken ernten und mit attraktiven Abschlüssen belohnt. Insgesamt gilt auch hier der Grundsatz, der für alle Lebenslagen zutrifft: Übung macht den Meister. Und sollte sich tatsächlich einmal ein Händler als völlig renitent erweisen, wartet im Freiluftkaufhaus Thailand mit einiger Sicherheit hinter der nächsten Straßenecke eine lohnende Alternative.

EINKAUFSMEKKA BANGKOK

Insbesondere in Bangkok sind die Shopping-Möglichkeiten nahezu unbegrenzt. Von superteuren Luxusprodukten bis zu spottbilliger Ramschware ist so ziemlich alles erhältlich, was das Konsumentenherz begehrt. Zuweilen wird Bangkok nicht nur als Südostasiens größter Marktplatz, sondern gar als die attraktivste Einkaufsdestination weltweit angepriesen. Egal, ob dieses Urteil nun gerechtfertigt ist – in jedem Fall sollte man es sich nicht entgehen lassen, den verschiedenen Einkaufsgegenden einen Besuch abzustatten, die ganzen Stadtteilen eine spezifische Note verleihen.

Da wäre etwa das Areal rund um die **Silom Road** im Süden der Stadt. Während tagsüber in zahlreichen Spezialläden Schmuck, Kunstgewerbe und Elektroartikel erworben werden können, verwandeln sich besonders die Gassen *(sois)* um die **Patpong Road** nachts in einen »Amüsierbezirk« mit nicht immer geschmackvollen Offerten. Garantiert gesittet geht es derweil im indischen Viertel rund um den **Phahurat Market** zu, wo Händler vom Subkontinent v. a. Stoffe, Textilien und natürlich Gewürze feilbieten. In der Hauptstraße von Bangkoks **Chinatown**, der **Yaowarat Road**, finden sich massenhaft Goldgeschäfte, und man kann sich dort außerdem mit traditionellen chinesischen Kräutern eindecken.

Strikt modernistisch ist die Szenerie rund um den **Siam Square** und entlang der **Ploenchit Road**, wo sich ein Glaspalast an den nächsten reiht und all die Dinge und Gerätschaften erhältlich sind, die der moderne Mensch für unentbehrlich hält. Links und rechts der **Sukhumvit Road**, die in toto 400 Kilometer lang ist und ostwärts bis zur kambodschanischen Grenze verläuft, finden sich ebenfalls Hotels und Einkaufzentren, wobei die Gehwege von etlichen Straßenmärkten gesäumt werden.

Hippieware jeder Couleur kann in und um die **Khaosan Road**, dem Tummelplatz der Flip-Flops tragenden Backpackergemeinde in der Nähe des alten Stadtzentrums, erstanden werden. Botaniker und Floristen kommen auf dem etwas weiter nördlich gelegenen **Thewet-Blumen-und-Pflanzenmarkt** auf ihre Kosten. Ebenfalls Blumen in allen erdenklichen Farb- und Duftnuancen, aber auch verschiedenste Tropenfrüchte lassen sich auf dem **Pak Khlong Market** erwerben. Für Liebhaber von Antiquitäten und Retroartikeln befindet sich in der Nähe des Chatuchak Market der **Railway Market** *(Talad Rot Fai)*, der seinen Namen dem Umstand verdankt, dass er auf einem ehemaligen Eisenbahngelände mit ausrangierten Eisenbahnwaggons liegt.

9 ZU SCHÖN, UM ECHT ZU SEIN

ODER AUF DER SUCHE NACH EVAS RIPPE

»Mannomann, bin ich aber verspannt«, denkt Martin laut vor sich hin, als er zu Hause am Notebook wieder einmal eine Extraschicht schiebt. Er lässt die Schultern rhythmisch kreisen, aber auch das hilft nicht.

»Kein Wunder bei den endlosen Stunden, die du am Computer sitzt. Als wäre er eine eifersüchtige Gottheit, der man keine Sekunde den Rücken zudrehen darf«, sagt Susanne im Vorübergehen, als sie sich einen Aloe-Vera-Joghurt aus dem Kühlschrank holt. »Du solltest dir mal eine ausgedehnte traditionelle Thai-Massage gönnen. Hab ich vorige Woche gemacht, danach fühlst du dich wie neugeboren. Das ist so richtig *sabai* (angenehm/entspannend), wie die Thais sagen.«

Martin schmunzelt, etwas überrascht über die unerwartete Einflüsterung. »Bei dem Rückstand, den ich momentan auf der Arbeit habe, käme mir eine neue Existenz gerade recht. Aber bei den zierlichen Thai-Frauen, die man in den Studios so sieht – merkt man da überhaupt irgendwas?«

»Erstens haben die allesamt einen stärkeren Griff als du nach einer halben Arbeitswoche. Und zweitens habe ich mir den Namen der Person aufgeschrieben, die mich massiert hat. Einfach göttlich.«

Ein wenig befangen betritt Martin kurz darauf den geschmackvoll mit Teakholzmöbeln dekorierten Massagesalon. Eine im lilafarbenen *Sarong*-Wickelrock gewandete Empfangsdame, die mit einer großräumigen Einräucherungsaktion mit einem Bündel glühender Duftstäbchen beschäftigt ist, lächelt ihn an und bittet ihn, Platz zu nehmen. Er gibt ihr den Zettel mit dem Namen der Masseurin, Miss China Doll, woraufhin sie mit einem wissenden Nicken feengleich in die unerforschlichen Tiefen des Studios entschwindet. Die aromengeschwängerte Luft lässt ihn leicht schummrig werden. Was ist das – Jasmin, Vanille, Sandelholz, Opium? Noch ehe er die Duftnote näher identifizieren kann, registriert er, dass sich ihm jemand genähert hat.

Er blickt auf: eine große, elegante Gestalt, wohlproportioniert, raffiniertes Make-up, mit einem undurchdringlichen, die ganze Essenz des Fernen Ostens komprimierenden Gesichtsausdruck. Martin ist baff. Die kann locker als die zukünftige Miss Thailand durchgehen. Vielleicht ein wenig zu figurbetont, aber ansonsten doch ziemlich perfekt. Trotz umgehend einsetzender Gewissensbisse – schließlich ist er ein glücklich verheirateter Familienvater! – macht sich bei Martin eine gewisse Vorfreude bemerkbar. Man wird ja wohl als gestandener Ehemann noch den einen oder anderen Blick riskieren dürfen. Mit einer einladenden Geste bedeutet die mysteriöse Schönheit, ihr zu folgen.

In der oberen Etage sind in einem großen, angenehm heruntergekühlten Raum dünne Matratzen in einem geometrischen Muster auf dem Boden ausgelegt. Auf einigen liegen bereits Besucher, die von Miss China Dolls Kolleginnen massiert werden. Martin entledigt sich auf Geheiß seiner Straßengarderobe und zieht den bereitliegenden pyjamaähnlichen Anzug über.

Schon die Massage der Fußreflexzonen ist schlichtweg phänomenal. Mit geübtem Griff drückt die Grazie die einzelnen Akupressurpunkte, mit der Folge, dass es in Martins Körper an den verschiedensten Stellen zu kribbeln und zu blubbern beginnt. Nach den Beinen und Armen verlagert sich der Behandlungsschwerpunkt schließlich auf die eigentliche Martinsche Krisenzone, die Rückenpartie.

Herrje, ich bin eine Ruine. Ein menschliches Wrack. Also von mir aus kann das jetzt ewig so weitergehen, denkt Martin.

Mit einer bemerkenswerten Behutsamkeit, so als würde sie eine heikle Reparatur an einer besonders komplizierten Maschine vornehmen, fährt die Masseurin mit den Instandsetzungsarbeiten fort.

Jawohl, das tut gut!

Martin ist von der wohltuenden Behandlung so angetan, dass er sich motiviert fühlt, die Massagekünste seiner Wohltäterin vor deren Kolleginnen zu rühmen. »*This is fantastic! This Lady is amazingly strong.*« (Das ist fantastisch! Diese Lady ist unglaublich stark.)

Die anderen Masseurinnen brechen in ein vergnügtes Gekicher aus. »*Yes, very strong.*«

Warum betonen die das so komisch? Langsam wird Martin etwas mulmig zumute. Sollte die Lady etwa ...? Das kann doch nicht sein! Susanne hat doch nicht tatsächlich ...? Er versucht, alle seine Sinne zu aktivieren. Also einen ungewöhnlich muskulösen Körperbau hat die Dame schon. Und dann diese markanten Wangenknochen. Und wie war das mit dem Adamsapfel? Plötzlich durchzuckt ihn die Erkenntnis wie ein Stromschlag. Um Himmels willen, das ist ein Mann!

Nach einer mehrere Sekunden andauernden Schockstarre schießt Martin ohne jede Vorwarnung wie von einer thailändischen Kettenviper gebissen hoch. In panischer Hektik sucht er seine Siebensachen zusammen und stolpert mit nur einem Bein in der Hose die Treppe herunter. Wutentbrannt stürmt er auf die Empfangsdame zu. »Also das ist doch eine Unverschämtheit sondergleichen. Wie können Sie nur diesen ... Kerl oder was auch immer auf ahnungslose Kunden loslassen?«

»Aber Sie haben doch ausdrücklich Miss China Doll verlangt.«

»Aber die Miss ist ein Mister! Und wenn Sie schon solche Personen beschäftigen, dann doch gefälligst dort, wo man ihnen als Kunde nicht begegnet.«

Fluchtartig verlässt Martin das Studio. Wie ein Schiffbrüchiger, der verzweifelt nach einem Stück Holz greift, rettet sich Martin in die nächste Kneipe und kippt auf fachmännisches Anraten des Barmanns zwei doppelte *lao khao,* Klebereis-Schnäpse, pur herunter. Die Wirkung tritt augenblicklich ein. Nachdem die Alkoholmoleküle die Enden seiner Nervenzellen massiert haben, beruhigt er sich und kommt ins Grübeln.

Möglicherweise habe ich ja doch ein bisschen überreagiert. Schließlich hat der Bursche nur seinen Job gemacht. Außerdem waren die anzüglichen Gedanken wohl eher auf meiner Seite. Dann lässt Martin die cartoonartige Szene noch einmal Revue passieren. Das unumstößliche Fazit: Ach, du Schande, ich habe mich aufgeführt wie ein entsprungener Irrer. Worauf er sich einen dritten und vierten *lao khao* bestellt und der Tag mit einer Massage der etwas anderen Art endet.

EIN RAUSCH FÜR JEDERMANN

Lao Khao, der »weiße Schnaps«, ist eine aus Klebereis destillierte Spirituose mit einem Alkoholgehalt von 35 bis 40 Prozent. Er ist der billigste erhältliche Alkohol und entsprechend besonders bei der armen Landbevölkerung beliebt. Trotz des verhältnismäßig günstigen Preises der mit staatlichen Lizenzen hergestellten Sorten wird er in den Dörfern häufig illegal gebrannt, wobei der Alkoholgehalt dann noch wesentlich höher liegen kann. Aufgrund des beißenden Geschmacks wird er in den seltensten Fällen pur, sondern entweder mit zwei Gläsern Wasser (eins davor und eins danach) oder mit Softdrinks gemischt getrunken. Er ist ein allgegenwärtiger Begleiter von Festivitäten aller Art und leider auch eine fatale Quelle für Alkoholismus. Dabei ist man in Thailand nicht erst seit gestern Rauscherlebnissen gegenüber aufgeschlossen, sondern kann auf eine fast 1.000-jährige Destilliergeschichte zurückblicken. Zugeprostet wird sich in Thailand übrigens mit dem Ausspruch *chai yo.*

Was ist da schiefgelaufen?

Liebe, Sex & Co. sind in Thailand ein Kapitel für sich. Das gilt auch für die nicht ganz unerhebliche Frage »Männlein oder Weiblein?«, die hier bei Martin für beträchtliche Verwirrungen sorgte. Dieser kleine, aber feine Unterschied dürfte schon bei so manchem nachtschwärmenden *farang*-Mann für ein äußerst unliebsames Erwachen inklusive eines angestrengten Nachsinnens über die eigenen Vorlieben gesorgt haben. Aber auch ein Ausbund an ehelicher Treue wie Martin kann mit dieser Eigenart der Thai-Gesellschaft Bekanntschaft machen. Begünstigt werden die nicht ganz seltenen nächtlichen Fehlannahmen durch den Konsum zu vieler Mai Tai oder Sex on the Beach und auch dadurch, dass thailändische Transgender nicht wie einige ihrer »Schwestern« in Europa schon aus hundert Metern Entfernung zweifelsfrei als Söhne Adams zu identifizieren sind. Im Gegenteil, häufig stechen sie in puncto Eleganz, Sexappeal und feminine Ausstrahlung die auch nicht gerade unansehnlichen Thai-Frauen aus.

In jedem Fall sind die *kathoey* oder Ladyboys, wie die Transgender in Thailand genannt werden, in einem Ausmaß im öffentlichen Leben präsent, das weltweit wohl einzigartig ist. Wenig überraschend müssen Personen, die derart weit aus dem Rahmen der »Normalität« fallen, auch in Thailand mit vielfältigen Ressentiments und Diskriminierungen zurechtkommen. Doch insgesamt begegnet man ihnen mit einem erstaunlichen, über europäische Verhältnisse hinausgehenden Maß an Toleranz und hält sie nicht per se für unmoralisch. Wobei hier, wie in vielen anderen Fragen auch, ein markanter Stadt-Land-Graben existiert und man in ländlichen Gebieten gegenüber von der geltenden Norm abweichenden Lebensweisen deutlich weniger aufgeschlossen ist.

Die einigermaßen entspannte Haltung hat vor allem zwei Gründe: Zum einen hat die Vorstellung von der Existenz eines »dritten Geschlechts« mit außergewöhnlichen Fähigkeiten und Gaben vor allem in vom Geisterglauben geprägten Gesellschaften seit jeher eine prominente Rolle gespielt. Zum anderen sind die *kathoey* schon seit Langem ein leicht frivoles und parodistisches Element in der thailändischen Volkskultur.

Heute sind sie überdurchschnittlich stark in den sogenannten kreativen Berufen der Medien- und Entertainmentbranche vertreten, aber durchaus auch in ganz alltäglichen Berufen anzutreffen. Legendär und speziell bei nordostasiatischen Besuchern aktuell populärer denn je sind auf jeden Fall die Varieté-Shows in den Touristengebieten, wo *kathoey* in bunten Fantasiegewändern mehr oder minder gelungene Gesangs- und Tanzeinlagen aufführen. Sie sind auch ein fester (belustigender) Bestandteil der thailändischen TV-Soaps (mehr dazu in Kapitel 11: »Ein Tag am Meer«, Seite 94). Aus diesem Kontrast zwischen Ehrfurcht und Belustigung erwächst die widersprüchliche Stellung der *kathoey* in der thailändischen Gesellschaft. Jedenfalls tun sich, wie Martins Slapstick-Einlage gezeigt hat, andere Kulturen mit Abweichungen in Fragen der sexuellen Orientierung noch erheblich schwerer.

ES GEHT AUCH ANDERS: DAS LADYBOY-RÄTSEL

Verblüffend ist es schon: Warum gibt es gerade in Thailand offenbar so viel mehr Transvestiten, Transgender oder Transsexuelle als anderswo? Wobei als Transvestiten Personen gelten, die mit ihrer sexuellen Identität im Einklang sind, aber ein Faible für das Tragen der Kleider des anderen Geschlechts (Cross-Dressing) besitzen. Transsexuelle fühlen sich dagegen in ihrem Körper fremd und haben einen starken Drang, sich dem anderen – eigentlich als ihrem empfundenen – Geschlecht äußerlich so weit wie möglich anzunähern, wobei dieses Bedürfnis auch Hormontherapien und Geschlechtsumwandlungen einschließen kann. Es gibt zwar einige psychosoziale und biologische Hypothesen – für beide Phänomene existieren bislang jedoch keine akzeptierten wissenschaftlichen Erklärungen. Aber so viel ist klar: Mit Homosexualität hat das eine wie das andere nicht zwingend zu tun. Warum also Thailand? Da dies kaum an der Luft liegen kann und sich Thais in ihrer biologischen Grundausstattung nicht prinzipiell von ihren Artgenossen unterscheiden dürften, müssen hier kulturelle Faktoren im Spiel sein.

Eine naheliegende Antwort wäre im gesteigerten Ästhetik-Empfinden der Thais zu suchen. Da für sie alles *suay,* also schön, nett und apart zu sein hat und der äußeren Verpackung stets besonderes Augenmerk geschenkt wird, besteht wohl auch unter Thai-Männern ein mehr oder weniger stark ausgeprägter Hang, sich bestmöglich zurechtzumachen. Und man tut der Männerwelt sicher nicht allzu Unrecht, wenn man behauptet, dass der weibliche Körper unter optischen Gesichtspunkten wesentlich interessanter ist.

Allerdings gibt es in Thailand auch das sogenannte Tom-Dee-Phänomen. Dies bezeichnet rein weibliche Paare, bei denen die eine Hälfte den männlichen und die andere den weiblichen Part spielt und diese Rollen nach außen ästhetisch prägnant gekennzeichnet werden. Sie selbst weisen das Etikett »lesbisch« zurück und legen Wert darauf, dass der/die Tom (fast) vollständig in die Rolle eines Mannes schlüpft und mit seiner Dee so umgeht wie ein »richtiger« männlicher Partner. Nur wesentlich rücksichtsvoller und einfühlsamer.

Weiter ließe sich vermuten, dass die zumindest nicht völlig ablehnende Haltung der Thais den Ladyboys gegenüber den einen oder anderen zu einem Coming-out veranlasst, das anderorts womöglich aus Furcht vor sozialer Ächtung unterbleibt. Nicht zuletzt dürften auch schnöde ökonomische Motive eine Rolle spielen: Als leicht freakige Attraktion im Showbusiness oder als besonderes »Abenteuer« im Rotlichtgewerbe können *kathoey* für Thai-Verhältnisse viel Geld verdienen. So mag es vorkommen, dass Eltern ihre Kinder ganz eigennützig bewusst in diese Richtung zu prägen versuchen. Damit verschaffen sie sich eine gesicherte Versorgungsquelle im Alter, da die *kathoey* selbst keine Familien gründen. Oder manch ein Glücksjäger mag sich denken, dass hier für ihn eine einträgliche Marktlücke zu besetzen sei. Diese Verbindung ins »unterhaltende Gewerbe« hat wiederum zur Folge, dass den *kathoey* trotz aller Toleranz, die ihnen entgegengebracht wird, tendenziell ein fragwürdiger Leumund zugeschrieben wird. Infolgedessen wird ihnen oft eine reguläre Arbeitsmöglichkeit verwehrt, sodass vielen nur der Weg in die Prostitution oder in andere florierende Zweige der Schattenwirtschaft bleibt.

Wie geht es entspannter?

Wie gut auch immer man Martins Aversion, sich von einem Ladyboy durchkneten zu lassen, nachvollziehen kann – es ist in jedem Fall eine Frage der Höflichkeit, niemanden unnötig vor den Kopf zu stoßen. Schließlich handelte es sich bei dem Salon nicht um ein halbseidenes Etablissement, sondern um eine durch und durch ehrbare Einrichtung. Die Wahrscheinlichkeit, Opfer von wie auch immer gearteten unsittlichen Handlungen zu werden, war gleich null. Ein »Happy Ending«, also eine Massage, die mit einem sexuellen Höhepunkt endet, war nicht im Angebot.

Massagen sind in Thailand alltägliche Dienstleistungen, und Masseurinnen unterstellt man auch nicht irgendwelche ungehörigen Hintergedanken. Warum sollte es sich bei einem Ladyboy grundsätzlich anders verhalten? Sicher bleibt es jedem selbst überlassen, was er (oder sie) von derartigen, sagen wir, unkonventionellen Lebensformen hält. Immerhin hätte Martin aber versuchen können, so viel Selbstkontrolle aufzubringen, sich unter Aufbietung einer halbwegs plausiblen Ausrede und ohne großes Aufheben aus der für ihn so unangenehmen Situation zu befreien.

Zur Erinnerung: Anderen Personen einen Gesichtsverlust zuzufügen, ist so ziemlich das gröbste Fehlverhalten, das man in Thailand an den Tag legen kann. Das ist der ultimative Fehltritt! Völlig daneben ist es auch, den Thais eine Gardinenpredigt darüber zu halten, wie sie Randgruppen in den Alltag zu integrieren haben. Das ist einzig und allein Sache der betreffenden Gesellschaft selbst. Wobei die relative Unbekümmertheit, mit der Thais auch gänzlich anders geartete Lebensstile betrachten, durchaus positiv zu bewerten ist.

Etwas anders sieht die Angelegenheit hingegen in den Betrieben des einschlägigen Gewerbes aus. Dort gehören »geschlechtsbezogene Unschärfen« quasi zum Kundenrisiko. Dabei ist einzukalkulieren, dass sich nicht wenige *kathoey* einer operativen Geschlechtsumwandlung unterziehen, sodass man sich selbst nach einer eingehenden anatomischen Inspektion nicht hundertprozentig sicher sein kann, mit wem oder was man es genau zu tun hat. Und was die Begegnung von Vertretern der gerade in Thailand häufig anzutreffenden Spezies der allein reisenden älteren Männer mit nicht ganz werkechten Thai-Girls in freier Wildbahn anbelangt, so sollte jeder »mittelattraktive« Mann stutzig werden, wenn er offensiv von einer umwerfenden Fernost-Schönheit umschmeichelt wird. So manch ein Techtelmechtel hat sich schon als Spiel mit versteckten Variablen herausgestellt.

10 IRGENDWIE, IRGENDWO, IRGENDWANN

ODER WEGANGABEN OHNE GEWÄHR

Martin ist in Hochstimmung. Jawohl! Endlich mal ein freier Tag zwischendurch. Eine schöne Gelegenheit, die flexibel gehandhabte Liste mit den Bangkoker Attraktionen weiter abzuarbeiten. Unternehmungslustig schwingt er im Badezimmer den Rasierapparat. Aus reinem Übermut macht er anschließend noch ein paar Klimmzüge am Türrahmen. Früher waren es mal zwanzig, heute reicht es noch für siebeneinhalb. Das Alter!

Derweil packt Susanne die Wanderrucksäcke mit einer Gewissenhaftigkeit, als würden sie zur Besteigung eines Achttausenders aufbrechen. Aber der Himalaja liegt auch am Golf von Thailand nicht mal eben um die Ecke. Ziel ist heute vielmehr Bangkoks Chinatown, eines der lebhaftesten Areale in dieser Stadt mit der Quirligkeit eines Schneebesens. Dort gibt es in dem Gebiet zwischen der Yaowarat Road und der Charoen Krug Road jede Menge große und kleine Sensationen zu entdecken. Endpunkt der heutigen Exkursion soll der Li Thi Miew Tempel sein.

Ob er denn wie verabredet zusätzliches Infomaterial aus dem Internet heruntergeladen habe, erkundigt sich Susanne.

»Nein. Du weißt doch, ich lasse mich bei unseren Streifzügen gern ein wenig inspirieren!«

Lisa, die ausnahmsweise nur einen der beiden Kopfhörer im Ohr hat, verdreht die Augen und echot: »Inspirieren? Na, das kann ja heiter werden.«

Beifall aus der Konserve bekommt sie allerdings nicht, stattdessen einen sachten Klaps auf die Schulter von Madame Sopapun. Es ist weniger ein Tadel als eine verkappte Streicheleinheit, was Lisa jedoch nicht daran hindert, wie unter Höllenschmerzen aufzujaulen. Martin lacht. Mit gespielter Empörung ersucht Susanne alle Anwesenden um etwas mehr Ernsthaftigkeit bei der Sache.

Sanuk! Spaß ist schließlich so ansteckend wie ein grippaler Infekt, nur wesentlich angenehmer. Man sieht: Die Meyers sind beim Einüben des *Thai Way* ein gutes Stück vorangekommen. Gleichwohl gibt es noch einiges zu lernen. Nach dem obligatorischen Verabschiedungsritual von ihrer Haushälterin geht es endlich los. Das Wetter ist einfach sensationell. Die Sonne lacht, am Himmel nicht die Spur einer Wolke.

Weil es authentischer wirkt, haben die Meyers beschlossen, die Gegend per Expressboot zu entern. Also geht es mit dem Taxi zum Pier und dann den Chao Phraya hinunter. Der Bootsführer gibt übermotiviert Gas. Links und rechts spritzt das Wasser auf – die außen sitzenden Passagiere erhalten eine kostenlose Dusche. Ein Grund, sich aufzuregen, scheint dies für sie aber nicht zu sein. Am Ratchawong-Pier hechten Susanne, Lisa und Martin von Bord. Viel Zeit zur Orientierung bleibt nicht, denn sofort sind sie mittendrin im fernöstlichen Gewimmel. Wie in den alten Filmen! Riesige chinesische Schriftzeichen, Goldgeschäfte, Drachen- und Schlangenabbildungen, körbeweise rote und grüne Chilis. Ramschläden mit Unmengen an Plastikprodukten für den allgemeinen und spezielleren Haushaltsbedarf, Haarspangen, Armreifen und Gummi-Sandalen in allen Farbschattierungen. Von den Garküchen weht ein süßlich-scharfer Duft herüber, der vom Geruch nach verdorbenen Essensresten überlagert wird. Jeder, der etwas auf sich hält, scheint hier einen Stand zu betreiben. Ansonsten: Menschen über Menschen, die alle irgendetwas schieben, tragen, herrichten oder auspacken. Immer schön in Bewegung bleiben, scheint die Devise zu sein.

DIE HERREN DES PAZIFIK

Wenn den Thais bisweilen unterstellt wird, sie seien begabte Müßiggänger und eher wenig geschäftstüchtig, so ist dies arg übertrieben. Mindestens für eine Gesellschaftsgruppe trifft dieses pauschale Urteil unter Garantie nicht zu. Die Rede ist von den chinesischstämmigen Thais, den sogenannten Sino-Thais. Sie machen etwa zehn bis 15 Prozent der Bevölkerung aus und drehen in der thailändischen Wirtschaft und hier v. a. im Bankensektor das ganz große Rad. Sie sollen bis zu 90 Prozent des Vermögens in Thailand besitzen. Auch innerhalb der politischen Elite sind sie stark vertreten. Dies gilt etwa für Ex-Premier Thaksin, der mit einem Telekommunikationsunternehmen zu großem Vermögen gekommen ist. Für die Sino-Thais scheint das zu gelten, was der große chinesische Wirtschaftsreformer Deng Xiaoping einmal über die Anhäufung von Vermögenswerten gesagt hat, nämlich: »Reich zu werden ist wunderbar.«

Die zu Netzwerken vereinten Familienkonzerne von Überseechinesen haben im gesamten Fernen Osten und speziell in Südostasien schon immer eine wichtige Rolle gespielt. Sie sind in mehreren Wellen zwischen dem 13. und dem 19. Jahrhundert als Handeltreibende oder Zuwanderer nach Südostasien gekommen. Im multiethnischen Nachbarland Malaysia etwa beträgt ihr Anteil an der Bevölkerung 25 Prozent, im Stadtstaat Singapur sogar 75 Prozent. Der amerikanische Journalist Sterling Seagrave hat ihnen daher den anerkennenden Titel *»Lords of the Rim«,* also »Herren des Pazifik« verliehen. Eine Erklärung für den Erfolg der Überseechinesen ist neben kulturellen Eigenschaften wie Ausdauer und Sparsamkeit v. a. auch ihr Hang zum Aufbau enger persönlicher Netzwerke (chinesisch: *guanxi*), die sich trefflich zum Geschäftemachen nutzen lassen.

Interessant ist, dass sich die Sino-Thais im Unterschied zu den ethnischen Chinesen in anderen südostasiatischen Ländern, wo es immer wieder zu pogromartigen Vorgängen kam, weitgehend in die Gesellschaft assimiliert, vielfach Thai-Namen angenommen und Mischehen geschlossen haben. Dies kann sowohl als Ausweis der Offenheit der thailändischen Gesellschaft als auch als Folge der besonderen Attraktivität ihrer Kultur interpretiert werden. Vorteilhaft wirkt sich dabei auch aus, dass die Mehrheit der Thais wie auch der Chinesen Teil der buddhistischen Glaubensfamilie ist.

Können die Meyers anfangs die Straßenverläufe noch mit dem Finger auf der Karte nachverfolgen, haben sie wenig später zusehends den Überblick verloren. Nachdem sie sich eine Weile haben treiben lassen, wollen sie abschließend den besagten Li Thi Miew Tempel in Augenschein nehmen. Der aber scheint wie vom Erdboden verschluckt. Einfach nicht zu finden. Nach einigen erfolglosen Ehrenrunden durchs Viertel hat Susanne Martin endlich so weit, dass er in die Befragung eines Einheimischen einwilligt. Er konfrontiert den Juniorchef eines Gewürzhandels mit ihrem Problem, der weist eher unschlüssig auf einen nahen Durchgang.

Der Weg entpuppt sich ein wenig später als Sackgasse. Gut, das kann schon mal vorkommen. Als Nächstes versucht es Martin bei einem alten Männchen mit zerknittertem Gesicht und Konfuziusbart, das aussieht, als wäre es bei der Gründungsfeier Bangkoks im Jahr 1782 persönlich zugegen gewesen. Mit halbem Ohr hört es Martins Kauderwelsch an und macht dann eine vage Geste in die Richtung, aus der sie gekommen sind. Mehr ist ihm nicht zu entlocken. In seiner Not wendet sich Martin an die nächstbeste Passantin: ein Mädchen in Schuluniform, das nur zu einer nonverbalen Verständigung in Form eines verschmitzt-schüchternen Lächelns bereit ist. Die Odyssee geht weiter.

»Lass mich das mal machen. Du stellst dich an wie der erste Mensch!«, reißt Susanne die Initiative an sich und geht schnurstracks in einen Laden für Haushaltswaren, wo sie den Inhaber mit ihren touristischen Nöten behelligt. Dieser nickt freundlich, scheint aber mit ihrer Zielangabe nichts weiter anfangen zu können. Er verlangt, einen Blick in Susannes Reiseführer zu werfen, studiert diesen eifrig, wobei es ihn nicht im Geringsten zu stören scheint, dass er ihn verkehrt herum hält. Dann, als hätte er eine unverhoffte Eingebung, meint er, sich erinnern zu können. Ja, die nächste Straße links rein und dann immer rechts halten. Triumphierend kommt Susanne aus dem Geschäft und übergibt Martin feierlich den Reiseführer, als wären es die zehn Gebote.

Leider stellt sich bald heraus, dass auch diese Auskunft reichlich unpräzise war. Denn die vorgeschlagene Route führt sie geradewegs an die Stelle zurück, wo sie das erste Mal nach dem Weg gefragt haben. Ein weiterer Versuch ist nötig.

Okay, überlegen die drei, wer könnte uns am ehesten weiterhelfen. Da drüben, die ältere Blumenverkäuferin sieht vertrauenswürdig aus. Aber die winkt schon von Weitem ab. Martin setzt sein Don-Juan-Lächeln auf. Es hilft nichts. Es folgen noch einige weitere Fehlschläge. Fast scheint es ihnen, als wären sie Marionetten in einem chinesischen Puppentheater, bei dem irgendeine unsichtbare Macht etwas dagegen hat, dass sie ihr Ziel erreichen. Resigniert geben sie die Suche auf.

»Unfassbar!«, bringt Lisa die Stimmung auf den Punkt. »Warum sagen die denn nicht, dass sie den Weg nicht kennen? Oder haben sich hier alle abgesprochen, damit wir auch ja nicht zu dem Tempel kommen?«

Was ist da schiefgelaufen?

Das nun ganz sicher nicht. Der Hase liegt woanders im Pfeffer: Bedauerlicherweise hat sich der Thailand-Besucher mit dem Phänomen auseinanderzusetzen, dass sich Thais nur sehr ungern verbindlich festlegen. Das haben die Meyers zu ihrem Leidwesen gerade in der Praxis erfahren. Präzise und eindeutige Aussagen wird man von Thais in den allerwenigsten Fällen erhalten. Dieser thaitypische Unwille, sich in irgendeiner Weise festnageln und in Haftung nehmen zu lassen, beschränkt sich nicht nur auf brisante Überzeugungsfragen, sondern ist auch bei vielen Alltagsdingen anzutreffen. Man hält sich generell lieber bedeckt. Dieser Auskunftsaversion liegt keine Arglist oder Gleichgültigkeit zugrunde, wie man vielleicht annehmen könnte. Sie ist ganz im Gegenteil eine reine Vorsichtsmaßnahme.

Tieferer Sinn der Übung ist – wen wundert's – einmal mehr die Gesichtswahrung. Denn nicht auszudenken, wenn man nach dem Weg, der Zeit, nach Verkehrsanbindungen oder anderen weltbewegenden Mysterien gefragt wird und man vor aller Welt bekennen müsste, dass man im Grunde genauso ahnungslos ist wie der Auskunftssuchende. Womöglich steht man dann in den Augen der anderen als unbedarfter Hinterwäldler oder unterbelichteter Einfaltspinsel dar. Buddha behüte! Außerdem wäre es ein grober Akt der Unfreundlichkeit, den Suchenden ohne jeden sachdienlichen Hinweis seines Weges ziehen zu lassen. Also wird man sich als *khon suparp* (höflicher Mensch) notgedrungen zu einer Auskunft von maximaler Unbestimmtheit à la »da entlang« oder »immer geradeaus« hinreißen lassen. Das lässt Spielraum für Interpretationen.

Dort trifft der Fragende dann hoffentlich auf jemand Kompetenteren. Aber Spaß an dieser Stelle ausnahmsweise mal beiseite: Womit erklärt sich nun diese an Furchtsamkeit grenzende Zurückhaltung? Thais werden von Kindesbeinen an dazu erzogen, ihrer Umwelt vorsichtig und zurückhaltend zu begegnen. Besonders Konflikte werden unter allen Umständen vermieden. Und um gar nicht erst den Hauch von Zorn oder Unmut einer anderen Person auf sich zu ziehen, versucht man, sich und dem anderen keinerlei Blöße zu geben. Des Weiteren ist zu bedenken, dass sich die Einheimischen den zumindest nach außen hin so weltmännischen und vermögenden *farang* gegenüber schnell ein wenig unterlegen und befangen fühlen können. Auch deren zuweilen etwas grobklotziges Auftreten ist nicht unbedingt dazu angetan, die notorische Auskunftsscheu der zartbesaiteten Thais zu überwinden.

Wie geht es entspannter?

Es ist immer die Abweichung vom Gewohnten, die den Erforscher fremder Länder herausfordert. Da man in den seltensten Fällen den Kulturspieß einfach umdrehen und sich schlicht andersherum verhalten kann, wird man sich bemühen müssen, die Denkweisen der Einheimischen nachzuvollziehen. Auf dieser Basis lassen sich probate Strategien entwerfen.

Wenn also in Thailand aus den oben genannten Gründen mit akkuraten Wegangaben nicht zwangsläufig zu rechnen ist, man aber dennoch zu Tempelanlage A, Markt B oder Strand C gelangen will, bedarf es einer umsichtigen Vorgehensweise. Dazu gehört in Phase 1, sich vorab einen möglichst kompakten Überblick über die anvisierten *places of interest* zu verschaffen. Hierfür kann auf handelsübliche Karten, Pläne und Ratgeber zurückgegriffen werden, ebenso auf Google Maps oder GPS-Systeme zur Standortermittlung. Aber: Der kürzestmögliche Weg ist selten der spannendste! Eine Travel-App für alle Fälle? Was für den Geschäftsmann, der vor dem Weiterflug in dreieinhalb Stunden noch ein wenig die Umgebung erkunden will, sinnvoll sein mag, ist für jeden berufsstolzen Entdecker ein schlechter Scherz mit Touchscreen. Doch jeder, wie er mag.

In Phase 2 sind nun Personen zu konsultieren, denen man ein besonders geradliniges Auskunftsverhalten zubilligt. Dies können beispielsweise die Mitarbeiter der *Tourism Authority of Thailand (TAT),* andere Weltenbummler oder der Portier des Vertrauens sein. Falls Sie hier fündig geworden sind, sollten Sie sich das Ziel auf Thai notieren lassen. Dies erspart später eventuell händerudernde Erklärungsversuche.

Ist man in Phase 3 dann schließlich unterwegs, gilt es beim Einholen weiterer Erkundigungen den jeweiligen Informationsgeber genauer zu studieren. Wenn dieser geschlagene zweieinhalb Minuten Bedenkzeit benötigt, um eine Ansage zu machen, bei der er die Stirnfalten tief ins Gesicht zieht oder verlegen lächelt, als wäre er bei einer Abschlussprüfung, ohne auch nur eine einzige Unterrichtseinheit besucht zu haben, sollte nicht alles für bare Münze genommen werden, was er sagt. Allerdings ist man dann immer noch nicht weiter. Hier ist situatives Geschick gefragt. Deshalb sollte man sich nicht zu schade sein, im Zweifelsfall die halbe Nachbarschaft zu interviewen. Nach den Gesetzen der Wahrscheinlichkeit reduziert sich damit die Gefahr, fehlgeleitet zu werden, ganz beträchtlich. Wenn sich nach eingehenden Feldstudien ein gewisser Konsens herauskristallisiert hat, sagen wir eine Quote von sechs aus zehn, kann man den Instruktionen folgen.

Wenn dies alles nicht fruchtet, bleibt einem in der nicht so seltenen Phase 4 nichts weiter übrig, als sich so lange auf den Beinen zu halten, bis man – Wunder über Wunder – am Ende doch irgendwie sein Ziel erreicht.

11 EIN TAG AM MEER

ODER DAS SONNENSTRAHLEN-PARADOXON

Mittlerweile ist es Anfang April und die Temperaturen nähern sich erbarmungslos der Vierzig-Grad-Celsius-Marke an. Die glühend-heiße Jahreszeit hat begonnen. Das weitgehend zubetonierte Bangkok gleicht immer mehr einem Brutkasten, die Klimaanlagen laufen auf Hochtouren. Wer sich länger im Freien aufhält, kommt ins Schwitzen wie ein Marathonläufer mit Trainingsrückstand. Der allgemeine Flüssigkeitsbedarf ist schier grenzenlos. Kurzum, es ist kaum zum Aushalten.

Selbst jetzt am Abend hat es sich, wenn überhaupt, nur minimal abgekühlt. Susanne hat sich komplett mit dem Kühlpuder, das sie von Madame Sopapun bekommen hat, eingerieben. Das Mittel ist zwar wirkungsvoll, hat aber den Nebeneffekt, sie auch auf größere Distanz aussehen zu lassen, als wäre sie in einen Sack voll Mehl gefallen. Angesichts dieser widrigen Witterungsumstände ist in der Meyer-Residenz gepflegtes Easy-Going angesagt.

»Ein paar Tage Strand, das wär's jetzt«, sinniert Martin in seiner Hängematte und gießt sich ein Glas eiskaltes Singha-Bier ein.

Beim Wort Strand macht es klick. Und so, als wäre ein unsichtbarer Hebel betätigt worden, weicht die Lethargie augenblicklich einer euphorischen Hektik. Lisa springt vom Fernsehapparat auf, wo gerade eine ihrer geliebten *lakorn*-Folgen läuft.

TV-*LAKORNS* – GANZ SCHÖN (MELO)DRAMATISCH!

Ganz klar: Unterhaltung muss sein. Am bequemsten und preisgünstigsten lässt sich die tagtägliche Dosis Zerstreuung in Thailand vor der heimischen Flimmerkiste genießen. Wobei auch in Thailand der Internetkonsum in den letzten Jahren rasant angestiegen ist und einer staatlichen Umfrage zufolge im Jahr 2018 im Durchschnitt bei satten 10 Stunden und 5 Minuten pro Tag lag. Am allerliebsten schauen Thais ihre Version der in den USA erfundenen Soap Operas. Die heißen *lakorns,* was Schauspiel oder eben Seifenoper bedeutet. Sie werden je nach Zugkraft entweder im Vorabendprogramm oder zur Primetime ausgestrahlt. Eine *lakorn*-Episode ist im Durchschnitt 1,5 Stunden lang. Im Gegensatz zum Spannungsfinale à la *Lindenstraße,* haben die *lakorns* üblicherweise eine jeweils abgeschlossene Handlung. Dabei laufen sie mit der Präzision einer Atomuhr immer auf ein Happy End hinaus.

Selbstverständlich handeln sie grundsätzlich von einem edlen Liebespaar allerreinster Güte und einem Schurken, der ihnen ihr Erdenglück neidet und selbst vor den fiesesten Machenschaften nicht zurückschreckt. Oder vielleicht sollte man besser sagen: einer Schurkin. Denn in den *lakorns* ist es grundsätzlich eine Frau, die dem Liebespaar zusetzt, meist weil sie den attraktiven männlichen Helden für sich beansprucht. Unnötig zu erwähnen, dass am Ende die Bösen ihre gerechte Strafe erhalten und die Guten großzügig belohnt werden.

Die Geschichten spielen in der Regel im Milieu der gut betuchten thailändischen Oberschicht. Ihre bevorzugten Stilmittel sind hemmungslos überzeichnete Szenen und höchst melodramatische Wendungen. Die *lakorns* sind unter den Thais so populär, dass sich die Sender einen harten Wettkampf um die beliebtesten Stars liefern. Fazit: Seelische Abgründe machen offenbar süchtig.

Flugs kommt Lisa mit einem halben Meter Reiseführern unterm Arm um die Ecke geschossen und lässt sie auf den Rattan-Tisch fallen. Sie hat diverse Strandregionen im Kopf, die sie schon lange mal besuchen wollte: Ko Samui, Phuket, Ko Phi Phi, Ko Chang, Khao Lak – die Namen purzeln wie in einer Quizshow. Ist es Telepathie oder zeigt sich hier der Wert einer gut geölten Familienmaschine? Eine offizielle Übereinkunft ist jedenfalls nicht erforderlich. Notiz für die Akten: Die Meyers werden einen spontanen Strandurlaub einlegen. Nur wohin? Bei einer thailändischen Strandgesamtlänge von über 2.600 Kilometern keine leichte Entscheidung.

Plötzlich wird Martin ernst. »Die Touri-Zentren sind gut und schön, aber wir wollen doch Land und Leute besser kennenlernen. Statt neben käseweißen Schweden und feuerroten Engländern zu liegen, würde ich lieber an einen richtigen Thai-Strand fahren.«

»Du immer mit deinem Wunsch nach Ursprünglichkeit«, zieht ihn Susanne auf. »Aber okay, ich würde auch gern sehen, wie die Thais so ihre freien Tage verbringen. Eine der Frauen aus unserer Donnerstagrunde hat mir von einem Strand zwischen Hua Hin und Prachuap Khiri Khan vorgeschwärmt. Dort soll es noch relativ ruhig und entspannt zugehen.«

EIN PANAMAKANAL FÜR THAILAND?

Es gibt einen Plan für ein Infrastrukturgroßprojekt in Thailand, der, würde er tatsächlich umgesetzt, Folgen für die Weltpolitik hätte. Die Rede ist vom sogenannten Kra-Kanal – einer künstlichen Verbindung zwischen der Andamansee und dem Golf von Thailand. Es ist insbesondere die Volksrepublik China, die ein großes Interesse an dem Kanal hat, dem die Bedeutung eines Panama- oder Suez-Kanals zukommen würde. Bislang muss sich der gesamte Schiffsverkehr aus Europa und dem Nahen Osten in Richtung Ostasien durch die schmale Straße von Malakka zwischen Malaysia und der indonesischen Insel Sumatra zwängen. Hierdurch verläuft auch der Großteil der chinesischen Öl-Importe. Dabei gerät die Malakka-Straße zunehmend an ihre Kapazitätsgrenzen. Zudem hat China Sorge, dass es infolge politischer Auseinandersetzungen von diesem existenziell wichtigen Versorgungsweg abgeschnitten werden könnte. Daher versucht man in Bangkok nachhaltig für eine Realisierung des Vorhabens zu werben.

Eine mögliche Bauzeit wird auf acht Jahre veranschlagt, wobei die entstehenden Kosten auf 20 Milliarden US-Dollar geschätzt werden. Die Idee für einen solchen Kanal ist keineswegs neu, sondern wurde erstmals schon im 17. Jahrhundert erwogen. Die heutige Variante sieht einen Durchbruch am Isthmus von Kra vor, wo Thailand nur 40 Kilometer breit ist. Entsprechende Pläne wurden offenbar von chinesischer Seite bereits erstellt. Ob es allerdings in absehbarer Zeit zum Bau kommt, ist zumindest fraglich. Einmal weil Thailand Bedenken gegen eine Abtrennung des buddhistischen Nordteils vom muslimischen Süden hat. Zum anderen sieht Indien das Vordringen Chinas in seinen »Heim-Ozean« überaus kritisch, was Thailand bei seiner Entscheidung zu berücksichtigen hat. Insgesamt würde der Kra-Kanal sowohl die Transportzeiten als auch die Treibstoffkosten erheblich verringern.

Gesagt, getan. Das kam zwar etwas holterdiepolter. Aber warum auch nicht? Schließlich will man sich ein Beispiel an den Thais nehmen und das Leben mehr genießen. Moneten zählen kann man ja wieder zu Hause, und schlechtes Wetter ist dort so unausweichlich wie klebrige Punschorgien in der Vorweihnachtszeit. Bei der momentanen Hitze kommt ein Beach-Trip gerade recht.

Mit dem Zug der Southern Line der State Railway of Thailand geht es die Golfküste hinunter. Für die restlichen Kilometer vom Bahnhof bis zum Ziel steigen die Meyers auf ein *songthaew*-Sammeltaxi um. Dann sind sie da. An einem von Kokospalmen gesäumten, pulvrig weißen Sandstrand – wie aus dem Bilderbuch. Sie mieten einen schmucken Bambusbungalow mit einigen Extras und dem Meer in Sichtweite. Das sanfte, unaufhörliche Rauschen der Brandung schmeichelt ihren Ohren und entfaltet eine angenehm meditative Wirkung. Aufgelockert wird der Klangteppich durch quakende Frösche, angeregte Debatten aus dem Vogelparlament sowie einem sirenenartigen Surren im Hochfrequenzbereich, wobei der Verursacher dieses Spektakels absolut unsichtbar bleibt. Zur Hintergrundmusik trägt ferner ein krakeelender Frühaufsteher bei, der herumstolziert als wäre er König Georg III. höchstpersönlich: ein Hahn, der mit seinem gefiederten Gefolge die Gegend terrorisiert.

Nachdem die Meyers diese ein wenig erkundet und sich an einem superfrischen Fischgericht – Red Snapper mit Chili und Anis-Basilikum – gelabt haben, gehen sie zurück in ihr Bambushaus, wo sie so friedlich schlafen wie neugeborene Katzenbabys.

Am nächsten Morgen ist es dann soweit. Die Meyers sind bereit, ihr heutiges Strandpensum ordnungsgemäß zu absolvieren. Bis an die Zähne mit Bastmatten, Liegedecken, Badetüchern, Wasserflaschen, Sunblockern, Frisbeescheibe und Beachball-Set bewaffnet marschieren sie los. Am Strand angekommen fällt ihnen sofort auf: Irgendetwas stimmt hier nicht – aber was? Richtig, der Abschnitt, wo sich eigentlich Feriengäste im Akkord in der Sonne brutzeln müssten, ist wie leer gefegt. Aus unerfindlichen Gründen haben sich die Thai-Urlauber – andere Westler sind weit und breit nicht zu sehen – an den Rand des Strandsaumes zurückgezogen. Dort drängen sie sich wie Hühner auf der Stange in einem dichten Wald aus Sonnenschirmen.

»Na ja, die werden ihre Gründe haben«, sagt Martin und kämpft mit der großen Liegedecke, als würde er versuchen, das Segel eines Bootes zu hissen.

Die Meyers hauen sich also in die Sonne und arbeiten systematisch an ihrer Bräune. Jede Wendung folgt einem ausgefeilten Plan. Das geht eine Weile gut. Doch dann kommen nach und nach einzelne Thai-Abordnungen vorbeigeschlendert, schauen sich die Gegend an und begutachten ganz nebenbei auch die drei Sonnenanbeter. Was wollen die denn bloß? Der thailändische Erkenntnisdrang scheint unstillbar, denn die Forscherteams werden immer zahlreicher. Nun bleiben sie sogar stehen, stellen Berechnungen an und verstricken sich in Fachsimpeleien. Es werden offenbar verschiedene Theorien diskutiert, wobei die eine Fraktion auf körperliche, die andere eher auf mentale Ursachen tippt. Die Meyers haben zunehmend den Eindruck, Teil einer unangekündigten Versuchsanordnung zu sein. So geht das munter weiter – die *farang*-Schau nimmt kein Ende.

»Ich komm mir ja vor wie eine Attraktion im Zirkus«, beschwert sich Lisa. »Was wollen die denn bloß?«

Als die Forscher sich dann auch noch bücken und ihre Sonnencreme-Auswahl unter die Lupe nehmen, reißt den Meyers der Geduldsfaden. Resigniert packen sie ihre Sachen zusammen und treten den geordneten Rückzug an. Ein entspannter Tag am Meer war das nicht!

Was ist da schiefgelaufen?

Was war denn da los? Versuchen wir eine Aufklärung: Wenn etwas stark kulturell geprägt ist, dann ganz sicher die Idealvorstellungen von Anmut, Schönheit und Vollkommenheit. Zumeist wird besonders das als attraktiv angesehen, was wenig verfügbar ist. Gilt in Überflussländern Schlankheit an der Grenze zur Dürrheit als schick, wird in kargeren Regionen oft eine opulente Leibesfülle geschätzt. Wobei es – weltweit – stets die Herren der Schöpfung sind, die beim anderen Geschlecht die jeweils geltenden Schönheitsmaßstäbe millimetergenau anlegen, denen sie selbst nie im Leben gerecht werden. Aber das ist ein anderes Thema.

In die Abteilung »Ich will das, was Mangelware ist« gehört auch der anscheinend unbezwingbare Drang bei vielen Thailand-Reisenden, den Lieben daheim die Rechtmäßigkeit des Reisepreises dadurch vor Augen zu führen, dass man bei der Rückkehr einen möglichst dunklen Hautteint als Urlaubstrophäe präsentiert. Vorzugsweise im fließenden Übergangsbereich zwischen Dunkelmokka und Kohlenschwarz. Mit einer medizinisch gebotenen Behebung eines chronischen Vitamin-D-Mangels hat das nicht mehr viel zu tun. So kann man sich beispielsweise in der Hauptsaison in Patong, dem Hauptstrand der Insel Phuket, mitunter nicht des Eindruckes erwehren, in eine Open-Air-Filiale des Hühnchenrösters Kentucky Fried Chicken geraten zu sein.

Ein solches teils schon sadomasochistisches Verhalten muss den Thais, die alles Erdenkliche unternehmen, um der meist rücksichtslos niederprallenden Sonne zu entkommen, bestenfalls als eine kollektive geistige Verwirrung erscheinen. Denn abgesehen davon, dass sich in Deutschland auch niemand an wochenlangem Dauerregen erfreut, gilt braune Haut *(piu dam)* in Thailand mitnichten als Statussymbol finanziell gut gestellter Mittelklasse-Menschen. Sie ist ganz im Gegenteil das Stigma der untersten Gesellschaftsstufen. Ein dunkler Teint ist der eindeutige Hinweis darauf, dass man gezwungen ist, Arbeit im Freien zu verrichten – eine als minderwertig angesehene Arbeitsform. Dies wiederum wird als gerechter Lohn für Verfehlungen in der vorherigen Existenz verstanden. In einem Land, in dem die Verortung in der sozialen Pyramide existenziell ist, ist dies alles andere als ein Lifestyle-Thema, sondern eine überaus ernste Angelegenheit.

Entsprechend penibel versucht man beim Übergang zwischen zwei klimatisierten Bereichen, jeder Pigmentanregung aus dem Weg zu gehen. Selbst die Andenkenverkäufer am Strand hüllen sich in eine Art Ganzkörperanzug, um nur ja jede Nuance Hautverdunkelung zu vermeiden. Kein Wunder also, dass die Meyers bei ihrer Sonnenanbetungszeremonie von den heimischen Strandgängern wie eine etwas bizarre exotische Tierart bestaunt wurden. Dies kann, wenn man nicht gerade an einer Profilneurose im fortgeschrittenen Stadium leidet, sehr unangenehm sein.

Der nahezu paradoxe Gegensatz zwischen Thais und *farang* in Sachen Sonnenstrahlen und Hautfarbe lässt sich auch durch einen Besuch in einer Drogerie bestätigen. Dort, wo bei uns die Palette mit den Bräunungscremes steht, findet man in Thailand Hautaufheller in den unterschiedlichsten Variationen. Und auch sonst ist bei den meisten Cremes und Lotions ein *whitening effect* (Bleicheffekt) integriert, was um ihre Bräune besorgte Ausländer vor gewisse Probleme stellen kann.

Wie geht es entspannter?

Sich in Thailand in adäquater Weise vor den aggressiven UV-Strahlen der Sonne zu schützen, sollte im ureigenen Interesse des Urlaubers selbst liegen. Es ist bestürzend zu sehen, wie sich manche Westler (samt Nachwuchs) trotz bereits krebsroter Haut kurz vor der Blasenbildung ungerührt der prallen Sonne aussetzen, so als wäre Hautkrebs eine absurde Marketingerfindung der Kosmetikindustrie. Auch auf die Gefahr hin, oberlehrerhaft zu klingen: Lassen Sie es langsam angehen, geben Sie Ihrer Haut Gelegenheit, sich allmählich an die höhere Sonnenintensität zu gewöhnen und natürliche Schutzmechanismen zu entwickeln. Da auch ein hoher Lichtschutzfaktor keine Garantie vor Hautverbrennungen bietet: Bleiben Sie im Schatten und meiden Sie vor allem die Mittagssonne, ziehen Sie sich besser ein T-Shirt über. Neben diesen gesundheitlichen Aspekten sind die ästhetischen etwas weniger dringlich. Zumal das Gros der Urlauber in den Touristengebieten sowieso unter sich bleibt und das dort angestellte Personal so einiges gewohnt ist. Insbesondere seitdem die Staatsbürger des untergegangenen Sowjetimperiums die weite Urlaubswelt und speziell auch Thailand für sich entdeckt haben, wurde die Skala der stilistischen Fragwürdigkeiten um einige Einheiten erweitert. Insofern sind es die Urlauber selbst, die sich mit gelegentlich alles andere als geschmackssicheren Ansichten abfinden müssen.

THANAKA – DER NATÜRLICHE SONNENSCHUTZ

Ein hauptsächlich in Myanmar und in jüngster Zeit verstärkt auch in Thailand populäres natürliches Sonnenschutz- und Kosmetikmittel ist das aus der Rinde des indischen Holzapfelbaums gewonnene Thanaka. Es handelt sich dabei um eine gelblich-weiße Paste, die, auf Gesicht, Hals und Arme aufgetragen, kühlt und vor schädlicher UV-Strahlung schützt. Zudem wird Thanaka ein substanzieller Anti-

Aging-Effekt und eine Hautunreinheiten bekämpfende Tiefenwirkung bescheinigt. Thanaka wird als modernes Convenience-Produkt auch als Bestandteil von herkömmlichen Cremes und Lotionen mit Aufhellungswirkung verwendet. Mitunter wird die Paste in Form von kunstvollen Ornamenten auf das Gesicht aufgetragen. Üblicherweise schwappen neue Trends aus Thailand – durch die vielen myanmarischen Wanderarbeiter – in das benachbarte und deutlich weniger entwickelte Myanmar über und nicht umgekehrt, folglich muss es sich hierbei um ein außergewöhnliches Mittel handeln.

Etwas anders sieht es hingegen bei Langzeitaufenthalten aus. Hat man es mit gehobenen Bevölkerungsschichten zu tun, gilt eine noble Blässe als Ausweis von Wohlstand und Kultiviertheit. Dies war, nebenbei bemerkt, bis zu Beginn des 20. Jahrhunderts auch in Europa noch der Fall. Es kann daher nicht schaden, sich beim »Pigmente haschen« ein wenig zurückzuhalten. Wer gar am Strand mit den Thais auf Tuchfüllung gehen und dabei nicht zum Objekt der Irritation und Erheiterung werden will, tut gut daran, die divergierenden Strandsitten zu berücksichtigen.

Nicht ohne Grund tummeln sich Einheimische und Auswärtige in getrennten Seebädern. Dabei ist zu bedenken, dass der Strand für Thais kein Ort für Individualvergnügen, sondern ein beliebtes Ausflugsziel für die erweiterte Großfamilie ist. Von jungfräulichen Buchten und blütenweißen Stränden träumt in Thailand folglich niemand, auch einsames Meeresrauschen findet man hier nicht unbedingt beruhigend. Wenn man meditieren will, geht man ins Kloster. In die Fluten begibt man sich ebenfalls kaum, was auch damit zusammenhängt, dass viele Thais nicht schwimmen können. Schwimmlektionen sind nicht Teil des Schulunterrichts, was bei Überschwemmungen fatale Folgen haben kann.

Dafür hockt man unter einer Armada bunter Sonnenschirme beisammen, plaudert und scherzt, nimmt einen Imbiss und den einen oder anderen Schluck Hochprozentiges zu sich. Das Ganze mit einer

Geräuschkulisse, wie sie in Deutschland bei Volksfesten zu vorgerückter Stunde anzutreffen ist. Zum Sonnenbaden sehen die Thais angesichts einer serienmäßig eingebauten Dauerbräune jedenfalls keine Veranlassung. Und als Letztes: Oben-ohne-Einblicke werden in Thailand allenfalls hinter vorgehaltener Männerhand für gut befunden!

12 DAS RECHT NEHM ICH MIR

ODER HUNDERT (NICHT LEGALE) EINKOMMENSTRICKS

Auch in Thailand braucht man hin und wieder Genehmigungen. Die Produktion ist gut angelaufen, eine zweite Fertigungshalle ist notwendig geworden. Einen Teil des Nachbargrundstücks hat Martins Firma bereits erworben, was noch fehlt, ist die Baugenehmigung der Behörden. Wie immer hat die unvergleichliche Pantisa alles Notwendige recherchiert und für Martin ein Rundum-sorglos-Paket geschnürt.

Mit kraftvoll federnden Schritten erklimmt Martin die Stufen des Bürogebäudes, über dessen Eingang ein riesiges Abbild des mythischen Adlermenschen Garuda prangt. Da soll dem Antragssteller wohl erst einmal ordentlich Bange gemacht werden, denkt sich Martin und schildert dem Pförtner sein Anliegen. Nach einem kurzen Telefonat, aus dem er mehrere Male das Wort *farang* heraushört, sagt ihm der Amtshüter, dass der Leiter der Abteilung sich seiner höchstselbst annehmen werde. Umso besser, denkt Martin, dann werde ich sicher besonders professionell behandelt.

Im Büro des Abteilungsleiters herrscht eine eisige Kühle, als würde es sich um eine ungeschützte Außenstelle am Südpol handeln.

Der Leiter sitzt zurückgelehnt in seinem monumentalen Ledersessel. Er sieht in sich gekehrt aus. Meditiert er? Am linken Ende des Tisches thront die Statue eines stark übergewichtigen chinesischen Glücksmönches. Martin räuspert sich diskret. Der Mann erwacht mit einem einnehmenden Lächeln zum Leben und bittet Martin mit sonorer Stimme, Platz zu nehmen. Wie von Geisterhand steht im Nu auch schon ein Glas Wasser vor ihm.

»Was kann ich für Sie tun?«

»Ich bräuchte da eine Genehmigung, für einen Neubau neben unserem Betriebsgelände.«

»*Mai mii panhaa,* das dürfte kein Problem sein.«

Martin legt die Unterlagen auf den Tisch, die der Beamte jedoch keines Blickes würdigt. Er schweigt. Martin schiebt die Unterlagen ein Stück näher an ihn heran. Sein Gegenüber scheint einen Punkt in weiter Ferne zu fixieren.

»Wissen Sie was?«, sagt der Bürokrat unvermittelt und mit der Miene eines Heiligen, »ich bin gerade auf der Suche nach einer neuen Golfausrüstung. Ich habe in einem Katalog eine sehr schöne gefunden.«

»Ich persönlich mache mir nichts aus Golf«, geht Martin glatt über das Bekenntnis seines Gegenübers hinweg.

»Hier, schauen Sie sie sich doch mal an, die ist wirklich sehr schön.« Der Beamte öffnet einen Katalog.

»Also wie gesagt, das ist nicht unbedingt mein Sport.«

»Das ist schade, denn es ist wirklich eine sehr angenehme Beschäftigung. Dabei kann man über vieles in Ruhe nachdenken, zum Beispiel wie Sie Ihren geschäftlichen Erfolg verbessern können«, erläutert der Mann seelenruhig, als wäre er ein durch nichts zu erschütternder Nachhilfelehrer und Martin ein etwas begriffsstutziger Fünfer-Kandidat.

»Ich bin da eigentlich ganz guter Dinge. Wenn wir uns nun um die Formulare kümmern könnten?«

»Sie sollten es sich wirklich noch mal überlegen. Bei so einer Golfpartie wird vor allem die Konzentration trainiert, und man lernt, seine Umgebung besser wahrzunehmen«, lässt der Mann nicht locker. Dabei tätschelt er liebevoll seinen Glücksmönch.

Langsam wird es Martin zu bunt. Der soll seinen Job machen und sich seine Ausrüstung an den Hut stecken. Außerdem ist es hier drinnen bitterkalt, wie hält der das nur aus?

»Das mag sein, aber ich bevorzuge Tennis.«

»Wie lange sind Sie schon Thailand?«

»Seit drei Monaten«, antwortet Martin wahrheitsgetreu.

»Na ja, was nicht ist, kann ja noch werden.«

»Wie meinen Sie das?«

»*Sia jai* (Es tut mir leid), aber ich glaube, ich kann da nichts für Sie machen. *La gorn!* (Leben Sie wohl!)«, bescheidet der Abteilungsleiter immer noch versonnen lächelnd, als wäre er nur wenige Atemzüge vom Eintritt ins Nirwana entfernt.

»Aber ...«, will Martin insistieren, aber die gleichermaßen entspannte wie resolute Körperhaltung des Golfliebhabers überzeugt ihn, dass alle weiteren Einigungsversuche sowie jeder Appell an seine amtlichen Verpflichtungen vollkommen zwecklos sind.

Unschlüssig trottet Martin zum Wagen zurück. Dann kommt es über ihn wie eine Offenbarung aus heiterem Himmel.

Was ist da schiefgelaufen?

»Kann man denn da nichts machen?« – »Also, es gäbe da schon eine Möglichkeit, wenn Sie bereit wären ...« Diese Gesprächssequenz ist so oder ähnlich wohl keiner Gesellschaft unbekannt. Freundschaftsdienste, »Sonderabgaben« oder ein Wirtschaften in die eigene Tasche gibt es praktisch überall. Die Frage ist nur, in welchem Ausmaß dafür gesetzliche Vorschriften außer Kraft gesetzt werden. Es gibt ein prägnantes Etikett für all diese Praktiken: Korruption. Der Unterschied zwischen ihren einzelnen Spielarten liegt darin, ob sie auf Kosten von Einzelpersonen oder der Allgemeinheit gehen. Thailand steht hier im internationalen Vergleich im Mittelfeld. Dennoch scheint Korruption in Thailand, wie Martin soeben erleben musste, mit zur Landesfolklore zu gehören. Während Touristen, sofern sie sich gesetzeskonform verhalten und nicht auf heillose Abwege geraten, hiermit kaum in Berührung kommen, sieht dies bei Geschäftsmenschen anders aus. Schmiergeldforderungen sind für sie an der Tagesordnung.

KEIN ANTI-KORRUPTIONSMUSTERSCHÜLER

Im Korruptionswahrnehmungsindex der in Berlin ansässigen Nichtregierungsorganisation Transparency International stand Thailand im Jahr 2018 weltweit auf einem eher bescheidenen Platz 99 von insgesamt 180 Ländern. Auf einer Punkteskala von 100 (sehr sauber) bis 0 (sehr korrupt) kam das Land auf magere 36 Punkte. Damit liegt es etwa meilenweit hinter dem in dieser Beziehung fast tadellosen Singapur (Rang 3, 85 Punkte) zurück, dem Thailand ansonsten als regionalem Vorbild in vielerlei Hinsicht nachzueifern versucht. Wobei die Thais oft mit einer Mischung aus Anerkennung und Neid nach Singapur schauen. Für den touristischen Besucher jedoch ist Thailand und im Besonderen das vitale und umtriebige Bangkok wesentlich interessanter als der penibel geordnete, auch etwas sterile, autoritär regierte Stadtstadt an der Südspitze der malaysischen Halbinsel. Damit ist nicht gesagt, dass Trubel und Amüsement nur in Kombination mit unlauteren Praktiken zu haben sind.

Den Thais selbst scheint die Tatsache, dass Amtspersonen versuchen, ihre Position zu versilbern, ein unabänderliches Naturgesetz zu sein. So gewöhnlich wie die Tatsache, dass auf einen Blitz nun einmal ein Donner folgt. Bezeichnenderweise haben die Thais kein eindeutiges Wort für dieses Gebaren hervorgebracht. Man behilft sich daher mit der beschönigenden Umschreibung »Teegeld«. Dabei findet die Einforderung ungerechtfertigter Gratifikationen auf praktisch allen Ebenen statt. Am unteren Ende der Korruptionsskala stehen mit Spiegelglassonnenbrillen ausgerüstete Polizisten, die einer Gruppe Jungs, die im Park ein bisschen breakdancen will, 100 Baht abluchsen. Wobei es abluchsen nicht ganz trifft, denn die Jugendlichen entrichteten den Polizisten-Soli mit der gleichen schulterzuckenden Selbstverständlichkeit mit der sie im Thai-Boxing-Stadion eine Eintrittskarte erwerben würden. Auch nicht der Rede wert scheint es zu sein, dass sich Uniformierte nach einem wohlverdienten Mittagsmahl ohne zu bezahlen auf und davon machen – immerhin hält man ja Recht und Ordnung aufrecht. Aber nicht, ohne sich zuvor höchst eigenhändig die besten Stücke aus dem Topf geangelt und noch diverse Extrawünsche geltend gemacht zu haben. Ein alltägliches Bild ist es auch, dass Polizisten mit patenhafter Grandezza eine Reihe von Krimskrams-Ständen abschreiten und huldvoll die in keinem Amtsblatt erwähnten Standgebühren entgegennehmen. Sehr beliebt sind auch »Stichproben« im Straßenverkehr. Irgendetwas gibt es immer zu beanstanden, was einen imaginären Strafzettel rechtfertigt. Bei realer Strafgeldzahlung versteht sich.

Mit außerplanmäßigen Ausgaben haben Thais insbesondere bei Behördengängen zu rechnen. Denn schließlich haben die Beamten ja ihre Auslagen. Und eine gewisse Anerkennung für den aufopferungsvollen Dienst am Gemeinwohl wird man doch wohl erwarten dürfen. Sondereinnahmen sind auch fürs Glücksspiel, ein neues Motorrad oder Bordellbesuche immer willkommen. Und wer weiß, womöglich gibt es ja noch eine *mia noy* (Nebenfrau), die ebenfalls mitversorgt werden will. Aber um fair zu sein: Viele Staatsdiener werden so lausig entlohnt, dass das Eintreiben von Nebeneinkünften als eine Art Notwehrhandlung durchgehen kann.

Auch das ausgeprägte Denken der Thais in Verwandtschaftskategorien (siehe Kapitel 13: »Enge Verhältnisse«, Seite 111) und die Tendenz zur Speziwirtschaft leistet Mauscheleien und »bürokratischen Mehrfachbelastungen« Vorschub. Aber all diese Dinge sind Cashewkerne im Vergleich zu den Beträgen, um die es in den oberen Stockwerken der thailändischen Gesellschaft geht. Gerade im politischen Bereich sind in Thailand Zuwendungen und die

Sicherung von Pfründen eher die Regel. Leidtragende dieser Machenschaften sind in erster Linie diejenigen, die weder reich noch mächtig sind und die ihren ohnehin schmalen Geldbeutel für Dinge öffnen müssen, die ihnen eigentlich von Gesetzes wegen zustehen.

Wie geht es entspannter?

Wie soll man nun als Ausländer mit derartigen »Anfragen« umgehen? Zunächst ist in Betracht zu ziehen, dass Korruption in anderen Kulturen wesentlich entspannter gesehen wird als in Deutschland, das in dieser Hinsicht nebenbei bemerkt auch keine blütenreine Weste hat. Das gegenseitige Gewähren von Gefälligkeiten stellt in Thailand ein ziemlich gängiges soziales Verhalten dar. Gleichwohl haben die Thais eine Vorstellung davon, was an korrupten Handlungen gerade noch als tolerabel gelten kann und was nicht. Nicht ohne Grund wurden in den letzten Jahren einige Anti-Korruptions-Initiativen gestartet.

Der ausländische Geschäftsmann in Gestalt von Martin hat sich jedenfalls nolens volens mit den vorherrschenden Erwartungen zu arrangieren. Er ist ja nicht als Laienprediger mit Bekehrungsauftrag ins Land gekommen, sondern um einträgliche Geschäfte zu tätigen. Und da gilt im Allgemeinen: Entweder man hält sich an die Gepflogenheiten oder man ist außen vor. Wobei Thais ohnehin geneigt sind, ihre Landsleute konsequent zu bevorzugen. Dies geschieht weniger aus einem chauvinistischen Überlegenheitsgefühl oder gar Rassismus heraus als aus der historisch gefestigten Erfahrung, dass die eigene Unabhängigkeit ein allzeit gefährdetes Gut ist.

Nur durch ein konsequentes Verfolgen der eigenen Interessen konnte Thailand dem Schicksal der Kolonialisierung entgehen. Diese Lehre hat sich tief ins kollektive Bewusstsein hineingefräst und man hat sich eine stolze Tradition der Selbstbestimmung bewahrt. Hinzu kommt die Tatsache, dass infolge der verteidigten Eigenständigkeit die englische Sprache bei weitem nicht so verbreitet ist wie etwa in der ehemaligen britischen Kronkolonie Malaysia, was eine zusätzliche Barriere schafft. Insofern wird alles, was von außen kommt, mit einer gewissen Skepsis betrachtet – auch wenn das angesichts des seit Ende der 1970er-Jahre entstandenen Massentourismus mit inzwischen jährlichen Besucherzahlen im mittleren zweistelligen Millionenbereich sowie einer lange Zeit engen politischen Anbindung an die USA überraschen mag. Das wiederum heißt, dass man im Geschäftsalltag nicht allzu zimperlich sein darf und manch Bedenken hintanzustellen hat. Wer hier den allzeit untadeligen Ministranten spielt, steht auf verlorenem Posten.

Natürlich kann dies kein Freibrief sein, alle Skrupel über Bord zu werfen. Die Grenzlinie sollte eindeutig da verlaufen, wo andere Personen vorsätzlich und in erheblicher Weise geschädigt werden. In Martins Fall bewegt sich die Forderung des Vorstehers noch im grünen Bereich, sodass er dem »Wunsch« des Golffreundes entsprechen und die anfallenden Kosten unter dem Rechnungsposten »sonstige Ausgaben« verbuchen sollte.

Ausländischen Privatpersonen, die unvorsichtigerweise mit dem thailändischen Gesetz ins Gehege geraten, wird auch nicht viel mehr übrig bleiben, als die inoffiziell geforderten Summen zu zahlen. Es sei denn, sie wollen eine ausgedehnte Bekanntschaft mit den thailändischen Besserungsanstalten machen, die mit Sicherheit keinen JVA-Standard haben und in denen Einzelzimmer nicht unbedingt gang und gäbe sind. Um es einmal vorsichtig auszudrücken.

Unbedingt die Finger lassen sollte man von illegalen Drogen, denn wird man mit ihnen erwischt, hilft meist auch ein noch so hohes Schmiergeldangebot nicht mehr.

13 ENGE VERHÄLTNISSE

ODER DIE THAI-FAMILIE, EINE ALLIANZ FÜRS LEBEN

Heute ist Freitag. Shopping-Mall-Tag. Lisa hat sich mit ihren thailändischen Schulfreundinnen Ket, Saa und On verabredet, um Bangkoks Einkaufstempel unsicher zu machen. Sie treffen sich an der verkehrsumtosten Chit Lom Skytrain Station, von der aus sie einen strategisch geschickten Zugang zu den beliebtesten Shoppingcentern der Ploenchit Road haben.

Gemeinsam mit Heerscharen anderer Teenager ziehen sie albernd und kichernd von einem Geschäft zum nächsten – zum *tschœpphîng,* wie die Thais es nennen. Für großartige Einkäufe in den alles andere als preiswerten Boutiquen haben sie zwar nicht das nötige Kleingeld, aber es geht ja vor allem um den Spaß. Und außerdem ist es in den Komplexen immer so schön kühl. Beim obligatorischen Chocolate-EarthQuake-Rieseneisbecher von Swensen's kommen die vier ins Plaudern und Pläneschmieden. Ihre mit funkelnden Aufklebern oder glitzernden Hüllen aufgepeppten Smartphones liegen wie geheiligte Opfergaben auf dem Tisch.

»Nach meinem Schulabschluss werde ich so schnell wie möglich zu Hause ausziehen. Ich will eine eigene kleine Wohnung haben, in der ich machen kann, was ich will«, sagt Lisa in die Runde.

»*Tam mai* (Warum)? Sind deine Eltern so schlimm? Die werden dann doch bestimmt ganz traurig sein«, fragt Saa überrascht nach und sieht ihre deutsche Freundin mit kullergroßen Manga-Augen an.

»Direkt schlimm nicht. Aber sie reden mir bei allem rein. Tu dies, lass das. Das geht mir echt auf den Wecker«, sagt Lisa und macht dabei eine entnervte Geste mit halbgeschlossenen Augen und ausgestreckten Armen, als würde sie Beistand von höherer Instanz erflehen. »Ihr solltet mal sehen, was mein Vater manchmal für Klamotten anzieht! Echt gruselig. Und meine Mutter macht mich mit ihrem Biofimmel noch ganz verrückt.«

»So kannst du doch nicht von deinen Eltern reden!«, empört sich Saa.

»Sie meinen es doch bestimmt nur gut und wollen, dass dir nichts passiert«, klinkt sich On ein.

»Ja, schön und gut, es ist aber mein Leben, und ich will meine eigenen Fehler machen. Seht ihr das etwa anders?«, wundert sich Lisa über die familienpolitische Korrektheit ihre Gefährtinnen. Die sind ja doch gar nicht so chillig, wie sie gedacht hat. Zu Hause in ihrer Klasse sehen das doch alle so! Die Thai-Jugendlichen scheinen hingegen im Grunde ja kreuzbrav zu sein.

»Und was ist, wenn deine Eltern mal deine Hilfe brauchen. Dann bist du nicht da – das kann man doch nicht machen!«, tut nun auch noch Ket ihr Unverständnis kund.

Argumentativ in die Defensive geraten fällt Lisa nun auch noch beim kollektiven Eiswettessen auf einen der hinteren Plätze zurück. Doch gerade in ausweglosen Lagen gebietet ihr eine vertraute innere Stimme, weiter Kontra zu geben: »Aber die sind doch alt genug! Und wenn tatsächlich mal was ist, gibt es ja Ärzte oder die Feuerwehr.«

»Das kann doch nicht dein Ernst sein! Nach allem, was sie für dich getan haben, willst du sie wildfremden Leuten überlassen? Das ist doch total undankbar«, entrüsten sich die Freundinnen nun gemeinsam im Chor. Aus ihren Gesichtern ist jedwede unbekümmerte Albernheit gewichen.

Mein Gott, sind wir denn hier im Konfirmandenunterricht? Warum legen Ket, Saa und On plötzlich jedes Wort auf die Goldwaage? Von wegen entspannt währt am längsten! Natürlich würde Lisa sich im Notfall kümmern, das ist doch überhaupt keine Frage.

Aber als hanseatischer Sturschädel reinster Güte denkt sie überhaupt nicht daran einzulenken: »Ich habe sie doch nicht darum gebeten, mich großzuziehen. Und wenn ich später in einer anderen Stadt wohne, bin ich ja sowieso nicht da. Jeder erwachsene Mensch ist für sich selbst verantwortlich.«

Den Thai-Teenagern fallen nun förmlich die Eislöffel aus der Hand. Sie starren Lisa verständnislos und mit sperrangelweit aufgerissenen Mündern an, so als hätte diese eben gestanden, dass sie eigentlich Omega 5 heißt und von einem weit entfernten Planeten außerhalb dieses Sonnensystems stammt, wo Kinder keine Eltern haben, sondern wie Regentropfen vom Himmel fallen. Als Lisa klar wird, dass sie vielleicht ein klein wenig übers Ziel hinausgeschossen ist, macht sie eine beschwichtigende Handbewegung, die den humoristischen Charakter ihrer Aussage dokumentieren soll. Aber ihre Tischgenossinnen trauen der Versicherung nicht ganz und blicken sie ob ihrer geistigen Zurechnungsfähigkeit tief besorgt an.

Lisa hat im Folgenden einiges an Überzeugungsarbeit zu leisten, um den anderen glaubhaft zu versichern, dass sie zumindest den grundlegenden Verpflichtungen einer halbwegs wohlgeratenen Tochter nachkommt. Zum Glück verlagert sich die Unterhaltung bald auf unverfänglichere Dinge wie die aktuellen Musikcharts, ausufernde Wer-mit-wem-Erörterungen sowie die spezifischen Vor- und Nachteile ausgewählter Mascara-Stifte.

Auf dem Heimweg sinniert Lisa vor sich hin. Ist sie ihren Eltern gegenüber wirklich so undankbar wie Ket, Saa und On meinen? Alles in allem sind sie drei doch ein gutes Team. Na ja, aber eine Spur lockerer könnten ihre Eltern schon sein.

Was ist da schiefgelaufen?

Im Westen gehört wenigstens eine ironische Distanzierung von den eigenen Erzeugern zum Selbstverständnis jedes einigermaßen standesbewussten Teenagers. Da ist auch unsere Lisa keine Ausnahme. Notorisches Rebellentum gehört in ihren Kreisen nicht zuletzt aus Imagegründen zum guten Ton. Man will eher früher als später das elterliche Nest verlassen, um fortan »auf eigenen Füßen« durchs Leben zu spazieren. Das ist in Thailand nicht so. Dort ist – und bleibt – die Familie der eindeutige Dreh- und Angelpunkt des sozialen Lebens eines jeden Heranwachsenden. Zu den Eltern und auch den Geschwistern besteht eine lebenslange feste Bindung, die sowohl durch eine tiefe emotionale Zuneigung als auch durch einen an Ehrfurcht grenzenden Respekt geprägt ist. Es wird gemacht, was die Älteren vorgeben. Basisdemokratisch geht es in thailändischen Familien eher nicht zu. Im Gegenteil: In den Familien findet die rigide Hackordnung der Thai-Gesellschaft ihre nahtlose Fortsetzung und ihr stabilstes Fundament. Entsprechend lästerlich müssen Lisas despektierliche Äußerungen über ihre Oldies in den Ohren ihrer Freundinnen geklungen haben. Etwa modische Ungeschicklichkeiten der Eltern zu thematisieren – das gehört sich einfach nicht.

ALTERNDES THAILAND

Die fortschreitende Überalterung der Gesellschaft ist in Deutschland schon lange eines der am intensivsten diskutierten politischen Themen. Dabei gerät ein wenig aus dem Blick, dass dieser Befund auch für andere Weltregionen zutrifft, für Ostasien (Japan, China, Korea) sowieso und zunehmend auch für Teile Südostasiens. Nachdem dort in den vergangenen Jahrzehnten – begünstigt durch eine erhöhte Ernährungssicherheit und verbesserte Gesundheitsvorsorge – ein zum Teil rasantes Bevölkerungswachstum zu verzeichnen war, hat inzwischen ein demografischer Wandel eingesetzt. Dies gilt speziell auch für Thailand, wo die Zuwachsraten schon seit den 1970er-Jahren rückläufig sind.

Heute ist die thailändische eine der am schnellsten alternden Gesellschaften in ganz Asien. Im Jahr 2018 lag das Median-Alter, das die Bevölkerung anhand ihres Alters in zwei Hälften gleicher Größe teilt, bei 37,8 Jahren, wobei bis 2020 ein Anstieg auf 40,1 Jahre prognostiziert wird. Die Rate des Bevölkerungswachstums lag 2018 bei niedrigen 0,21 Prozent.

Zu den sinkenden Geburtenzahlen kommt ein Anstieg der Lebenserwartung, mit der Folge, dass sich das Durchschnittsalter erhöht. Nach Schätzungen der Asiatischen Entwicklungsbank (ADB) wird sich der Anteil der über 65-Jährigen an der Gesamtbevölkerung bis zum Jahr 2050 auf etwa ein Viertel verdreifachen. Die daraus entstehenden Probleme sind dieselben wie in Deutschland: zunehmender Arbeitskräftemangel und steigende Sozialkosten. Auch die nötigen Antworten sind prinzipiell dieselben: eine Steigerung der Produktivität, eine noch bessere Eingliederung und Förderung von Frauen in den Arbeitsmarkt und ein höheres Renteneintrittsalter.

Für Thais ist es schlicht Undankbarkeit und Geringschätzung, die aus Äußerungen wie Lisas sprechen. Auch wenn sie natürlich in den seltensten Fällen wirklich so gemeint sind. Hat nicht ihre ganze Familie all die Jahre dafür gesorgt, dass aus Klein-Lisa eine fast fertige Erwachsene geworden ist? Da ist es doch nur recht und billig, dass sie sich nun der ganzen Sippe gegenüber verpflichtet zeigt und ihrerseits Opfer bringt. Es ist nun einmal so, dass die lieben Kinder im Laufe ihres Heranwachsens einen so großen Vorrat an Fürsorge und Unterstützung in Anspruch genommen haben, dass sie ihn zumindest in diesem Leben nicht mehr abgelten können. Sie mögen nicht ausdrücklich um diesen Gefallen gebeten haben, aber das tut hier nichts zur Sache. Dass Kinder ihren Eltern gegenüber folgsam sind und sich dankbar zeigen – das ist doch schon seit Menschengedenken so!

Dabei ist die Einbettung in den Familienverband in Thailand fürwahr umfassend: Die jüngsten Familienmitglieder haben den nächstälteren Folge zu leisten. Und so weiter. Am Ende der Gehorsamkeitspyramide stehen logischerweise die Großeltern. Die Rangordnung schlägt sich auch in den Anredeformeln nieder. So sind die älteren männlichen Geschwister mit *phi chai* (älterer Bruder) anzusprechen, die jüngeren weiblichen Geschwister werden *nong saw* (jüngere Schwester) genannt. Respekt hat man auch anderen Autoritätspersonen wie Lehrern, Mönchen und Politikern zu zollen.

Durch dieses strenge Reglement wird natürlich der Raum für eigensinniges Verhalten, ja, selbst für absolut berechtigte Kritik beträchtlich eingeschränkt. Der Generationenkonflikt als Quelle für soziale Innovationen fällt somit weitgehend aus. Kritisches Denken steht in Thailand (wie allgemein in asiatischen Gesellschaften) nicht sehr hoch im Kurs. Auf der anderen Seite werden die Kinder liebevoll umhegt, gehätschelt und mit Zuneigung geradezu überschüttet. Im Ergebnis wachsen thailändische Kinder in eine Art sanftes Korsett hinein, bei dem große emotionale Nähe mit der Forderung nach nahezu vollständiger Unterordnung verbunden wird. Bewusste Abweichungen, bewusste Provokationen? Nicht bei Thailands Jugend.

Wie geht es entspannter?

Wie gesagt: Bei allen hier angebotenen Verhaltenstipps geht es nicht darum, andere Lebensvorstellungen ohne Wenn und Aber zu übernehmen. Die eigenen Ansichten müssen nicht an der Grenzgarderobe abgegeben werden, ein eisernes Schweigegelübde ist ebenso wenig erforderlich. Dies alles gilt auch für die thailändischen Familienverhältnisse, die man keineswegs für uneingeschränkt nachahmenswert halten muss. Denn wo derart viel Energie für Familiendinge verwandt wird, bleibt naturgemäß nicht mehr viel übrig für den ganzen Rest der Erdenbürger. Zwar ist das Clan-Denken der Thais nicht ganz so stark ausgeprägt wie etwa bei den konfuzianischen Chinesen, aber einige kuriose Nebenfolgen hat es schon: So gilt etwa das definitive Respekt- und Verpflichtungsgebot zwar gegenüber den eigenen Eltern, aber nicht notwendigerweise für den eigenen Ehepartner. Dabei nehmen sich vor allem Thai-Ehemänner Dinge heraus, die in Deutschland schnell die Scheidung zur Folge hätten – mehrere parallele Gastspiele zum Beispiel. Allerdings sind staatlich abgesegnete Zivilehen in Thailand ohnehin eher die Ausnahme. Man gibt sich das Ja-Wort stattdessen bevorzugt in einem buddhistischen Tempel, weshalb bei Bedarf keine verwickelten Scheidungsprozesse geführt werden müssen. So ist es auch nicht verwunderlich, dass sich nicht wenige Familienväter zu nächtlicher Stunde auf Nimmerwiedersehen aus dem Staub machen. Wobei bei den Thai-Männern eine große Widersprüchlichkeit anzutreffen ist: Einerseits gerieren sie sich öffentlich gern als Obermachos, aber im Haushalt und in den Familien haben eindeutig die Frauen die Hosen an. Dieses Phänomen ist auch in vielen anderen asiatischen Ländern anzutreffen, wie etwa ganz ausgeprägt in Japan.

Worum es insgesamt geht, ist im Kontakt mit Thais, deren Land man ja aus freien Stücken besucht, ein größeres Maß an Rücksichtnahme walten zu lassen. Dabei kann die Formel gelten: Besser einmal mehr zuhören und lieber einmal mehr beobachten, bevor man ein unbedachtes Statement abgibt. Denn dann lässt sich vielleicht nicht nur herausbekommen, wie bestimmte Konventionen aussehen, sondern auch, warum sie so sind, wie sie sind. Wenn man auf diese Weise an die Sache herangeht, sind Aha-Effekte garantiert. Außerdem werden die Einheimischen jeden derartigen Versuch mit Freude und Beifall zur Kenntnis nehmen.

GROSSFAMILIE ADE?

Der lange ökonomische Aufschwung von einer Agrar- zu einer Industriegesellschaft hat in Thailand neue Erwerbsmöglichkeiten geschaffen, die v. a. jungen Menschen ein ungekanntes Maß an Eigenständigkeit ermöglichen. Besonders in der Hauptstadt Bangkok bieten sich ihnen berufliche Chancen, von denen ihre Eltern auf dem Land nur träumen konnten. Dies hat Folgen: Angesichts der guten Einkommen sind sie später nicht mehr wie ihre Eltern auf die materielle Unterstützung durch möglichst viele Kinder angewiesen. Da hierdurch die Familie als Versorgungsinstanz relativiert wird, ändern sich ganz allmählich auch die traditionellen Leitbilder des Zusammenlebens. Die Kleinfamilie kommt immer mehr in Mode, und selbst Singlehaushalte sind nichts Ungewöhnliches mehr. Auch die verstärkten internationalen Einflüsse von Globalisierung, Digitalisierung und Individualisierung, nicht zuletzt von den Medien transportiert, führen dazu, dass der Wunsch nach einem selbstbestimmten Leben ansteigt und die Streitpunkte zwischen den Generationen zunehmen. Allerdings sind die Familientraditionen zugleich so tief in der thailändischen Nationalkultur verankert, dass eine grundlegende Abkehr von den alten Werten eher unwahrscheinlich ist.

Im Fall der Thai-Familie ist zu bedenken, dass trotz aller modernen Umwälzungen, die selbstverständlich auch vor Thailand nicht haltmachen, viele Einwohner nach wie vor auf dem Land und in traditionellen Häusern leben. Dort gibt es häufig nur einen Raum, wo sich alle täglichen Verrichtungen einer Großfamilie abspielen. Die Option, den aufmüpfigen Nachwuchs zur Gemütsabkühlung vorübergehend in sein Zimmer zu verbannen, fällt also aus. Man stelle sich das Chaos vor, wenn unter diesen beengten Umständen jeder sein Recht auf Individualität einfordern würde. So gesehen ist die harmonische Unterordnung oft das Resultat beengter ökonomischer Umstände. Dies sollte man bei etwaigen Urteilen berücksichtigen.

In einem Land ohne ein nennenswertes soziales Netz sind die Eltern im Seniorenalter existenziell auf die Unterstützung durch ihre Kinder angewiesen. Vom Staat erhalten alte Menschen nicht mehr als ein Taschengeld. Hinzu kommt, dass für Buddhisten die aufopferungsvolle Fürsorge für die Eltern eine eherne Pflicht ist, deren Unterlassung einen niedrigeren Status im nächsten Leben nach sich zieht. Für gewöhnlich sind es die jüngste Tochter und ihr Ehemann, die die betagten Eltern aufnehmen. Dies gehört zu den *tham bun* (guten Taten), zu denen ein Buddhist angehalten ist.

Natürlich kann man als Außenstehender nicht über all diese heiklen Punkte Bescheid wissen. Insofern sollte Lisa sich nicht weiter grämen. Am besten lädt sie ihre Freundinnen zu sich nach Hause ein und zeigt, dass auch in deutschen Familien Eintracht und gegenseitige Rücksichtnahme völlig normale Dinge sind. Doch ganz ohne Risiko ist dies nicht: Denn wenn Martin und Susanne mitbekommen, wie wohlerzogen und mit welch auserlesener Höflichkeit sich die Freundinnen ihnen gegenüber verhalten, wird sich Lisa künftig der einen oder anderen scherzhaften Anklage ob ihrer eigenen Dickköpfigkeit erwehren müssen ...

LEBENSABEND UNTER PALMEN

Ein eher kommerzielles Geschäft ist die inzwischen immer öfter in den Touristenorten anzutreffende Betreuung älterer ausländischer Männer, welche die Grenze zur Gebrechlichkeit überschritten haben und teils auch Demenz-Symptome aufweisen, durch mittelalte thailändische Frauen. Auch hier ist es beeindruckend zu sehen, mit welch engelsgleicher Geduld und welchem Feingefühl diese nicht einfache Aufgabe verrichtet wird. Nicht zuletzt aufgrund der preisgünstigen und den Menschen zugewandten Pflege- und Betreuungsangebote gilt Thailand auch als traumhaftes Paradies für Ruheständler und Pensionäre. Die vergleichsweise niedrigen Lebenshaltungskosten, das immergute Wetter und die leckere Landesküche kommen in einer weltweit fast unschlagbaren Kombination hinzu. 2017 sollen offiziellen Zahlen zufolge rund 5.400 deutsche Rentner im Land gelebt haben.

Allerdings darf nicht unterschätzt werden, dass qualitativ hochwertige Leistungen auch in Thailand ihren Preis haben und dass es in der Fremde bei stark eingeschränkten Körperfunktionen und in der Regel nur begrenzten Sprachkenntnissen schnell zu zermürbender Vereinsamung kommen kann. Thailand ist ein Land mit vielen tollen Möglichkeiten – aber man muss sie sich auch leisten können. Eine fast generalstabsmäßige Vorbereitung für diesen großen Schritt ist jedenfalls unumgänglich.

14 DON'T TOUCH THE MONK!

ODER WENN ES BUDDHA (FAST) DAS LÄCHELN VERSCHLÄGT

Nun ist es soweit. Endlich wieder einmal raus aus Bangkok. Tapetenwechsel. So aufregend die Megacity auch ist, in Thailand gibt es mindestens tausend weitere Orte, die es zu entdecken gilt. Und außerdem ist eine Auszeit vom Großstadt-Smog wahrer Balsam für die strapazierten Atemwege.

Auf Anraten ihrer Nachbarin Patchari sind die Meyers in den Norden aufgebrochen, wo sie die beiden Städte Chiang Rai und Chiang Mai im Doppelpack besuchen. Zuerst haben sie zwei Tage in Chiang Rai verbracht, das als »Tor zum Goldenen Dreieck« bekannt ist. Trotz dieses magischen Namens, der vor allem mit dem Wirken zwielichtiger Drogenbarone und skrupelloser Menschenhändler verbunden wird, hat sich das Tor selbst als ein reichlich unspektakulärer Ort mit Unmengen an Souvenirständen erwiesen. Aber der Norden Thailands verzaubert den Besucher vor allem durch seine fantastischen Landschaften. In sattes Dunkelgrün getünchte Urwaldszenerien, rauschende Wasserfälle mit mehreren Etagen, taufrische Lotusblumenseen, nebelverhangene Bergketten, Flüsse, die sich wie Ringelnattern durchs Gelände winden. Einfach nur schön! Für eine Trekkingtour zu den Bergvölkern war die Zeit zu knapp. Aber man hat beschlossen, dies das nächste Mal nachzuholen. Ganz bestimmt!

DIE »VERRÜCKTE DROGE« AUF DEM VORMARSCH

War das Goldene Dreieck zwischen Thailand, Laos und Myanmar lange Zeit als weltweites Hauptanbaugebiet für Schlafmohn bekannt, aus dem Opium und in der Folge Heroin gewonnen wird, so hat es sich inzwischen zu einer prominenten Quelle und einem Umschlagplatz für synthetische Drogen entwickelt. Das moderne Drogengeschäft findet demnach nur noch zum Teil auf den Feldern, sondern vor allem in sogenannten Giftküchen statt. Besonders verbreitet in Thailand ist die Methylamphetamin-Tablette Yaba (in kristalliner Form auch als Crystal Meth bekannt), die tagelang wach hält und in Bangkok circa 8 US-Dollar pro Stück kostet. Yaba bedeutet so viel wie »verrückte Medizin / Droge«, da nach einer euphorischen Phase Depressionen, paranoide Zustände, Panikattacken und nach etwas längerem Konsum irreversible Hirnschäden folgen.

Trotz sehr hoher Strafen breitet sich Yaba in Thailand und anderen asiatischen Ländern wie den Philippinen immer mehr aus. Der Kampf gegen die Designerdrogen ist ungleich schwieriger zu führen, weil die kleinen und mobilen Küchen schwerer zu finden sind als Schlafmohnfelder. Zudem befindet sich der Hotspot der Produktion im instabilen Shan-Staat in Myanmar, wohin Thailands Polizei keinen Zugriff hat. Die Opiumplage hatte der thailändische Staat seinerzeit durch die Förderung von alternativen Agrarkulturen sowie durch schulische und medizinische Angebote für die Bergvölker in den Griff bekommen. Heute verdingen sich insbesondere Angehörige der Akha-Volksgruppe als Drogenkuriere. Eine Eindämmung dürfte nach Meinung von Experten wiederum nur durch das Aufzeigen langfristiger alternativer Perspektiven zu erreichen sein.

Waren in Chiang Rai noch Reste des einstigen dörflichen Lebens zu erkennen, hat sich Chiang Mai längst zu einer modernen mittleren Großstadt entwickelt. Inklusive aller Annehmlichkeiten und unschönen Begleiterscheinungen. Regelrecht ansteckend ist die lässige Atmosphäre. Für die Meyers steht nun noch das Wat Doi Suthep auf dem Besichtigungsplan. Die Familie hat Patchari hoch und heilig versprechen müssen, sich dieses Wahrzeichen von Chiang Mai anzusehen. Mit einem Minibus geht es die kurvige Strecke hinauf zum *wat,* das auf einem Berg etwas außerhalb der Stadt thront. Oben angekommen müssen die Meyers noch eine zweihundertneunzigstufige Treppe erklimmen, die links und rechts von mythischen, *nagas* genannten Schlangenwesen mit spitzen Hörnern flankiert wird. Es gibt zwar auch eine Seilbahn. »Aber die ist nur was für Herzschwache und Versehrte!«, bügelt Martin jeden Abkürzungsversuch rigoros ab.

WATS – OASEN DER RUHE, EINKEHR UND BEGEGNUNG

Die buddhistischen Tempel in Thailand sind in der Regel Teil einer größeren, *wat* genannten Anlage. Ein *wat,* von denen es in Thailand rund 30.000 gibt, erfüllt dabei gleich mehrere Funktionen. Neben der Möglichkeit, im Tempel meditative Versenkung zu praktizieren, bietet es den Mönchen Unterkünfte und dient als soziales Zentrum der jeweiligen Gemeinschaft. Große Versammlungen finden in einer *wihan* genannten Halle statt. Bei der architektonischen Gestaltung der *wats* ist man oft flexibel und kombiniert verschiedene Stile. In vielen *wats* befindet sich ein Bodhi-Baum. Nach der buddhistischen Überlieferung soll Buddha unter einem Bodhi-Baum gesessen haben, als er die Erleuchtung erlangte.

Als unsere drei Reisenden – laut schnaufend – oben angekommen sind, springt ihnen die Spitze des goldglänzenden und glockenförmigen Reliquienturms *(chedi)* ins Auge. Augenblicklich stellt sich ein prickelndes Entdeckergefühl ein. Vielleicht nicht ganz so überwältigend wie damals bei den ersten Asien-Pionieren in der Tradition von Marco Polo, denn der Ort ist ziemlich gut besucht, man kann auch sagen: überlaufen. Aber immerhin.

»Irgendwie burmesisch«, findet Susanne.

Als Erstes machen sie eine Runde um den Komplex und schlagen verhalten die seitlich angebrachten Tempelglocken. Mal sehen, ob es tatsächlich Glück bringt. Im Inneren der Anlage verkaufen kahlgeschorene Nonnen in weißen Gewändern Kerzen und gelbe Blumen. Die Kerzen werden von Thai-Besuchern angezündet und vor der *chedi*-Umfriedung mithilfe des heißen Wachses auf eine Art kleines Gerüst geklebt. Lisa macht einen langen Hals über die Menschentraube hinweg, um zu sehen, was es mit der Prozedur auf sich hat.

»*Better Karma!*«, erklärt ihr eine ältere Frau mit weißem Sonnenhut und lilafarbenem Blümchenhemd.

GIROKONTO FÜR GUTE TATEN

Ein zentraler Pfeiler des Buddhismus ist das Karma-Konzept, wonach die aktuelle gesellschaftliche Stellung einer Person das Resultat einer ethisch vorbildlichen oder kritikwürdigen Lebensführung in der vorangegangenen Existenz ist. Alles ist eine Frage von Ursache und Wirkung – Ausnahmen wegen Unwissenheit und erschwerten Umständen sind prinzipiell ausgeschlossen. Rabatte werden nicht gewährt. Der Versuch, bei einer zuständigen Instanz um Nachsicht zu ersuchen, ist ebenfalls zwecklos, da eine solche nicht existiert. Zugleich ist die Auszahlung vom Girokonto für gute Taten, die v. a. im nächsten Leben erfolgt, unabhängig von Krisen und Konjunkturen garantiert. Eine bombensichere Anlage sozusagen. Aus all dem folgt, dass der Umstand, ob eine Person besonders reich, schön und mächtig oder aber arm, krank und entstellt ist, einzig und allein der gerechte Lohn für entsprechende Taten in der Vergangenheit ist.

Es ist offenkundig, dass dieser Ansatz erhebliche Auswirkungen auf die gesellschaftliche Ordnung hat: Einerseits hilft er Menschen, die sich nicht auf der Sonnenseite des Lebens befinden, mit ihrer schwierigen Situation besser zurechtzukommen. Andererseits hemmt er natürlich Aktivitäten, mit denen sich ihr schweres Los real verbessern ließe – und zementiert eine Klassengesellschaft mit ihren als unveränderlich, ja, heilig angesehenen Hierarchiestufen.

Zögerlich treten die Meyers in das Hauptgebäude ein. Zögernd deshalb, weil man sich ja in religiösen Häusern stets zurückhaltend benehmen soll. Die guten Vorsätze halten allerdings nicht lange. Wahrscheinlich ist der Anblick zu berauschend und verführerisch – exotischer geht's nun wirklich nicht! Gold, so weit das Auge reicht, meterhohe Kerzen, geflochtene Blumenketten aus Jasminblüten, der riesige Buddha thront in Gesellschaft diverser kleinerer Ausgaben. Eine Gruppe Thais lauscht andächtig den Ausführungen eines Mönches. Die Luft ist von Weihrauch und Sandelholz geschwängert.

Susanne interessiert sich brennend für die bunten Wandmalereien, die Stationen aus dem Leben Buddhas zeigen. Sie möchte unbedingt mehr darüber erfahren. Also denkt sie sich, Fragen kostet nichts, und will einen der Mönche mit ihren safrangelben Roben für ihre Weiterbildung einspannen. Da er mit dem Rücken zu ihr steht, tippt sie ihn sachte an die Schulter. Offenbar keine so gute Idee, denn er scheint von dieser Art der Kontaktaufnahme nicht übermäßig erfreut. Er macht einen flinken Schritt aus der Gefahrenzone, den ihm Susanne aufgrund seines Meister-Yoda-Aussehens gar nicht zugetraut hätte. Er sieht sie mit väterlicher Missbilligung an. Susanne würde am liebsten im Erdboden versinken.

Währenddessen kann sich Martin – Techniker mit Leib und Seele – nicht zurückhalten, die stoffliche Zusammensetzung einer Buddha-Figur näher zu analysieren. Zu diesem Zweck reibt, pocht, ruckelt und riecht er an der Statue, bis ihn ein kleines Thai-Mädchen mit weißem Kleid, pechschwarzem Pagenschnitt und Knopfaugen von hinten am Hemd zupft. Als Martin sich umdreht, schüttelt sie vehement ihren Kopf. Eine Ermahnung, die ihre Wirkung nicht verfehlt.

Und was macht Lisa? Nun ja, der Apfel, der Stamm und so weiter. Lisa ist von der Bergbesteigung total erschöpft, weshalb sie sich vis-à-vis dem Haupt-Buddha auf dem Rücken ausstreckt, als läge sie am Strand von Phuket, die Füße Richtung Horizont. Nach einer Weile kommt ein junger Thai-Charmeur in ihrem Alter zielstrebig auf sie zu. Adrett, wie aus einem Teenie-Magazin entsprungen. Ein Annäherungsversuch? Lisa frohlockt. Doch Pustekuchen! Er bittet sie freundlich darum, ihre Gehwerkzeuge vom Abbild des Erlauchten abzuwenden.

Ziemlich betrübt treffen sich die drei vor dem Eingang wieder. Nach dieser geballten Flut an Tadeln, Verwarnungen und Zurechtweisungen hat es die Familie nun recht eilig, den Abstieg vorzunehmen. Schade eigentlich, denn es hätte hier oben noch so viel zu entdecken und zu bestaunen gegeben. Wenn man aber nun wirklich kein Fettnäpfchen auslässt!

Was ist da schiefgelaufen?

Warum man als Gast in einem fremden Land beim Kontakt mit den dortigen religiösen Ansichten und Praktiken eine große Zurückhaltung an den Tag legen sollte, bedarf keiner breiten Erklärung: Bei den Dingen, die den Menschen besonders lieb und teuer sind, sind sie logischerweise auch in einem außerordentlichen Maß empfindlich. Dies wird von den meisten Menschen auch instinktiv erkannt. Das Problem besteht hier eher darin, all die verschiedenen Fallstricke zu kennen, in die man sich verheddern kann.

Was den Buddhismus angeht, so steht er im Westen im Ruf, eine sehr lockere und ungezwungene Religion und im schlimmsten Fall eine Art esoterischer Konsumartikel zu sein. Dabei werden vor allem Buddha-Statuen vielfach zu einem alltäglichen Modeaccessoire degradiert, die in jedem zweiten Wellness-Tempel für eine »relaxte Atmosphäre« sorgen sollen. Dieser Eindruck ist selbstverständlich ein Trugschluss. Zwar ist der Buddhismus als anpassungsfähige

Weisheitslehre verglichen mit anderen Glaubenssystemen in der Tat weniger strikt und absolut in seinen Forderungen. Das heißt aber nicht, dass die Gläubigen deshalb mit weniger Ernst und Engagement bei der Sache wären. Wenn man beispielsweise beobachtet, wie in Bangkok selbst abenteuerlich gekleidete Teenager-Rabauken Mönchen bereitwillig ihren Sitzplatz im Bus opfern und junge Frauen in Geschäftsuniformen und mit Louis-Vuitton-Handtasche diesen mit großer Ehrerbietung begegnen, wird einem bewusst, wie religiös Thailand trotz aller modernen Fassaden ist. Dem tut auch keinen Abbruch, dass sich Thais bei der Zusammenstellung ihres Glaubensmenüs ziemlich flexibel zeigen und eine ausgeprägte Tendenz zum Geisterglauben besitzen (mehr dazu in Kapitel 18: »Besuch von nebenan«, Seite 153).

Auch sind sie überaus einfallsreich, wenn es darum geht, die nicht immer einfachen Gebote von Lord Buddha alltagskompatibel auszulegen. Die Thais sind eben, soweit es ihnen möglich ist und auf einer gewissen Ebene, begnadete Individualisten, die auch bei religiösen Dingen nach ihrer Fasson leben. So gesehen sollte man sich von der Allgegenwart des Buddhismus nicht zu der Annahme verleiten lassen, dass die Thailänder asketische Weltentsager sind. Nichts weniger als das – sie leben im Hier und Jetzt, das unbedingt der spaßmäßigen Verfeinerung bedarf.

DIÄT-TIPPS FÜR MÖNCHE

Die Aufgeschlossenheit der Thais für Genüsse aller Art gilt offenbar auch für die Mönche selbst. Denn infolge der stark süßen, öligen und fettigen Speisen, die ihnen beim allfrühmorgendlichen Almosengang von den Gläubigen in sicherlich guter Absicht überreicht werden, haben sie zunehmend mit ernsthaften Gewichtsproblemen sowie mit Erkrankungen wie Diabetes, Bluthochdruck und den Mönchsalltag einschränkenden Kniebeschwerden zu kämpfen.

Dieses Problem hat solche Ausmaße angenommen, dass 2017 vom buddhistischen *Sangha Supreme Council of Thailand* sogar eigens eine »Monk Health Charter«, also ein mönchisches Gesundheits- und Ertüchtigungsprogramm, veröffentlicht wurde. Dort werden einschlägige Ernährungsratschläge erteilt. Eine Schwierigkeit auf dem Weg zu einer besseren Fitness und größerem Wohlbefinden besteht darin, dass die Mönche gemäß buddhistischen Lehren eigentlich aus Gründen der Bescheidenheit dazu angehalten sind, die ihnen gebotenen Almosen wahllos entgegenzunehmen. Daher sollen die Mönche auch vermehrt Sport treiben und regelmäßig ärztliche Vorsorgeuntersuchungen in Anspruch nehmen.

Die gröbste Taktlosigkeit, die man oder vielmehr Frau bei einem Tempelbesuch begehen kann, ist es jedenfalls, einen Mönch zu berühren. Das mögen Frauen als benachteiligend empfinden, ist aber einfach so. Das geht so weit, dass ein Mönch Frauen auch die *sai sin* genannten weißen Glücksbändchen nicht selbst umbindet, sondern sie nur überreicht. Dabei hat die Annahme mit der rechten Hand zu erfolgen, der Arm wird dabei von der linken Hand an der Elle abgestützt. Will eine Frau einem Mönch etwas überreichen, so muss sie es entweder auf die Erde stellen oder einen Mann als Boten engagieren. Hieraus folgt aber nicht, dass Männer einen Mönch freundschaftlich in die Arme schließen dürfen. Allgemein gilt: Mönche sind mit distanziertem Respekt zu behandeln.

Garantiert geschlechtsneutral ist die Vorgabe, dass niemand höher als die Mönche sitzen darf. Dabei sollten die Füße generell nicht auf andere Personen und erst recht nicht auf religiöse Motive und Würdenträger gerichtet sein.

Keinerlei Schindluder darf mit den Buddha-Statuen getrieben werden, weshalb auch ihre Ausfuhr aus Thailand untersagt ist – schließlich kann man nicht kontrollieren, was mit ihnen anderswo angestellt wird. Nachfolgend eine kleine Gebrauchsanweisung für einen tadellosen Tempelbesuch.

Wie geht es entspannter?

Bei Glaubensfragen sind Rücksicht und Behutsamkeit grundsätzlich Trumpf. Diese Weisung gilt in Thailand genauso wie anderswo und erstreckt sich auf mehrere Felder. Einmal geht es um das förmliche Auftreten. Das heißt etwa, beim Besuch eines buddhistischen Tempels oder einer Moschee (im tiefen Süden von Thailand lebt eine größere muslimische Minderheit) nicht in Stranduniform anzutreten, sondern die Minimalstandards in Sachen Kleidung zu erfüllen (mehr dazu in Kapitel 19: »Arm, aber adrett«, Seite 161).

Dann sollte man es sich verkneifen, an geweihten Orten eine semi-professionelle Fotosession zu veranstalten. Kleine Schnappschüsse sind möglich, Porträtfotos Arm in Arm mit dem Erleuchteten sollten hingegen unbedingt unterbleiben. Dasselbe gilt für eine Zweckentfremdung der Gläubigen als exotische Fotostaffage. Außerdem gilt: Bitte kein Blitz!

Was die Fußarbeit anbelangt, so sollte man sich leicht und behände fortbewegen, ohne gleich ins Tänzeln zu geraten. Wer auf Nummer sicher gehen will, bewegt sich vorzugsweise wie in einem frisch gestrichenen Raum oder wie ein voll bepackter Lieferbote in einem Glasfachgeschäft. Ein Vorbild kann man sich auch am Wappentier der Thais nehmen, dem Elefanten *(chang)*. Denn entgegen der bekannten Redewendung verhalten sich die Dickhäuter in einer ihnen unbekannten Umgebung stets extrem vorsichtig und würden wohl auch einen Porzellanladen ohne größere Verwüstungen wieder verlassen. Jüngere Studien haben ergeben, dass Elefanten nicht nur über ein großes Gehirn und ein enormes Erinnerungsvermögen, sondern auch über eine erstaunliche Feinmotorik verfügen. Ein weiteres empfehlenswertes Rollenmodell wäre der Ethnologe, also der Verhaltensforscher im Feld. Dabei werden auf leisen Sohlen und aus sicherer Entfernung gewissenhafte Beobachtungen angestellt.

Wie gesagt, die Thais lassen sich so schnell durch nichts aus der Ruhe bringen. Diese Entspanntheit sollte jedoch nicht als Einladung für ein rüpelhaftes Verhalten missverstanden werden. Die

Mönche selbst sind besonders coole Typen. Sie erscheinen so unerschütterlich, dass schon der halbe Tempel einstürzen müsste, um sie zu einer erkennbaren Gemütsregung zu bewegen – es sei denn, eine Frau kommt ihnen zu nahe. Wobei dies nicht bedeutet, dass Mönche prinzipiell weltabgewandt wären. Im Gegenteil. Gerade junge Mönche, von denen viele nur für eine begrenzte Zeit von ein paar Wochen bis einigen Monaten ins Kloster gehen, sind sogar regelrecht versessen darauf, ihre Englischkenntnisse zu verbessern. Zudem lässt sich durch einen anregenden Schwatz ihr doch recht monotoner Tagesablauf ein wenig auflockern.

Im Wat Chedi Luang von Chiang Mai gibt es sogar einen *Monk Chat Club*, wo man sich mit Mönchen über Buddha und die Welt austauschen kann. Bei solchen Gelegenheiten sollte man im Interesse eines ertragreichen Dialogs nicht primär darauf aus sein, ein Haar in der Überzeugungssuppe des anderen zu finden. Besser ist es, die eigenen Lauscher weit aufzustellen. Hier sind interessante Informationen aus erster Hand erhältlich. Zuweilen bekommt man als umsichtiger Besucher auch eine außergewöhnlich fachkundige Führung, wofür man sich mit einer angemessenen Spende revanchiert.

DER BUDDHISMUS – LEITFADEN ZUR LEIDENSMINIMIERUNG

Der Buddhismus, der zu den fünf großen Weltreligionen (neben Christentum, Islam, Hinduismus und Judentum) gehört, hat seinen Ursprung in Nepal. Dort hat der Fürstensohn Siddhartha Gautama (um 563–483 vor unserer Zeit) als Erleuchteter (Buddha) seine Lehren aufgestellt, die bis heute ununterbrochen gültig sind. Er hat dabei viele Elemente aus dem (älteren) Hinduismus aufgegriffen und verarbeitet. Doch so wie alle Hochreligionen ist auch der Buddhismus im Laufe der Zeit zu einem komplexen Gewächs mit vielen Schulen und nationalen Sonderformen angewachsen. Mit Buddhismus-Studien ließen sich ganze Bibliotheken füllen. In Thailand bekennen sich circa 90 Prozent der Menschen zum Theravada-Buddhismus, einer orthodoxen Variante, die sich strikt an die ursprünglichen Texte hält. Auch in den Nachbarländern Burma (Myanmar), Laos, Kambodscha sowie in Sri Lanka hängt man dieser spezifischen Glaubensrichtung an. Der Theravada-Buddhismus durchdringt nahezu alle Lebensbereiche und ist für ein Verständnis der thailändischen Gesellschaft von zentraler Bedeutung, wenngleich die Thais im Alltag eher eine Art flexiblen Volksbuddhismus praktizieren, der viel Freiraum für individuelle Bedürfnisse lässt. Insgesamt herrscht in Thailand eine von der Verfassung garantierte Religionsfreiheit. Der thailändische König versteht sich nicht nur als Hüter des Buddhismus, sondern als Beschützer aller Religionen im Land.

Da es im Buddhismus – anders etwa als im Christentum – keine mit besonderen Vollmachten ausgestattete übernatürliche Macht gibt, die man anbeten und um Absolution bitten könnte, gilt als umstritten, ob es sich bei ihm nicht vielmehr um eine Lebensphilosophie mit einem starken Fokus auf Logik und Kausalität handelt.

Im Buddhismus wird im Rahmen der »Vier edlen Wahrheiten« von der Grundannahme ausgegangen, dass die menschliche Existenz durch Leiden gekennzeichnet ist. Dieses Leid erwächst aus den prinzipiell unendlichen Wünschen der Menschen sowie aus ihrem rastlosen Bestreben, unangenehmen Dingen aus dem Weg zu gehen. All dies ist jedoch vergebens. Denn jede Annehmlichkeit oder Neuerwerbung bringt nur eine flüchtige Befriedigung, der ein leidvoller Hunger nach immer neuen Glückskicks folgt. Außerdem gibt es unumstößliche Sachverhalte wie Krankheit, Alter und Tod, denen man nicht entrinnen kann.

Ein Ausweg aus diesem Labyrinth der unstillbaren Begierden und Sehnsüchte kann buddhistischen Lehren zufolge nur gefunden werden, wenn man eine distanzierte Haltung zu den Dingen der materiellen Welt einnimmt und versucht, das eigene Verlangen auslöscht. Dies ist mit dem »Achtfachen Pfad der Tugend« möglich, der neben unbedingter Gewaltlosigkeit (*Ahimsa*) u. a. das richtige Denken, Sprechen und Handeln beinhaltet. Dieser Pfad, der eine Verbesserung in der »nächsten Runde« im Zyklus der Wiedergeburten zur Folge hat, steht ausnahmslos allen Individuen unabhängig von ihrer Herkunft offen. Insgesamt wird ein »mittlerer Weg« befürwortet, der sowohl Genusssucht als auch radikale Askese meidet.

Das finale Ziel des Buddhismus besteht in der Befreiung aus dem Kreislauf der Wiedergeburten und dem Eintritt ins Nirwana, einem Zustand der ultimativen Reinheit. Im Theravada-Buddhismus hängt das Gelingen dieser Anstrengung allein vom jeweiligen Einzelnen ab. Eine Unterstützung von außen ist – im Unterschied zum Mahayana-Buddhismus – nicht möglich. Daher wird der Theravada-Buddhismus wegen seiner größeren Rigorosität auch als »kleines Fahrzeug« und der Mahayana-Buddhismus auch als »großes Fahrzeug« bezeichnet. Letzterer ist in China, Korea, Vietnam und Japan anzutreffen, wobei er sich jedoch stark lokalen Glaubensrichtungen wie etwa dem Taoismus angeglichen hat. Neben diesen beiden Hauptströmungen gibt es noch den Lamaismus, der als Version des Mahayana-Stranges gilt und in Tibet, Bhutan und in der Mongolei praktiziert wird.

Ein besonderes Augenmerk wird auf die Meditation gelegt. Denn diese hilft dabei, die destruktiven Tendenzen des Geistes zu überwinden und ein »Auge der Weisheit« zu entwickeln, mit dem die wahre Natur der Dinge – etwa das universelle Gesetz von Ursache und Wirkung (*Karma*) – erkannt werden kann. Da dieser Weg v. a. eine Frage der persönlichen Einstellung und Motivation ist, gibt es im Buddhismus auch keine Androhung von negativen Konsequenzen bei einem Zuwiderhandeln gegen die genannten Gebote. Die frohe Message lautet vielmehr: Probiere es aus, es wird dir guttun! Und die Thais wiederum wären nicht sie selbst, wenn sie von den sich hierbei bietenden Freiräumen nicht reichlich Gebrauch machen würden.

15 WASSER MARSCH!

ODER NEUJAHR EINMAL ANDERS

Der Morgen beginnt nicht besonders spektakulär. Eigentlich ist alles wie immer. Mit einer Ausnahme: Madame Sopapun ist ganz aufgekratzt. Fidel wie eine Oberschülerin kurz vor dem Abschlussball hüpft sie in der Küche herum. Was denn der Grund für ihre ausgelassene Stimmung sei, möchten die drei verdutzten Neu-Thailänder von ihr wissen.

»Och, nichts weiter, es ist nur ein so schöner Tag heute.« Das ist ganz offenkundig alles andere als die Wahrheit. Doch Madame Sopapun scheint ihre lapidare Falschaussage mit einer geradezu diebischen Freude zu genießen.

Die Meyers trauen der Sache nicht, haken aber nicht noch einmal nach. Das ist leichtsinnig. Denn in Anbetracht des ungezügelten Ritualtanzes ihrer Haushälterin hätten sie eigentlich gewarnt sein müssen. Nach den üblichen Morgenverrichtungen gehen sie, ein jeder für sich, ihres Weges.

Als Erstes erwischt es Martin. Schon nach wenigen Schritten stellt sich ihm ein schwerbewaffneter Guerillatrupp in den Weg. Ohne jede Vorwarnung wird das Feuer auf ihn eröffnet. War's das jetzt? Alles aus und vorbei? Aber nicht doch, denn aus den Läufen der knallbunten Plastikgewehre kommt gottlob kein Blei, sondern bloß Wasser. Wie ein pitschnasser Zottelhund schüttelt sich Martin. Nach ein paar aufmunternden Schulterklopfern lassen die Aufständischen ihn seines Weges ziehen. Nass, aber lebendig.

Irgendwie scheint der Aufruhr die ganze Stadt erfasst zu haben. Denn nur wenig später wird auch Susanne Opfer eines heimtückischen Anschlages. Während Martin es mit Infanteristen zu tun hatte, sieht sie sich mit der Artillerie konfrontiert. Der Lageplan: Susanne sitzt im Bus, genauer gesagt am Fenster, um auch noch den geringsten Windhauch mitzunehmen. Der Bus hält an einer wichtigen Ampelkreuzung. Die gegnerischen Truppen haben sich strategisch klug postiert und zögern keine Sekunde, die gesamte Busladung unter Beschuss zu nehmen. Geistesgegenwärtig wirft Susanne sich auf den harten Boden. Sie vergräbt ihren Kopf unter den Armen. Als es sie hart am Rücken trifft, erstarrt sie – und wartet. Nichts weiter. Minuten später lugt sie unter ihrem Unterarm hindurch. Wieder kann Entwarnung gegeben werden. Auch in diesem Fall handelt es sich nur um pures, klares und kaltes Aqua. Allerdings ist der Strahl um ein Vielfaches intensiver, da die Spaßvögel draußen nicht nur mit Wasserpistolen, sondern gleich mit einem Wasserschlauch operieren. Was soll das Ganze nur?

Als sie dann am Nachmittag wieder zu Hause sind, tauschen Martin und Susanne ihre Erfahrungen aus.

»So etwas habe ich seinerzeit noch nicht mal bei der Bundeswehr erlebt«, klagt Martin.

»Du warst ja auch nur bei der Instandhaltungstruppe, da sind doch hauptsächlich die Warmduscher versammelt.« Susanne muss grinsen. »Obwohl, nachdem was ich heute erlebt habe, habe ich Verständnis für jeden Trockenschwimmer.«

Als Lisa das heimatliche Basislager erreicht, ist auch sie nass bis auf die Knochen. Sie scheint es besonders hart getroffen zu haben, denn zusätzlich zu ihrem klatschnassen Aufzug ist sie mit einem kalkweiß verschmierten Gesicht gezeichnet, als wäre sie eine australische Aborigine. Sie lacht und ist so großzügig, auch ihrem Vater etwas von der merkwürdigen Schminke abzugeben, was dieser sich jedoch erst nach mehreren gescheiterten Fluchtversuchen und unter großem Protestgeheul gefallen lässt.

Als schließlich Madame Sopapun vom Einkauf zurückkommt, wird sie umgehend zur Rede gestellt. Wie auf Kommando schießt es aus den dreien heraus: »Sind die Thais denn jetzt endgültig von allen guten Geistern verlassen?«

Was ist da schiefgelaufen?

Ja, in gewisser Weise sind die Thais von allen guten Geistern verlassen. Aber nur vorübergehend. Denn es ist *Songkran*, thailändisches Neujahr. Da herrscht im Land eine Art verschärfter Ausnahmezustand. Dann können die feierlustigen Thais endlich einmal komplett aus sich herausgehen. Dieses Fest sollte man sich dick im Kalender anstreichen. Und zwar ganz egal, ob man mitmachen oder sich eher schützen will.

Songkran stellt aber nur die Spitze des thailändischen Feier-Eisberges dar. Es gibt in Thailand einen sehr ausdifferenzierten Festtagskalender mit diversen nationalen und regionalen Höhepunkten. Dabei geht es keineswegs immer so spritzig zu wie beim *Songkran*, aber eine gelöste Stimmung ist das Allermindeste, was ein Thai von einem Fest erwartet. In der Regel herrscht bei den Feierlichkeiten eine heitere, ausgelassene Atmosphäre, wobei der eigentliche Anlass durch zahllose Amüsierangebote flankiert wird. Ein beliebtes Rahmenprogramm sind etwa Schönheitswettbewerbe.

AUSGEWÄHLTE FEIER-HIGHLIGHTS

Loi Krathong: Das thailändische Lichterfest. Hier werden am Vollmondabend im November aufwändig dekorierte lotusförmige Blätterschiffchen aus Bananen- und Palmenblättern *(krathongs)* ins Wasser gesetzt. Sie sind zum Beispiel mit Räucherstäbchen, brennenden Kerzen, Münzen oder Nahrungsmitteln beladen. Mit diesen Gaben sollen die Wassergeister, die Wassergöttin Mae Khongkha und die Reisgöttin Mea Bhosop besänftigt werden. Je länger sich das Schiffchen über Wasser hält, desto glücklicher wird das kommende Jahr.

Bun Bang Fai: Das Ende der Trockenzeit im Mai wird in Yasothon im Nordosten Thailands mit dem Raketenfest begangen. Mit selbstgebastelten Raketen werden die Götter ersucht, Regentropfen zur Erde zu schicken und damit für Fruchtbarkeit zu sorgen. Höhepunkt des Festes, um das herum zahlreiche Tanz- und Musikevents stattfinden, ist die Hauptrakete, die bis zu zehn Meter hoch sein kann. Je höher sie fliegt, desto mehr Regen wird es geben, und eine umso ertragreichere Reisernte ist zu erwarten.

Phi Ta Khon: Ebenfalls im Nordosten, im Bezirk Dan Sai der Provinz Loei, wird dieses Geister-Festival gefeiert. Da der geeignete Zeitpunkt immer wieder neu durch ein Medium bestimmt wird, findet die dreitägige Feier irgendwann zwischen März und Juli statt. Die Männer schlüpfen an diesen Tagen in die Rolle der Geister *(phi)*. Dazu setzen sie sich, in farbenprächtige Kostüme gewandet, furchteinflößende Masken aus Kokosnussholz auf. Als Glücksbringer tragen sie bemalte hölzerne Penis-Amulette *(palad khik)*.

Vegetarian Festival: Je nach chinesischem Mondkalender wird an zehn Tagen im September/Oktober an mehreren Orten das *Vegetarian Festival* gefeiert. Besonders ausgelassen und exzessiv geht es in Phuket zu. Während dieser Zeit verzichtet insbesondere die chinesisch-stämmige Gemeinschaft auf Fleisch und Rauschmittel und übt sich in sexueller Enthaltsamkeit. Dadurch sollen die Aussichten auf Gesundheit und Seelenfrieden verbessert werden. Dazu gibt es etliche Prozessionen. Einige Teilnehmer vollziehen dabei martialische religiöse Rituale, indem sie sich Nadeln, Messer oder Metallspitzen durch Teile ihres Körpers (v. a. das Gesicht) stechen oder barfuß über glühende Kohlen laufen.

Was aber hat es nun mit der oben erlebten Wasserorgie genau auf sich? Der Begriff *Songkran* ist aus der altindischen Sprache Sanskrit abgeleitet und bedeutet allgemein so viel wie der Eintritt der Sonne in eines der Tierkreiszeichen. Mit *Maha Songkran,* so der vollständige Name des thailändischen Neujahrsfestes, ist jedoch speziell der Eintritt der Sonne in das Sternzeichen des Widders gemeint. Dieser Moment stellt den sogenannten Frühlings- oder auch Widderpunkt dar. Zu diesem Zeitpunkt sind Tag und Nacht gleich lang, und auf der nördlichen Halbkugel (auf der auch Thailand noch liegt) beginnt dann der Frühling. Insofern ist dies ein weit logischerer Jahresanfang als der 1. Januar.

Konkret wird *Songkran* ab dem 13. April gefeiert und dauert je nach regionalem Feierbedarf von drei Tagen bis zu einer Woche. Das Wasserfest wird auch in den buddhistischen Nachbarstaaten Myanmar *(Thingyan),* Laos *(Bunpimay)* und Kambodscha *(Chol Chnam Thmay)* gefeiert. Und natürlich sind die Feierlichkeiten nicht nur als wüste Wasserschlacht konzipiert, *Songkran* ist insbesondere ein Fest der Familie. Dabei wird – typisch für Thailand – vor allem den Älteren Respekt erwiesen, außerdem werden Geschenke ausgetauscht und ein gemeinsames Festmahl eingenommen. Komplettiert wird das Ganze durch Tempelbesuche, bei denen Säuberungsarbeiten an den Buddha-Statuen mit duftendem Wasser durchgeführt werden und den Gläubigen Weihwasser, sogenanntes *lustral water (nam mon),* über die Hände gegossen wird. Hierbei handelt es sich um Wasser, das mit »magischen Pulvern« angereichert ist. All dies soll Glück und Wohlbefinden bringen.

In manchen Landesteilen werden zuvor gefangene Fische, Vögel oder Schildkröten freigelassen. Allerdings ist dieser Brauch aus Umwelt- und Tierschutzgründen auf dem Rückzug.

Der großzügige Umgang mit Wasser zu *Songkran* kann nun einerseits aus dessen Gebrauch zu religiösen Zwecken erklärt werden, der eben ein gutes Stück weit ausgedehnt wird. Wobei allerdings auf den Straßen von »rituellen Waschungen« nur sehr begrenzt die Rede sein kann. Andererseits ist zu bedenken, dass es sich um die heißeste Zeit des Jahres handelt, in der jede Abkühlung gern entgegengenommen und so die anstehende Regenzeit zünftig eingeläutet wird.

Ein weiteres kurioses *Songkran*-Detail ist das Einschmieren von ahnungslosen Opfern mit einem weißen Pulver, das in Verbindung mit Wasser zu einer kreideartigen Pampe wird. Ursprünglich war das Pulver als Schutzschicht gegen die Kräfte des Bösen gedacht, heute dient es eher der mehr oder weniger großen Belustigung. Als die ungekrönte *Songkran*-Hochburg gilt übrigens Chiang Mai. Strikt auf die traditionelle Weise, mit gemeinsamen Mahlzeiten, Reinigungsritualen und Respektbezeugungen gegenüber Älteren, feiern indes die Angehörigen der ursprünglich aus Burma geflohenen ethnischen Mon-Minderheit das Songkran-Fest. Zu besichtigen ist diese Variante etwa auf der etwas nördlich von Bangkok gelegenen Insel Ko Kret oder im Städtchen Sangkhlaburi an der Grenze zu Myanmar (wie Burma heute offiziell genannt wird).

Wie geht es entspannter?

Man soll Feste ja bekanntlich dann zelebrieren, wenn man die Gelegenheit dazu hat. Dies gilt im Ausland gleich im Quadrat. Denn wer weiß, wann man wieder einmal die Möglichkeit haben wird, an ihnen teilzuhaben. Diesem Ratschlag liegen jedoch nicht nur amüsiertechnische Motive zugrunde. Im Ausland keinen Festtag zu versäumen, wird auch deshalb unbedingt empfohlen, weil in den Umzügen, Versammlungen, Tänzen, Kostümen, Spielen und Paraden so etwas wie die Grundpfeiler der jeweiligen Kultur zum Vorschein kommen. Denn die Feiern stellen ja immer das Einmalige und Besondere heraus, das seinerseits einen guten Eindruck von der Gesamtkultur vermittelt. Außerdem lässt man beim Feiern auch alte Traditionen hochleben, die aus dem modernen Leben größtenteils verschwunden sind.

Dabei sollte man sich als Outsider aber nicht wie jemand vom Mars aufführen und den Feierfluss womöglich behindern. Wobei die ausgeprägte Grundfreundlichkeit der Thais dies wie immer zu einer relativ leichten Übung macht. Am besten ist es, sich einfach mit den Massen treiben zu lassen wie ein Stück Bambus im Fluss. An flüssigem Nass mangelt es beim *Songkran* jedenfalls nicht. Eine ordentliche Dusche gibt es gratis.

Allerdings sollte man sich hier ein wenig vorsehen, da bei den *Songkran*-Feierlichkeiten manche Leute deutlich über die Stränge schlagen. So kommt es in Verbindung mit übermäßigem Alkoholgenuss gelegentlich zu tätlichen Übergriffen, auch die Zahl der Verkehrsunfälle steigt deutlich an. Die Bangkoker Polizei schiebt während dieser Zeit Extraschichten, und die Regierung startet jedes Jahr Kampagnen, die zu einem maßvolleren Feierverhalten und speziell zu zurückhaltendem Alkoholkonsum aufrufen. Frauen sollten sich auf unmoralische Annäherungsversuche in Zusammenhang mit den Einschmierprozeduren einstellen. Sie sollten daher auf Kleidung verzichten, die beim Kontakt mit Wasser mehr freigibt als sie verhüllt. Zum Schutz der Wertsachen empfiehlt es sich, einen Plastikbeutel oder Ähnliches parat zu haben. Besonders beliebte Ziele für Wasseranschläge sind die Insassen von öffentlichen Bussen.

16 DAS KARAOKE-KOMPLOTT

ODER JEDER AMÜSIERT SICH, SO GUT ER KANN

Am Rückspiegel des grün-gelben Taxis baumelt eine Buddhafigur in einem Glasgehäuse mit einer erhobenen Hand wie ein Verkehrspolizist rastlos hin und her. Szenen des frühabendlichen Bangkoks fliegen am Fenster vorbei. Frauen in Anzügen an Haltestellen, verspätete Schulkinder in Uniformen, Gemüsehändler und Obstverkäuferinnen, die ihre übergroßen, wie Riesenbienenwaben aussehenden Bambuskörbe übereinanderstapeln. Dazwischen immer mal wieder Kolonien aschgrauer Straßenhunde, die flach wie Flundern auf dem Boden kleben. Tuk-Tuk-Mopedtaxis, die jeden freien Straßenzentimeter sofort in Beschlag nehmen, knattern links und rechts vorbei. Aus den Radioboxen sickert eine harmlose Popmusik, Imitationen längst verschüttet geglaubter westlicher Gassenhauer der Kategorien B und C in einer eigenartig kindlich hohen Tonlage. *»... in the Barbie world, life in plastic, it's fantastic!«*

Der Taxifahrer wackelt vergnügt mit dem Kopf. *»Abhaya mudra, have no fear!«*, erklärt er mit einer Hand an seinem Talisman.

Martin und Susanne sind auf dem Weg zu einer vergnüglichen Bootspartie auf einem der Ausflugsdampfer, die den Chao Phraya River hoch und runter schippern, den Fluss der Könige, der sich aus Flüssen speist, die im Goldenen Dreieck im hohen Norden Thailands entspringen. Martins Assistentin Pantisa war der unumstößlichen Auffassung, dass es unbedingt wieder an der Zeit sei, den Zusammenhalt im Arbeitsteam durch einen gemeinsamen Spaßausflug zu stärken.

»Es ist doch immer wieder überraschend, wie schnell es hier dunkel wird.«

»So als ob im Kino der Vorhang fällt und der Hauptfilm beginnt.«

»Hast du eine Idee, was die Thais vorhaben könnten, um dich ein wenig hochzunehmen? Wie ich die Spaßkanonen einschätze, haben sie sich doch bestimmt einen Streich oder so was einfallen lassen«, lenkt Susanne das Thema auf das anstehende Ereignis.

»Ach was, das glaube ich nicht. So schüchtern wie sie sonst sind. Die behandeln mich doch wie ein rohes Ei.«

»Na, wenn du dich da mal nicht täuschst!«

Am Anlegesteg wird das Ehepaar Meyer von einer zierlichen Frau im traditionellen Gewand mit dem *wai*-Gruß willkommen geheißen, dann geht es an Bord. Der Partyraum harrt noch jungfräulich der kommenden Ereignisse, um ein großes Podest in der Mitte herum sind etliche Tische gruppiert, auf denen Lotusblütenketten liegen. Die anderen Mitarbeiter trudeln nach und nach ein. Es folgen diverse Vorstellungsrunden, doch Martins Interesse gilt den unter weißen Tüchern verborgenen Gerätschaften auf den Podest. Was es wohl damit auf sich hat?

Die Fahrt auf dem zweietagigen Schiff geht gemächlich an den Uferrestaurants und mehreren hell illuminierten *wat*-Anlagen vorbei. Es herrscht eine freudige Ausgelassenheit wie bei einem Schulausflug ohne Lehrer. Luftballons werden aufgeblasen und in wechselnde Umlaufbahnen gebracht. Es wird gegessen, geherzt, gescherzt, gekalauert. Dann besteigt Pantisa ohne jede Vorwarnung das Podest und verkündet mit feierlicher Miene, dass es nun an der Zeit für eine Aufführung der besonderen Art sei. Wie ja jeder wisse, gehöre es in Thailand zum guten Ton, dass auch ein Vorgesetzter beweist, dass er in allen Lebenslagen überzeugen kann. Deshalb möchte sie den allseits geschätzten Mr. Martin auf die Bühne bitten ...

Martin sinkt tiefer in seinen Stuhl.

... damit er zeigen könne, dass er nicht nur etwas von Maschinen und Mitarbeiterführung versteht, sondern auch ein begnadeter Entertainer ist. Zu diesem Zweck werde die Karaoke-Show nun eröffnet ...

Karaoke? Martin traut sich nicht, Susanne anzublicken.

... wobei sie persönlich für Mr. Martin den großartigen Titel *It's Not Unusual* von Tom Jones ausgesucht hat. Wenn er jetzt bitte auf die Bühne kommen würde!

Eine schöne Rede! Es gibt nur ein Problem: Martin kommt nicht. Er macht keinerlei Anstalten, sich in Bewegung zu setzen. Im Saal wird es allmählich unruhig, doch der angekündigte Stargast verzieht keine Miene. Auf seiner Stirn bilden sich Schweißtropfen. Da gibt Susanne ihm unterm Tisch einen dezenten Tritt, der allerdings auch nicht zur beabsichtigen Reaktion führt. Im Gegenteil. Es scheint, als würde Martin zusehends zu einer der geschnitzten Teakholzfiguren erstarren, die sich in den Andenkenläden stapeln – jedoch mit einem weit weniger erhabenen Gesichtsausdruck. Es ist an Pantisa, ihn zumindest zum Aufstehen zu bewegen. Aber viel ist damit nicht gewonnen. Wie ein störrischer Esel auf der Verladerampe steht er da. Es gibt erste Anfeuerungsrufe. Aber Martin schüttelt nur wie ein schüchterner fünfjähriger Knabe, der der Verwandtschaft ein Ständchen halten soll, den Kopf.

»Kommen Sie schon, seien Sie kein *tua puan* (Spielverderber)«, versucht Pantisa ihn weiter zum Mitmachen zu motivieren.

Es ist einfach nichts zu machen. Unbeholfen und wie angewurzelt steht er da, rührt sich einfach nicht vom Fleck. Reglos wie ein Stein. Alle Ermunterungen sind umsonst.

Schließlich wird es Susanne zu bunt. Schnellen Schrittes steigt sie aufs Podest, blättert konzentriert in der Songliste im Speisekartenformat, tuschelt kurz mit dem Techniker und schnappt sich das Mikro. Wenige Augenblicke später erklingen die Anfangstöne von Donna Summers *She Works Hard for the Money.* Was folgt ist eine Diva-Performance der Extraklasse mit großen Gesten und einem umjubelten Finale. Ganz großes Kino! Die Thais sind völlig aus dem Häuschen. Susanne ist die Königin des Abends, um sie herum hat sich ein ansehnlicher Hofstaat versammelt. Martin dagegen hält sich fortan im Hintergrund und an die Erzeugnisse eines amerikanischen Spirituosenherstellers aus Tennessee.

Was ist da schiefgelaufen?

Andere Länder, andere Freizeitvergnügen. So wie im Orient und Okzident unterschiedlich gelebt, gedacht und gearbeitet wird, wird sich auch unterschiedlich amüsiert. Der asiatische Partyknüller schlechthin ist das Karaoke-Singen. Ursprünglich aus Japan stammend hat Karaoke besonders in Thailand eine gefeierte Karriere als eingeschleppte Spezies gemacht. Das ist nur konsequent, denn das Karaoke besitzt so ziemlich alles, was den Thais Lust und Laune macht. So ist es auch für Gruppen in Kompaniestärke geeignet und macht einfach Gaudi, pardon *sanuk*.

Damit wären schon mal die beiden Hauptbedingungen für ein paar gelungene Stunden à la Thai erfüllt. Deshalb ist es Martins thailändischen Kollegen wahrlich unerklärlich, warum er sich derart angestellt hat, statt etwas zum abendlichen Rahmenprogramm beizutragen. Denn Thais sind leidenschaftliche Chansonniers und Gesangssolisten, die immer eine Volksweise oder einen Evergreen auf den Lippen haben. Fröhlich vor sich hin trällernde Taxifahrer, 7-Eleven-Kassiererinnen und Passanten sind in Thailand so normal wie ein feuchter Monsun.

DURCH DEN MONSUN

Wenn zwischen dem 13. und 15. April das thailändische Neujahrsfest *Songkran* gefeiert wird, dann steht das Ende der trockenen und heißen Jahreszeit bevor und der Beginn der Monsunsaison vor der Tür. Die Tatsache, dass die Thais bei der Aussicht auf heftige Regenfälle in einen kollektiven Freudentaumel ausbrechen und sich in wilder Vorfreude gegenseitig mit Wasser übergießen, zeigt die elementare Bedeutung dieses Wetterphänomens für das Land. Der Grund hierfür liegt im Zyklus des Reises, der lange den Wohlstand und das Glück Thailands garantierte und der ohne die Regenfälle, die mit den Monsunwinden kommen, nicht möglich wäre.

Eigentlich gibt es sogar zwei Monsune im Jahr: Einmal den Nordost- bzw. Wintermonsun, der in der kühlen und trockenen Jahreszeit von November bis Februar das Wetter beeinflusst. Nach einer Übergangsphase von März bis Mai wird dann bis Oktober der Südwestmonsun wetterbestimmend, wobei die – regional stark variierenden – Niederschläge kontinuierlich zunehmen und von der Westküste peu à peu ins Landesinnere vordringen.

Genau genommen ist »Monsunsaison« übrigens eine Doppelnennung, denn das aus dem Arabischen stammende Wort »Monsun« bedeutet bereits Saison oder Jahreszeit.

Weiter unternehmen die Thais gerne imaginäre Ausflüge in die schillernde Welt der Schönen und Berühmten. Da reichen mitunter schon fünf Minuten auf den Brettern, die auch in Südostasien die Welt bedeuten, um den eigenen, in der Regel nicht sonderlich glamourösen Alltag ein wenig aufzupeppen. Wobei manche Karaoke-Darbietungen durchaus völlig ernst gemeint sind und die »Showacts« sich vor allem deshalb in Szene setzen, um dem Publikum ihr makelloses (manchmal auch mit den Instrumenten der modernen Schönheitschirurgie optimiertes) Äußeres zu präsentieren. Da die Thais als feucht-fröhliche Lebensform auch gern einmal einen über den unmittelbaren Durst trinken, werden dabei die angezogenen Gemütshandbremsen gelöst und ein nicht ganz so gelungener Auftritt gelassen in Kauf genommen. Immer nur das Gesicht wahren zu müssen, ist auf Dauer wohl doch etwas anstrengend. Emotionale Entspannung braucht schließlich jeder, und wenn Thais schon feiern, dann so, als gäbe es kein Morgen.

Der Karaoke-Virus hat sich weiträumig in der Thai-Gesellschaft ausgebreitet. Selbst in Einkaufszentren sind Boxen aufgestellt, in denen man sein Gesangstalent unter Beweis stellen kann. Allerdings vor einem wesentlich kleineren Auditorium. Eher im engeren Kreis finden auch die Gesangsproben in den nachlässig ausgeleuchteten Separees von hauptsächlich zu nachtschlafender Zeit geöffneten »Clubs« statt. Sie sind dort auch nicht das eigentliche Ereignis, sondern mehr eine Art Auflockerungsübung, bevor andere, diesmal wiederum internationale Freizeitgestaltungen in Angriff genommen werden.

Wie geht es entspannter?

Es kann Entwarnung gegeben werden. Karaoke ist lustig und tut überhaupt nicht weh. Tatsache ist: Singen macht glücklich und fördert die Gesundheit. Das ist medizinisch einwandfrei bewiesen. Es entspannt die Muskulatur, senkt den Blutdruck, reduziert das Cholesterin, verbessert die Atmung, stärkt das Immunsystem und verringert den Ausstoß von Stresshormonen. Folgerichtig trällern Thais bei jeder sich bietenden Gelegenheit etwas vor sich hin. Man sollte es ihnen gleichtun! Und wobei kann man sich besser amüsieren als bei einem leicht schrägen Gesangswettstreit ohne Rücksicht auf Gesichtsverluste? Wir sehen also: Von Thais lernen, heißt sich amüsieren lernen.

Neben den genannten gesundheitsfördernden Aspekten trägt gemeinschaftliches Lachen zur Aufheiterung des sozialen Klimas bei. Da fällt auch einem geerdeten Kopfmenschen wie Martin kein Zacken aus der *farang*-Krone, wenn er sich vor versammelter Kollegenschaft zum Königsberger Klops im Thai-Style macht. Im Gegenteil. Denn nichts schweißt Gruppen so zusammen wie gemeinsame Erlebnisse jenseits der täglichen Routine mit ihren tausend Konventionen. Gesellschaften, die wie die thailändische durch ein hohes Maß an Unterordnung kennzeichnet sind, haben sich wohlweislich Entspannungskanäle gebuddelt, über die angestauter Frust kontrolliert abfließen kann. Um nichts anderes handelt es sich nebenbei bemerkt auch bei unserem Karneval. Hier sollte man sich als Landesgast nicht miesepetrig verweigern und so viel Größe zeigen, sich gemeinsam mit zum Fallobst zu machen. So gesehen ist Karaoke eine demokratische Übung, mit der man sich der prinzipiellen Gleichheit aller Mitmenschen versichert. Denn wenn sich alle gleich gut blamieren, sind sie doch – für den Moment zumindest – alle gleich unwichtig. Welch eine Erlösung! Auch Thais wollen ab und zu sehen, dass es sich bei ihren Vorgesetzten wider Erwarten doch um menschliche Wesen handelt. Wenn sich dieser Beweis in einer humorvollen Umgebung erbringen lässt, umso besser. Am nächsten Morgen geht dann alles wieder seinen gewohnten hierarchischen Gang.

17 FREIE BAHN FÜR KAMPFKÄFER

ODER ÜBER BRÄUCHE MIT NEBENWIRKUNGEN

Wochenendausflug. Zwei Tage verbringt Familie Meyer im rund zwei Stunden südlich von Bangkok gelegenen Phetchaburi, einem ruhigen Städtchen, das trotz seiner fast dreißig Tempelanlagen erstaunlicherweise nur von wenigen Ausländern besucht wird. Umso besser, sagen sich die Meyers, als sie das Fehlen ihresgleichen bemerken. Dann stört uns endlich mal niemand bei unseren Entdeckungstouren.

Die Meyers haben den Großteil der goldbedeckten *wats* erkundet und wollen zum Schluss der etwas außerhalb gelegenen Khao-Luang-Tropfsteinhöhle einen Besuch abstatten. Um dorthin zu gelangen, müssen sie sich durch einen Waldabschnitt pirschen, der von wilden Affenhorden okkupiert wird. Die Affen, so wird ihnen mit auf den Weg gegeben, sollen Störenfrieden wenig freundlich gesinnt sein. Vorsicht sei angebracht.

»Aber die sehen doch aus wie Plüschtiere«, sagt Lisa und greift nach einem Stock.

»Lass mal«, sagt Susanne.

Zum Glück haben die Einheimischen zur Beschwichtigung der Tiere Bananenbüschel am Straßenrand abgelegt. Die Affen sind vollauf damit beschäftigt, den Wegzoll zu verputzen, sodass sie kaum Notiz von den weit gereisten Eindringlingen nehmen. Nur oben in den Wipfeln thront das Sippenoberhaupt mit warnender Miene. *Lasst euch bloß nicht einfallen näherzukommen, dann gibt's ordentlich Rabatz,* scheint es sagen zu wollen.

»So muss es wohl auf dem Planet der Affen zugehen«, sagt Martin. Lisa verdreht die Augen.

Schätzungsweise zweihundert Stufen führen nach unten in die Höhle. Mit jedem Schritt scheint der Kontakt zur Außenwelt ein Stück mehr verloren zu gehen, es wird deutlich stiller. Eine erfrischende Kühle legt sich über die Haut. Unten angekommen erschließt sich den Meyers die Besonderheit des Ortes nicht sofort. Erst hinter der nächsten Ecke sehen sie, warum die Höhle bei den Thais so beliebt ist. Ein etwa vier Meter hoher Buddha im orangefarbenen Gewand sitzt am rechten Rand der Höhle und wird durch das wenige Tageslicht erhellt, das sich seinen Weg durch einen kleinen Eingang bahnt. Der Buddha ist eingetaucht in den Rauch von Duftstäbchen und in die leisen Gebete der vor ihm knienden Thai-Pilger. Nur wenige Meter daneben ist ein imposanter liegender Buddha zu sehen, der im Moment des Übergangs ins Nirwana dargestellt ist.

»Wie friedlich«, sagt Martin. Susanne nickt ergriffen.

Nachdem sie die Höhle wieder verlassen und die Affenzone zum zweiten Mal unbeschadet passiert haben, marschieren Martin, Susanne und Lisa in Richtung Minibus-Sammelstelle. Schon von Weitem sehen sie eine aufgeregt um einen übergroßen bottichartigen Verschlag herumhüpfende Menschenmenge. Irgendetwas scheint die johlenden Männer – Frauen sind nicht zu sehen – in den Bann zu ziehen, ja, zu elektrisieren.

»Was da wohl los ist?«, will Lisa wissen.

Martin, dem schwant, was der Grund für den ekstatischen Tanz um den Bottich ist, versucht die Aufmerksamkeit seiner Tochter von der Menge wegzulenken: »Schau mal, was haben wir denn da? Einen Souvenirstand!«

Doch zu spät. Mit der Neugier und dem unbändigen Elan der Jugend ist Lisa längst davongeeilt.

»Ist es das, was ich befürchte?«, fragt Susanne mit besorgter Miene.

»Es sieht ganz danach aus!«, sagt Martin.

Lisa hat ihr Tempo gedrosselt und geht nun zögerlich auf die Menschentraube zu. Die Männer haben sie inzwischen bemerkt und winken sie mit leuchtenden Augen heran. Lisa wirft einen vorsichtigen Blick auf den Anlass der Zusammenkunft und erstarrt: Zwei muskelbepackte Hähne mit feuerroten Kämmen und aufgestellten Halsfedern springen einander fauchend an und versuchen dabei, den anderen mit ihren Schnäbeln und Fußkrallen zu erwischen. Abwechselnd stoßen sie kurze, abgehackte Kikeriki-Laute aus. Nachdem sie sich eine Weile belauert haben, greifen sie erneut an. Bei jeder Kampfhandlung fliegen Federn, Blut spritzt auf. Lisa ist regelrecht gelähmt vor Empörung.

»*Gai chon*«, erklärt einer der Männer stolz.

Inzwischen sind auch Martin und Susanne am Ort des Geschehens eingetroffen und versuchen Lisa von dem fragwürdigen Treiben wegzuziehen. Da erwacht sie plötzlich wieder zum Leben und stellt den nächstbesten Mann fuchsteufelswild zur Rede: »Das ist doch eine Riesensauerei hier! Wie können Sie die armen Tiere nur so behandeln?!«

Der Mann versteht natürlich kein Wort und schaut sie perplex an. Sie erneuert ihre Protestbekundung. Keine Reaktion. Nur fragende Gesichter. Schließlich überzeugt Martin seine Tochter, dass jeder weitere Interventionsversuch zwecklos ist. Wie eine geschlagene Kriegerin tritt Lisa schluchzend den Rückzug an. Die familiäre Stimmung als gedrückt zu bezeichnen, wäre die Untertreibung des Jahres. Auf der Rückfahrt schießt es dann ungefiltert aus Lisa heraus: Was soll dieses ganze Gerede von wegen Achtung vor allen Lebewesen. Das ist doch alles Humbug!«

Was ist da schiefgelaufen?

Es gibt Traditionen in anderen Ländern, die für den Besucher nicht nur auf ewig unverständlich bleiben, sondern die eine geradezu leidenschaftliche Ablehnung hervorrufen. Tierkämpfe sind ganz gewiss eine mehr als zweifelhafte Freizeitbeschäftigung, die nicht nur für jeden passionierten Haustierfreund schlicht und einfach verboten gehört. Trotz gesetzlicher Beschränkungen erfreuen sich Wettkämpfe, bei denen Hähne, Kampffische und Büffel aufeinander losgelassen werden, in Thailand einer ungebrochenen Beliebtheit.

In der mildesten Spielart werden dabei *beetle warriors* (Kampfkäfer) gegeneinander in Stellung gebracht. Genauer gesagt handelt es sich dabei um Rhinozeroskäfer *(kwang)*, die einander mit ihren zangenartigen Hörnern wie Sumo-Ringer beharken. Als Anreiz wird ein weiblicher Käfer präsentiert, um den sich zwei männliche Käfer einen Brunstkampf liefern. In Anbetracht der Tatsache, dass sie bis zum 850-fachen ihres eigenen Körpergewichtes heben können, gelten sie als die stärksten Tiere der Welt. *Kwang*-Kämpfe, die normalerweise nicht zum Tod der Kämpfer führen, sind insbesondere im Norden Thailands beliebt. Im Pua District der Provinz Nan wird jedes Jahr im September ein *kwang*-Festival veranstaltet. Zu diesem Zeitpunkt haben die Käfer ihre Geschlechtsreife erreicht. Gewonnen hat, wer den Kontrahenten überwältigt und so umwirft, dass dessen sechs Beine hilflos in der Luft strampeln.

Andere Tierkampf-Varianten wie eben der Hahnenkampf sind allerdings weit weniger harmlos. Und es geht auch noch einige Nummern größer: Kämpfe zwischen Stieren sind beispielsweise in der südlich von Krabi gelegenen Provinz Trang populär.

AUF LEBEN UND TOD: SIAMESISCHE KAMPFFISCHE

Wie charakteristisch die thailändische Vorliebe für Tierkämpfe ist, lässt sich auch daran ablesen, dass es der Siamesische Kampffisch zu Weltruhm gebracht hat und prototypisch für ein besonders unerbittliches Kampfverhalten steht. Eine ähnlich imposante Weltkarriere können in Thailand sonst nur die siamesischen Zwillinge, das Thaiboxen und die blauäugigen Siamkatzen vorweisen.

Die hohe Aggressivität der männlichen Exemplare dieser Labyrinthfischart mit ihren großen fahnenartigen After- und Rückenflossen wird genutzt, um sie in Schau- und Wettkämpfen gegeneinander antreten zu lassen. Bei der instinktiven Verteidigung ihres Reviers kennen sie keine Grenzen und kämpfen so lange, bis einer der Kontrahenten entweder an seinen Verletzungen oder an Erschöpfung stirbt. Während einem schwächeren Fisch in der Natur noch die Möglichkeit offensteht zu fliehen, besteht dieser Ausweg in einem abgeschlossenen Glasbehälter nicht, sodass es hier garantiert zum tödlichen Showdown kommt. Wobei auch der Sieger oft derart schwere Verletzungen davonträgt, dass er den Kampf ebenfalls nicht überlebt.

Die Empörung über bestimmte als abstoßend empfundene Praktiken fällt verständlicherweise umso impulsiver aus, je mehr sie ansonsten feierlich hochgehaltenen Werten klar zuwiderlaufen. Insofern ist Lisas Entrüstung gut verständlich. Wird nicht von Buddhisten verlangt, dass sie sich stets besonders tugendhaft verhalten? Ja, genau so steht es geschrieben. Widersprüchliches Verhalten ist jedoch ein allgemeines Markenzeichen der merkwürdigen Gattung Mensch und in ausnahmslos allen Kreisen und Gesellschaften anzutreffen. Bei Thais geht die menschliche Janusköpfigkeit allerdings noch den einen oder anderen bemerkenswerten Schritt weiter. Denn sie sind wahre Virtuosen, wenn es darum geht, an sich gänzlich unvereinbare Dinge gleichzeitig zu tun.

Eben dieser verwirrende Hang zum Sowohl-als-auch macht es so schwer, den Thai-Code zu entschlüsseln. Positiv gewendet kann man diese Fähigkeit als Flexibilität oder Pragmatismus verstehen. Nicht ganz so wohlwollend betrachtet könnte man auch von einem überaus laxen Umgang mit Prinzipien oder gar von einer moralischen Bedenkenlosigkeit sprechen. Zur Beschönigung des Tierkampflasters ließe sich allenfalls anführen, dass es hier nicht um die Lust am Quälen von Lebewesen, sondern um den anregenden Nervenkitzel in der Wettkampfarena geht. Zudem finden sie hier eine willkommene Gelegenheit, ihrer ungezügelten Spiel- und Wettleidenschaft (siehe Kapitel 26: »Legal, illegal …«, Seite 212) nachzugehen. So gesehen handelt es sich bei den Tierkämpfen um eine sehr eigenwillige Version des allgegenwärtigen *sanuk*-Themas. Dabei wird das hehre buddhistische Gebot, Leiden unter allen Umständen zu vermeiden und ausnahmslos allen Kreaturen gegenüber *mettā* (eine mitfühlende Güte) zu entwickeln, klar durch das vermeintliche Anrecht auf ein spektakuläres Entertainment ausgestochen. Von *ahimsa*, dem unbedingten Gebot der Gewaltlosigkeit gar nicht erst zu reden. Dass das Amüsement bei den Thais häufig die Oberhand behält, trägt nicht unwesentlich zum erfrischenden Charme des Landes bei. Es hat aber eben auch seine Schattenseiten. Man kann es vielleicht so zusammenfassen: Für Thais heiligt der unterhaltsame Zweck oft die Mittel.

Wie geht es entspannter?

Leider gibt es da kaum einen Ausweg. Manchmal ist Wegschauen das Einzige, was bleibt. »Wo es der Brauch ist, legt man die Kuh ins Bett«, sagt man in der Schweiz. Das soll heißen: Bei nichts sind die Menschen sturer und uneinsichtiger als beim Festhalten an Traditionen oder an dem, was sie dafür halten. Dabei scheint weltweit die Formel zu gelten: Je sinnfreier, desto besser. Da verhalten sich Thais nicht anders als die Fuchsjagdfetischisten, Waffennarren und Geschwindigkeitsjunkies aller Länder und Fraktionen, die ihre fragwürdigen Steckenpferde unisono als unbedingt schützenswertes Kulturgut propagieren. Gegen die Totschlagphrase »Das haben wir schon immer so gemacht« vorzugehen, ist in etwa so schwierig, wie eine Kokosnuss mit einer Hand zu zerdrücken.

Pädagogische Erziehungsversuche – erst recht die von außen – sind daher weitgehend für die Katz. Bestenfalls erntet man ein verwundertes Gelächter. Thais lassen ihren Mitmenschen ihre Launen, erwarten diese Nachsicht aber auch bei ihren Marotten und Macken, und seien diese auch noch so krude und abstrus. Wenn dann noch Regionalstolz oder, schlimmer noch, kommerzielle Interessen ins Spiel kommen, wird die Lage nahezu aussichtslos. Andererseits: Wer außer den Tourismusämtern hat je behauptet, dass es anderswo allzeit fromm und friedfertig zugeht? Nicht alles ist *»incredible«* und *»amazing«* auf dieser Welt. Auch im Urlaubsparadies Thailand nicht. Dabei ist zu bedenken, dass derartige volkstümliche Aktivitäten vor allem von Menschen mit geringer formaler Bildung und einem alles andere als kurzweiligen Arbeitsalltag bevorzugt werden.

Für Lisa mag es völlig unbegreiflich sein, dass man sich an solchen archaischen Schauspielen ergötzen kann. Trotzdem sind sie ein Teil der vielschichtigen thailändischen Lebensrealität. Wem hierüber dennoch der Kamm anschwillt, dem sei gesagt, dass die schärfsten Kritiker des Traditionalistenklubs immer gleich nebenan, sprich im eigenen Land sitzen. Auch der thailändische Staat ist aus Sorge um das Image des Landes bemüht, das Faible für Tierkämpfe zumindest in geregelte Bahnen zu lenken. Aber wie gesagt, gegen lang praktizierte Traditionen ist kaum ein heilendes Kraut gewachsen.

18 BESUCH VON NEBENAN

ODER EINER FLOG ÜBERS GEISTERHÄUSCHEN

Martin sitzt in seinem Büro vor einem ganzen Gebirge an Schreibkram, die Tür fliegt auf, und Chawadee stürmt herein. Ganz untypisch, denn sonst strahlt die Sekretärin eine ansteckende fernöstliche Gelassenheit aus. Die Hände in die Hüften gestemmt und völlig außer Atem schaut sie ihn entgeistert an, als hätte sie Meldung zu machen, dass das ganze Firmengelände eigentlich ein Ozeandampfer sei, der kurz vor dem Kentern steht. Eisberg voraus! Sie braucht einige Augenblicke, um sich zu sammeln.

»Boss, wir haben da ein riesiges Problem«, schießt es mit aller Urgewalt aus ihr heraus.

»Chawadee, was ist denn los?«

Doch statt einer Antwort winkt sie nach Luft japsend ab und gibt ihm zu verstehen, dass etwas so Skandalöses und Ungeheuerliches im Vollzug sei, dass er es unbedingt selbst in Augenschein nehmen müsse. Es geht um das neue Bürogebäude.

Martin folgt ihr nach draußen. Was ist denn da los? Ein Streik, soweit er sehen kann. Und nicht nur die Bauarbeiter haben ihre Schaufeln abgesetzt, nein, die komplette Belegschaft hat sich in kleinen Grüppchen versammelt. Es fehlen nur noch die Spruchbänder und Fahnen. Martin taxiert die Menschenmasse aus einiger Entfernung: verschränkte Arme, ungläubiges Kopfschütteln, trotzige Körperhaltungen, blanke Fassungslosigkeit.

Ach du liebes bisschen! Was ist denen denn über die Leber gelaufen? Er geht zu einem der Grüppchen hinüber und stellt Herrn Tammawong zur Rede.

»Chef, Sie werden es nicht glauben, aber bei den Planungen wurde doch tatsächlich das Geisterhäuschen vergessen.«

»Das Geister... was?«

»Na, das Geisterhäuschen! Irgendwo müssen doch die Geister wohnen, wenn wir sie schon durch unsere Bauarbeiten von ihrem Land vertreiben.«

In Martins Kopf beginnt es zu arbeiten. Also, Madame Sopapun hat auf der Terrasse zu Hause eine Art Mini-Haus auf Stelzen hingestellt. Bislang hatte er es für eine ausgefallene Dekoration gehalten. Es scheint wohl doch eine tiefere Bewandtnis damit zu haben. Wie dem auch sei, hier in der Firma ist kein Platz für solche Sperenzchen!

»Geister? So einen Unfug habe ich ja noch nie gehört!«, echauffiert er sich.

Mit ängstlichen Blicken, als hätte er gerade alles Unheil dieser Welt heraufbeschworen, halten Bauarbeiter wie Angestellte versteinert in ihren Bewegungen inne. Niemand rührt sich vom Fleck.

»Geister, so was gibt es doch nur im Märchen! Meine Damen, meine Herren, Sie sind doch alle erwachsene Menschen, Sie sollten sich nicht von irgendwelchen Spukgeschichten beängstigen lassen!«

Keine Reaktion.

»Und ... und für Geister gibt es keinen wissenschaftlichen Beweis«, legt Martin noch einen drauf.

Nun starren ihn die Thais an, als hätte er endgültig den Verstand verloren.

»Dass es bei Ihnen in Deutschland keine Geister gibt, mag ja sein«, setzt Herr Tammawong zaghaft an. »Wir sind hier aber in Thailand, und da gibt es sie sehr wohl. Mit denen ist nicht zu spaßen!«

Die Kontroverse über die Wahrscheinlichkeit der Existenz von Geistern geht noch eine Weile so weiter, wobei die Thais keinen Millimeter von ihrer Position abrücken. Eher scheint ihre Entschlossenheit mit jedem Gegenargument noch zuzunehmen. Martins Einsatz als Ein-Mann-Bekehrungstrupp droht auf ganzer Linie zu scheitern.

Plötzlich sieht er klarer: Hier herrscht ein emotionaler Ausnahmezustand, da kommt er mit seinen rationalen Argumenten nicht weit. Die meinen es offensichtlich wirklich ernst. Mit einem leichten Grummeln im Bauch sichert er dem Projekt Geisterhäuschen höchste Priorität zu und ernennt einen speziellen Geisterhäuschen-Beauftragten, der sich um die Angelegenheit kümmern soll. Die Thais sind zufrieden und gehen erleichtert an ihre Arbeit zurück. Martin kehrt ebenfalls in sein Büro zurück, wo er zaghaft unter dem Schreibtisch nachsieht und einen Blick in den großen Schrank wirft, den er bislang noch nie geöffnet hat ... Vielleicht ist an dieser Geistersache ja doch etwas dran?

Was ist da schiefgelaufen?

Ein Großteil der Thais ist, wie Martin nun bestätigen kann, sehr empfänglich für Geistergeschichten. Jedoch sollte man die Thai-Geister nicht zu Gespenstern oder grotesken Spukgestalten herabwürdigen. Sie gelten vielmehr als Grenzgänger zwischen den Welten, die den Menschen sowohl schaden als auch nützlich sein können. Für Thais existiert neben der sichtbaren und sinnlich erfahrbaren Welt ein ganzes Paralleluniversum, das von mehr oder weniger aufmüpfigen oder kulanten Figuren bevölkert wird.

Hier ist sie wieder, die für Thailand so typische Mixtur aus Buddhismus und Animismus (Geisterglauben). Geister werden zwar auch andernorts hin und wieder gesichtet, aber Thailand scheint ein besonders beliebtes Pflaster für sie zu sein. Es gibt nicht weniger als vierzig verschiedene Arten von Geistern *(phi)*, die den Thais tagtäglich dazwischenfunken können.

Die gute Nachricht: Die Geister sind mehrheitlich bestechlich und können durch Geschenke milde gestimmt werden. Von einigen Geistern kann gar die Erfüllung eines ausgefallenen Wunsches erbeten werden. Dies setzt allerdings das Feilbieten einer attraktiven Gegenleistung wie eines edlen Tropfens oder einer stimmungsvollen Tanzeinlage von anmutigen Tempeltänzerinnen voraus. Hierbei handelt es sich weniger um einen frommen Akt als um einen kühl kalkulierten Tauschhandel. Da sind die Thais, wie stets wenn es um die Steigerung ihres individuellen Wohlbefindens geht, ausgesprochen pragmatisch. Beim Abwägen zwischen spirituellen und materiellen Werten haben handfeste Dinge meist die Nase vorn. Im Idealfall lassen sich beide Sphären elegant miteinander verbinden – so ist es den Thais am liebsten. Derartig vorzugehen, ist für sie kein Widerspruch, sondern nur logisch und konsequent. Wenn irgend möglich, basteln sie sich ihre eigenen anregenden Lebensmenüs zusammen.

Gleichwohl ist das Schalten und Walten von Geistern für Thais nichts, was auf die leichte Schulter genommen werden sollte. Deshalb ist der Sorge vor den unliebsamen Folgen ihres nimmermüden Wirkens auch nicht mit flammenden Appellen an die menschliche Vernunft beizukommen, wie Martin es vergeblich versucht hat. Eher provoziert man eine mittelschwere Revolte, wenn man eine absolut unerlässliche Sicherheitsmaßnahme wie den Bau eines Geisterhäuschens zu sabotieren versucht. Jeder Widerstand ist zwecklos.

ALL-INCLUSIVE-UNTERKÜNFTE FÜR GEISTER

Vor vielen thailändischen Heimen und Geschäften stehen die für Thailand so typischen Geisterhäuschen. Wenn man mit offenen Augen durch das Land läuft, wird man sie in verschiedensten Variationen an fast jeder Ecke finden. Sie stehen üblicherweise erhöht auf einem Pfahl und sehen – bildhaft gesprochen – wie eine Mischung aus Puppenstube und Vogelhäuschen aus. Sie können dabei mehr oder weniger exakte Nachbildungen der Häuser sein, vor denen sie stehen, oder es handelt sich um verkleinerte Kopien religiöser Gebäude. Je nach Dicke der Brieftasche des Eigentümers sind sie groß oder klein, reich verziert oder schlicht gehalten. Zuweilen handelt es sich gar um miniaturisierte schlossähnliche Anwesen.

Sie werden errichtet, um den Erdgeist Chao Thi, der das Land vor dessen Umwandlung in eine Wohn- und Arbeitsfläche bewohnte, versöhnlich zu stimmen. Ihm wird gewissermaßen eine Ersatzwohnung gestellt, damit er nicht aus Frust über seine Vertreibung den neuen Hausherren das Leben schwer macht. Um jedem Missverständnis vorzubeugen, werden die Geisterhäuschen schon vor dem Bau der Menschenhäuser aufgestellt. Doch damit ist es noch nicht getan. Denn der Erdgeist ist ein überaus anspruchsvoller Mieter und will fortwährend bei Laune gehalten werden, sodass er jeden Tag aufs Neue mit Blumen, Erfrischungen, Essen und Duftstäbchen versorgt werden muss. Ein All-inclusive-Angebot sozusagen. Darüber hinaus werden auch an heiligen Orten und an potenziellen Unfallstellen Geisterhäuschen aufgestellt.

Mit dem Buddhismus haben die Geisterhäuser übrigens nichts zu tun. Sie stammen noch aus der Zeit, bevor Buddhas Lehren den Weg nach Südostasien gefunden haben.

Geister haben für Thais ohne jeden Zweifel die Kraft, den Menschen gehörig in die Alltagssuppe zu spucken. Sehr bösartige Geister können sogar von einem Menschen Besitz ergreifen, was schwere psychopathologische Zustände nach sich ziehen kann. Besonders gefürchtet sind die Geister von Verstorbenen, deren letzte Habe oft schleunigst unters Volk gebracht wird, damit sie keine Möglichkeit mehr haben, die verbliebenen Angehörigen zu piesacken.

Der thailändische Geisterglaube ist dabei nicht nur eine Marotte von hinterm Reisfeld lebenden Dorfbewohnern, sondern auch bei modernen Städtern anzutreffen. Dabei scheint mit dem Einzug der modernen Welt die Geisterdichte im Land eher noch zugenommen zu haben. Geister sind darüber hinaus ein dauerpräsentes Motiv in der Populärkultur, wobei hier dem uneingeschränkt unterhaltungswilligen Publikum oft bizarre Schauergeschichten serviert werden.

Dabei kann der Verweis auf Geisteraktivitäten durchaus auch einen pädagogischen Nutzen haben. Damit lassen sich beispielsweise bestimmte Handlungen wie das unbefugte Herumtreiben an gefährlichen Orten unterbinden oder das Einhalten von sinnvollen Hygieneempfehlungen effektiv befördern. Denn wer will es sich schon mit übernatürlichen Wesen verscherzen?

DIE SEELENSAMMLER

Zu welch bemerkenswerten Taten der Glaube an Geister führen kann, zeigt sich in der Millionenmetropole Bangkok, die v. a. nach Einbruch der Dunkelheit bestrebt zu sein scheint, ihren Thai-Namen Krung Thep (Stadt der Engel) ad absurdum zu führen. Dort sammeln sogenannte *body snatcher* (Leichenräuber) Körper von tödlich Verunglückten ein, die Opfer eines Gewaltverbrechens, eines Verkehrsunfalls oder eines Brandes geworden sind und um die sich sonst niemand kümmert. Es werden aber auch Verletzte abtransportiert. Nach einem in Thailand weit verbreiteten Glauben irren die Geister von gewaltsam aus dem Leben geschiedenen Menschen rastlos umher und malträtieren die Zurückgebliebenen. Um ihre Macht zu bannen, finden sich Mitglieder von buddhistischen Rettungsorganisationen wie der *Ruam Katanyu Foundation* oder der *Poh Teck Tung Foundation* zusammen und befördern die Leichen in Einäscherungseinrichtungen, wo sie ein würdiges Begräbnis erhalten.

Ganz selbstlos ist dieser Einsatz aber nicht. Denn die Freiwilligen wollen zum einem durch ihr Engagement ein paar Pluspunkte auf ihrem Karma-Konto ansammeln. Zum anderen spendet die Bevölkerung, da es keinen systematischen staatlichen Rettungsdienst gibt, für die Stiftungen, sodass zwischen ihnen eine regelrechte geschäftliche Rivalität herrscht. Die Verletzten werden in Hospitälern abgeliefert, die den *body snatchers* dafür eine Provision zahlen.

Wie geht es entspannter?

Zugegeben: Geister, Seelensammler und Dämonen sind für Westeuropäer starker Tobak. Dennoch sollte auch bei Ansichten, die für den nach Eigenwahrnehmung allzeit rationalen Westmenschen nur schwer zu schlucken sind, das Gebot der Toleranz für alternative Realitätszugänge gewahrt bleiben. Zumal schon seit Sigmund Freud bekannt ist, dass der Mensch keineswegs »Herr im eigenen Haus« ist und sich von allerlei unbewussten Kräften antreiben lässt. Daher sollte man sich vor entsprechenden Hochnäsigkeiten hüten, denn vom hohen Ross ist schon so mancher heruntergepurzelt. Eine gewisse Zurückhaltung gegenüber den Eigenarten der anderen ist insgesamt aus purem Eigeninteresse angesagt. Die goldene Regel der praktischen Ethik, die es weltweit in etlichen Abwandlungen gibt, lautet sinngemäß: Was du nicht willst, das man dir tu', das füg auch keinem anderen zu.

Da ausnahmslos jeder Mensch und jedes Volk seine eigenen Schrullen und Capricen hat, ist man gut beraten, diese anderen nicht in Abrede stellen zu wollen. Schließlich ließe sich auch die quasi-religiöse Inbrunst, mit der Deutsche Mülltrennung betreiben, oder ihre Art, sich gegen alle Eventualitäten des Lebens dreifach und vierfach abzusichern, trefflich durch den Kakao ziehen. Und auch im Abendland gibt es nicht wenige, die die Gegenwart von Engeln für eine hinreichend gesicherte Tatsache halten. Fazit: kauzige Ansichten ohne Ende. Wer will da den Schiedsrichter spielen?

Missionarischer Eifer, wie Martin ihn an den Tag gelegt hat, ist hier jedenfalls fehl am Platze. Abgesehen davon ist dieser ungefähr so Erfolg versprechend wie eine Kriegserklärung an das Wetter.

Bestenfalls dürfte Martin den geistergläubigen Thais als bemitleidenswerter Depp erscheinen, der sich mit Kräften anlegt, von deren Macht er nicht den blassesten Schimmer hat. Bei dem Geisterglauben der Thais handelt es sich zudem um ein vergleichsweise harmloses Wesensmerkmal, in dessen Folge normalerweise niemand zu Schaden kommt. Womöglich hilft er ihnen sogar dabei, ihr Leben besser zu meistern.

Da Martin aus beruflichen Gründen nach Thailand gekommen ist, täte er gut daran, sich mit dieser thailändischen Besonderheit einzurichten und als Botschafter des guten Willens aufzutreten. Und sollten dem Ausländer Äußerungen über die Existenz von übernatürlichen Erscheinungen partout gegen den Strich gehen, kann er immer noch versuchen, diese elegant zu überhören. Wobei: Unter den theoretischen Physikern mehren sich die Stimme derer, welche die Existenz von Paralleluniversen zumindest für eine interessante Hypothese halten. Wer weiß, vielleicht sollte man sich ja doch besser mit den Bewohnern anderer Sphären gut stellen ...

19 ARM, ABER ADRETT

ODER THAILÄNDISCHES KLEIDER-EINMALEINS

Nachdem das erste Treffen zwischen Martin und Herrn Saowaluk infolge abweichender Zeitbegriffe etwas holprig geraten war, sind sich die beiden danach sowohl geschäftlich als auch persönlich nähergekommen. Umso erfreuter ist Martin, als sein Geschäftspartner ihn zusammen mit seiner Familie zu einem lockeren Beisammensein einlädt. Die Zusage erfolgt postwendend. So weit, so gut. Allerdings ist mit einer solchen Einladung auch die Frage nach dem passenden Outfit verbunden.

»Weißt du denn, in was für einem Rahmen die Runde stattfinden soll«, fragt Susanne am Morgen in der Hoffnung auf zweckdienliche Hinweise für die Kleiderwahl.

»Keine große Geschichte jedenfalls. Er hat gesagt, wir sollen da völlig locker und entspannt aufkreuzen, alles total informell«, antwortet Martin. So wie es aussieht, hat er nicht vor, seine bequemen, wenn auch etwas ausgebeulten Shorts gegen eine langbeinige Hose einzutauschen. Auch das farbenfrohe Hawaiihemd legt er in seiner Freizeit nur noch ab, wenn er unter die Dusche geht. Vielleicht überzeugt es ja durch außergewöhnliche atmungsaktive Eigenschaften?

»Meinst du wirklich? Wo die Thais doch immer so viel Wert auf ihr Äußeres legen.«

»Bei der Bruthitze werden auch die Thais sich nicht freiwillig von oben bis unten zuschnüren. Glaub mir!«

»Amen«, sagt Lisa.

Das Grundstück der Saowaluks liegt in Rangsit, etwas nördlich von Bangkok. Das Taxi fährt in eines der typischen Mittelklasse-Siedlungsgebiete ein. Kalkweiße Betonhäuser mit roten Dächern. Sie steigen aus und bewundern das schmiedeeiserne Tor mit Darstellungen von allerlei Schutzengeln – der Stolz eines jeden thailändischen Hausherrn. Sie klingeln. Ein Jugendlicher öffnet die Tür und lässt sie ohne jedes Losungswort ein. Die Zusammenkunft findet offensichtlich im Garten hinterm Haus statt.

Zuerst haben die Meyers den Eindruck, auf der falschen Party gelandet zu sein: eine Hochzeit, die Begrüßung eines neuen Erdenbürgers oder die Verabschiedung eines alten. Der konkrete Anlass ist nicht zu erkennen. Jedenfalls muss es irgendetwas in dieser Art sein, denn die Gäste haben sich derart in Schale geworfen, als wären sie zum Captain's Dinner oder zum Cocktailempfang beim Bürgermeister geladen. Die Männer im klassischen Schwarz-Weiß-Look: schwarze Tuchhosen, Jackett im Businessstil, weiße zugeknöpfte Hemden. Die Damen sind derweil ein klitzeklein wenig experimentierfreudiger. Festliche Abendkleider mit gewissen dezenten Höhepunkten, dazu eine üppige Haarpracht, ausgefallene Schuhe, funkelnder Schmuck. Eines wird sofort deutlich: Die gehören zusammen, eine richtige Feiergesellschaft. Dagegen wirken die Meyers in ihrer luftigen Freizeitkleidung, als wären sie eine Piratenabordnung aus der Karibik. Es fehlen nur noch Augenklappen und Hüte mit Totenköpfen und gekreuzten Schwertern. Eine besondere Aufmerksamkeit ist ihnen in jedem Fall sicher.

Da kommt auch schon Herr Saowaluk angesaust. Natürlich sieht er aus wie aus dem Ei gepellt. Im Schlepptau folgt seine Frau, gekleidet mit der zwanglosen Eleganz einer siamesischen Hofdame. Ein Fest aus Chiffon, Taft, Seide und Satin.

Höchstens für eine Millisekunde lässt sich der Gastgeber sein Befremden über den Aufzug der Meyers anmerken. Ein kurzes Zucken der rechten Augenbraue, eine stärkere Reaktion zeigt er nicht. »*Sawadee khrap,* schön, dass Sie gekommen sind. Wir feiern heute auch den Schulbeginn meiner Tochter, die wird sich bestimmt sehr freuen.«

Mit Fruchtcocktails ausgerüstet mischen sich die Meyers unters Partyvolk. Ganz wohl ist ihnen in ihrer unzureichend bedeckten Haut nicht. Unsicher stehen sie da, als würden sie auf den Bus zurück in die Stadt warten. Susanne versucht ihr Unwohlsein zumindest dadurch ein wenig zu mindern, indem sie ein Tuch über die Schultern zieht. Selbst Lisa, der Vorgaben aller Art sonst ziemlich schnuppe sind, zieht einen Flunsch, als hätte sie gerade in ein Stück saure Tamarinde gebissen. Zu allem Überdruss reißt in just diesem Moment Martin auch noch die Plastiktüte, in die er die auf der Hinfahrt erworbenen Durian-Früchte verschlossen hatte.

»So ein Mist aber auch.«

Die Umherstehenden quittieren den Unfall mit säuerlichen Gesichtern.

DIE DURIAN – EINE ÜBELRIECHENDE MONARCHIN

Eine etwas spezielle Erfahrung, die man gleichwohl nicht versäumen sollte, ist der Genuss einer Durian, die als unangefochtene Königin der thailändischen Früchte angepriesen und der durchaus ein gewisses Maß an Verehrung zuteilwird. Dabei gibt es sie nicht nur exklusiv in Thailand, sondern sie ist in ganz Südostasien anzutreffen. Es handelt sich dabei um eine große, bis 4 Kilogramm schwere, stachlige Frucht mit grün-gelber Schale und einem sehr intensiven Geruch, der gemeinhin als penetrant süßlich-faulig beschrieben wird. Kein Wunder also, dass sich an der Durian die Geister scheiden. Während die einen regelrecht ins Schwärmen geraten, sind die anderen einfach nur angewidert. Glücklicherweise ist der Geschmack nicht so streng wie der Geruch.

Jedenfalls ist man mit den »Stinkefrüchten« im Gepäck nicht überall ein gern gesehener Gast. An einigen Hotels, Verkehrsmitteln und Restaurants finden sich sogar »No Durian«-Schilder – zuweilen unter Androhung von Strafzahlungen! Zur Erntezeit von Mai bis Juni werden Durians vielerorts an mobilen Ständen oder gleich direkt von der Ladefläche eines der omnipräsenten Pick-ups herunter verkauft. Durian gibt es in verschiedenen Formen: von groß und lang mit dickem, cremig-süßem Fleisch *(Mon Tong)* über mittelgroß mit langem Stiel mit weichem, süßem Fleisch *(Gan Yao)* bis zu groß und dick mit kräftig-aromatischem Fleisch *(Chanee)*. Da Durian den Körper überhitzen soll, wird empfohlen, anschließend noch Mangosteen zu essen, um wieder »abzukühlen«. Wer einen dezenten ersten Geschmackseindruck erhalten will, kann zunächst einmal Eiscreme oder Joghurt mit Durian-Note probieren.

»Ich hol uns noch was zu trinken«, sagt Martin, froh darüber, eine kurzfristige Beschäftigung gefunden zu haben.

Die anderen Gäste halten einen gewissen Sicherheitsabstand. Vereinzelt gibt es auch missbilligende Blicke. Die ausländischen Besucher im Räuberzivil scheinen ihnen nicht ganz geheuer zu sein.

»Hoffentlich stecken die uns nicht in eine Kleider-Quarantäne«, zischt Susanne Martin zu, als er mit Getränke-Nachschub wieder auftaucht. Dieser hüllt sich, seines Vergehens nur zu bewusst, in betretenes Schweigen.

Auch wenn die Meyers wie eine skurrile Showeinlage wirken, gibt Herr Saowaluk sich alle erdenkliche Mühe, auch ihnen ein guter Gastgeber zu sein. Er kommt eigens vorbei, um ihnen die Eröffnung des Buffets anzukündigen. Und obwohl die Meyers anschließend mit einigen der Gäste ins Gespräch kommen, bleibt das unangenehme Gefühl, mit ihrer Garderobe absolut fehl am Platze zu sein. Nach kurzer Beratung beschließen sie, die Party früher als geplant zu verlassen, und verabschieden sich unter dem ziemlich lahmen Vorwand, zu Hause das Gummibäumchen gießen zu müssen.

Auf der Heimfahrt nehmen Mutter und Tochter den Ehemann und Vater ins Kreuzverhör. Variante Bad Cop, Bad Cop. Was er sich denn dabei gedacht habe, sie derart in Verlegenheit zu bringen! Und das, wo sie ihn doch regelrecht gelöchert haben, den Dresscode in Erfahrung zu bringen. Über eine angemessene Strafe werde noch zu reden sein!

»Ich bin fest davon ausgegangen, dass Thais mit ›informell‹ legeres Grillparty-Outfit meinen.« Martins Stimme ist ungewöhnlich leise. »Aber das war wohl ein ziemlicher Schlag ins Wasser.«

Was ist da schiefgelaufen?

Ja, so kann man sich irren! Locker heißt in Thailand keinesfalls nachlässig. Aber sonderlich überraschend ist das nicht. Das hätten die Meyers bzw. Martin sich denken können. Denn in Thailand kommt es bei den allermeisten Gelegenheiten vor allem darauf an, Haltung zu bewahren. Spaß haben – aber mit Stil, heißt es in Thailand. Dies gilt für das förmliche Auftreten in der Öffentlichkeit genauso wie für das äußere Erscheinungsbild. Etikette ist in Thailand kein Luxusartikel oder ein wohlfeiles Hilfsmittel für Karrieristen, sondern eine Frage des Charakters. Wer sich nicht manierlich kleidet, der kann kein ehrbarer Mensch sein. Eine solche Person verliert in den Augen der anderen ihr Gesicht. Dies ist für Thais der soziale Super-GAU, den sie um jeden Preis vermeiden wollen.

Nachlässige Kleidung ist für Thais gleich doppelt anstößig: Sie ist nicht nur ein Zeichen dafür, dass man es sich selbst gegenüber an der nötigen Achtsamkeit fehlen lässt. Sie ist auch ein Affront den Mitmenschen gegenüber, da sie von mangelndem Respekt zeugt. Hat der andere es etwa nicht für nötig befunden, sich wenigstens etwas halbwegs Anständiges überzuwerfen?

Hinzu kommt, dass in der thailändischen Standesgesellschaft auch diejenigen, die am Rand stehen, einen möglichst guten Eindruck machen wollen. Niemand soll ihnen vorhalten können, dass sie schluderig oder schlampig herumlaufen würden. Diese Sorgfaltspflicht bedeutet in der Praxis, dass jeder sich so makellos anzieht, wie er kann. Ein sauberes Hemd und eine gebügelte Hose kosten kein Himmelreich. Arm, aber gesittet – das ist das Mindeste, das jeder Thai von sich sagen können will. Selbst in ihren Privatgemächern laufen Thais dezent gewandet herum. Da passt es für sie überhaupt nicht ins Bild, wenn einige *farang* – speziell aus der flippigen Backpackergemeinde – daherkommen, als hätten sie ihre Garderobe geradewegs aus der Altkleidersammlung. Oder sie wandern in einem Minimal-Gewand aus Shorts, Spaghettiträger-Tops und Badeschlappen durch die Städte, mit dem sich Thais selbst an ihrem Hausstrand unangezogen vorkämen. Beim *farang*-Dresscode stehen die Thais vor einem unerklärlichen Rätsel. Die müssten doch eigentlich genug Geld haben, um sich etwas Vernünftiges zum Anziehen zu kaufen! Laufen die zu Hause etwa auch so rum?

Letztlich schaden sich Ausländer, die in Thailand wie Landstreicher durch die Gegend schlurfen, selbst. Denn exakt so, wie sie sich kleiden, werden sie von den Einheimischen auch behandelt. Wonach sollten Thais den Status eines Ausländers denn auch sonst beurteilen, wenn nicht nach dessen Äußerem? Einordnung muss schließlich sein. Für besonders liederlich und ungepflegt aussehende Ausländer haben die Thais übrigens die derbe Bezeichnung *farang khi nok* (Vogelscheiße-Ausländer) reserviert ...

Wie geht es entspannter?

In Thailand immer die richtige Kleidernote zu treffen, ist nicht ganz einfach. Dies fängt schon damit an, dass man sich aufgrund der tropischen Hitze möglichst frei machen will. Das ist verständlich, allerdings sollte bedacht werden, dass Temperaturen auch oberhalb der Dreißig-Grad-Marke nicht die Ausnahme, sondern der Normalzustand sind. Kann man bei uns im Hochsommer schon mal ein Auge oder zwei zudrücken, wenn die Strandmontur vorübergehend zum

Standard-Outfit mutiert, wäre dies in Thailand gleichbedeutend mit einer Änderung der generellen Kleiderordnung. Merke: Selbst sengende Hitze wird nur ausnahmsweise als mildernder Umstand akzeptiert.

Davon abgesehen scheint es bei einigen Thailand-Besuchern das unbändige Bedürfnis zu geben, sich für eine begrenzte Zeit so radikal wie irgend möglich der heimischen Konventionen und jedweder Erinnerung an Kleiderordnung zu entledigen. Dies wiederum ist höchstens in den Touristenanlagen hinnehmbar, aber eigentlich nicht einmal dort. Nun wird in Thailand von niemandem verlangt, dass er im Frack und mit Zylinder herumstolziert. Pinguine gehören schließlich an den Nordpol. Aber in Zonen, wo ein Kontakt mit Einheimischen nicht auszuschließen ist, sollten zumindest die Beine und Schultern bedeckt werden. Auch ordentliche Sandalen mit Fersenhalt sind nicht zu viel verlangt.

Während man als Urlaubszivilist durchaus noch ein entspanntes Ferienfeeling aufkommen lassen kann, gibt es hingegen bei Businesstreffen keinerlei Verhandlungsspielraum. Hier heißt es, ohne Sakko, Hemd, Binder und geschlossene Schuhe geht rein gar nichts. Mit jemandem, der angeschlendert kommt, als wäre er der Bademeister des städtischen Freibads, wird in Thailand niemand Geschäfte machen. Verschärfte Bekleidungsregeln gelten auch in religiösen und repräsentativen Anlagen. In manche dieser Einrichtungen wie in den Königspalast und das angeschlossene Wat Phra Keo in Bangkok wird man nur hineingelassen, wenn man die Textilvorschriften peinlich genau erfüllt.

In Thailand müsste die alte Formel »Kleider machen Leute« so abgewandelt werden, dass jemand ohne adrette Kluft schlechthin kein seriöser Mitmensch sein kann. Sie können ja mal die Probe aufs Exempel machen und ein und dieselbe Örtlichkeit einmal im Schlabberlook und dann ordentlich herausgeputzt aufsuchen. Sie werden erstaunt sein, wie unterschiedlich man Sie behandeln wird.

20 IM KÖNIGREICH DER VERBORGENEN LECKERBISSEN

ODER SIMPLIFY YOUR ORDER!

»Ich habe Hunger!« Diesen Refrain trällert Lisa nun schon seit zwei Stunden vor sich hin. Allerdings wird sie sich noch eine Weile gedulden müssen.

Warum? Die Meyers haben ja eine große Vorliebe für Ausflüge aller Art. Diesmal hat es sie nach Bang Pa-In verschlagen, eine weitläufige und farbenprächtige Palastanlage vor den Toren Bangkoks. Hierhin sind einst die legendären Könige von Siam in die Sommerfrische gefahren. Heute stehen die Paläste leer, was aufmerksamen Besuchern wie Martin die Gelegenheit gibt, die verschiedenen Baustile der Gebäude – chinesisch, europäisch, thailändisch – detailliert zu begutachten und noch den kleinsten Pavillon einer akribischen Betrachtung zu unterziehen. Natürlich machen solche Expeditionen hungrig. Zumal wenn für jemanden ein Bauwerk aussieht wie das andere, wie es bei Lisa der Fall ist. Geduld und Ausdauer scheinen offenbar nicht zu den großen Stärken der Jugend zu gehören. Da aber auch Susannes Enthusiasmus spürbar nachlässt, macht Martin einen Kompromissvorschlag: »Also, wenn ich mir noch die große Thronhalle ansehen darf, dann führe ich euch in Bangkok groß zum Essen aus.« Das hört sich gut an!

Nachdem Martin seine Forschungsarbeiten vorläufig beendet hat, geht es mit einem lokalen Bummelzug zurück in die Hauptstadt. Wie auf einer Kinoleinwand fliegen Bilder von Menschen,

Tieren und Reisfeldern am Zugfenster vorbei. Am Bahnhof Hua Lamphong angekommen, steigen sie in ein Taxi um, das sie in die nicht weit entfernte Silom Road bringt. Dort gibt es eine riesige Auswahl an Restaurants. Alle nicht ganz billig, dafür aber original. Nur welche Küche soll es denn sein? Thai-Food? Oder wie wäre es einmal mit indischem, japanischem, koreanischem, vietnamesischem, malaysischem oder indonesischem Essen? Das hört sich alles verlockend an. Insofern: eine schwierige Entscheidung für die Meyers.

Sie überlegen hin, sie überlegen her – kommen aber zu keinem Schluss. Nun rächt sich, dass sie nicht schon vorher die Palette an Alternativen eingegrenzt haben. Wie eine Gruppe zerstreuter Postboten ziehen sie von Lokal zu Lokal und inspizieren die Speisekarten mit einer Gründlichkeit, als wären es Steuerbescheide vom Finanzamt. Die Karten sind zwar nicht in einem verschachtelten Beamtendeutsch verfasst, aber deswegen noch lange nicht verständlicher. Nur in seltenen Ausnahmefällen kann vom Namen des Gerichts auf dessen Zutaten geschlossen werden. Das ist schade, denn zu Blinde-Kuh-Experimenten fehlt den Meyers der kulinarische Mut.

So irren sie eine halbe Ewigkeit durch die Gegend, während es sich die Gäste in den Restaurants sichtlich gut gehen lassen. Lisa murmelt weiter ihr Hunger-Mantra vor sich hin, und die Mägen der drei knurren im Terzett.

Da kommt Susanne eine Idee: »In den Kaufhäusern gibt es doch auch immer Essensabteilungen, diese *food courts.* Vielleicht sollten wir es da mal versuchen.« Ja natürlich, dort hat man alles unter einem Dach, und preiswert soll es auch noch sein.

Sie laufen noch ein Stück und stehen prompt vor einem dieser Betonklötze. Nach einem kurzen Wortwechsel mit der netten Dame von der Information haben sie Gewissheit: In der fünften Etage gibt es etwas Warmes für den Magen. Per Rolltreppe geht es nach oben, dann kommt auch schon das Verköstigungscenter in Sicht. Dort ist ordentlich was los. Hochkonzentriert widmen sich die Gäste der

Nahrungsaufnahme. Das Ganze sieht aus wie eine Kreuzung aus europäischem Marktplatz und Uni-Mensa.

Familie Meyer setzt sich an einen der rund einhundert Tische und wartet. Und wartet. Und wartet. Passieren tut leider nichts. Rein gar nichts. Ein Kellner oder irgendjemand anderes, dem man seine Wünsche mitteilen könnte, lässt sich nicht blicken. Merkwürdig. Susanne brummelt etwas von einem gewissen Godot. Lisa klagt, sie sei schon ganz abgemagert. Nach geschlagenen fünfundzwanzig Minuten haben sie genug und ziehen sich, der Verzweiflung und dem Hungertod nahe, zurück.

Aber: In der Not wächst das Rettende, das wusste schon Hölderlin. Und siehe da, in einer Nebenstraße *(soi)* treffen sie auf ein ganzes Geschwader so genannter *hawker stalls.* Es handelt sich hierbei um bewegliche Essensstände, die alles, was sie brauchen, an Bord haben, und die im Idealfall kleine Stühle und Tische aus Plastik bereitstellen, an denen die Speisen eingenommen werden können. Die Meyers lassen sich vom energischen Winken einer steinalten Standfrau anlocken und beschließen, die außerordentlich lecker aussehende Nudelsuppe zu probieren.

»*Pät* (Scharf)?«, fragt die Frau.

Susanne kann sich denken, dass sie diese Frage nicht unnötig stellt, und antwortet: »*Mä pät* (nicht scharf).« Martin plädiert dagegen für »scharf« und bedient sich außerdem noch aus dem Töpfchen mit der ominösen Aufschrift *»prik nam pla«,* das auf dem Tisch steht. Dieser Leichtsinn bringt ihm einen feuerroten Kopf sowie eine Reihe erbarmungswürdiger Hustenanfälle ein. Die rüstige Seniorin hat Mitleid mit dem armen *farang* und klopft ihm zur Linderung kräftig auf den Rücken. Einen festen Schlag hat sie. Martin muss sich an der Tischkante festklammern, um nicht vornüberzukippen. Er hat das Gefühl, dass es aus seinem Kopf raucht. Dann stellt ihm die Dame ein Schälchen mit Reis hin, der zumindest die größte Schärfe abmildert. Das hilft. Zum Schluss haben nun auch die Meyers etwas Wohlschmeckendes im Magen. Aber die Umwege, die sie dabei in Kauf nehmen mussten, zeigen: Auch essen gehen will gelernt sein.

Was ist da schiefgelaufen?

Keine Thailandreise ist komplett ohne eine ausgiebige kulinarische Erkundungstour. Für manch einen Lukullus ist die unwiderstehliche und aufregende Thai-Küche gar das Hauptmotiv für einen Aufenthalt im Land von Sternfrucht, Longan, Mini-Aubergine, Zitronengras und Tamarinde. Dem Besucher kommt dabei zupass, dass die unentwegte und in allen Lebenslagen stattfindende Nahrungsaufnahme eine Obsession der Thais darstellt. Die Fixierung der Thais auf alles Essbare, um im Vokabular der Küchenpsychologie zu bleiben, ist jedenfalls nicht weiter verwunderlich, wenn man bedenkt, wie begünstigt das Land von der Natur ist: Alle Zutaten sprießen quasi wie von selbst und können – kurz erhitzt – umstandslos serviert werden. Allerdings gibt es, wie man gesehen hat, auf dem Weg ins Curry-Nirwana einige kleinere Hürden zu meistern.

BEDROHTE KULINARISCHE VIELFALT

An dieser Stelle sollte der Klarheit halber darauf hingewiesen werden, dass es traditionell genauso wenig eine einheitliche thailändische Nationalküche gibt, wie eine homogene chinesische oder indische Landes-Cuisine existiert. Dies kann bei großen Ländern mit unterschiedlichen Vegetationszonen gar nicht anders sein. Grob verschmeckt, lässt sich sagen, dass im südlichen Thailand bevorzugt üblicher Siam-Reis, Kokosmilch und Meeresprodukte verwendet werden, wohingegen im Norden und speziell im Nordosten eher Klebereis *(khao niao)*, Fischsauce *(plaara)* und auch rohe Fleisch- und Fischteile zu den allgemein favorisierten Zutaten in den Küchentöpfen und Woks gehören.

Allerdings hat nicht zuletzt der weltweite Triumphzug der Thai-Küche zur Folge, dass sich zunehmend ein Einheitsstil herausbildet, der dann den direkten Weg in die Speisekarten von Thai-Restaurants weltweit findet. Aber auch in Thailand selbst ist eine fortschreitende Einengung auf einige Standardgerichte mit möglichst gefälliger Note zu beobachten. Dieser normierte Stil orientiert sich stark an der zentralthailändischen Küche, die sich durch eine verminderte Schärfe und geringere Gewürzstärke kennzeichnet und in der auf außergewöhnlichere Zutaten verzichtet wird. Das ist überaus bedauerlich, denn damit geht viel von der aufregenden Authentizität der Thai-Speisen verloren. Wer aber Thailand etwas abseits der ausgetretenen Touristenpfade bereist und sich Einheimischen hinzugesellt, hat immer noch die Gelegenheit, klassische Gerichte und Zubereitungsweisen zu probieren.

Da wäre zunächst die Frage, wo man sich zu verköstigen gedenkt. Die gute Nachricht lautet: Man hat die Wahl. Die nicht ganz so gute: Man hat auch die Qual der Entscheidung. Deshalb sollte man früh seine Wünsche klären, um nicht wie die Meyers orientierungslos im Essenshimmel herumzuirren. Einen guten, wenngleich eher schnörkellosen Weg, sich der Thai-Küche anzunähern, stellen in der Tat die *food courts* in den Kaufhäusern dar. Dabei handelt es sich um eine Ansammlung kleiner Garküchen mit unterschiedlichen Angeboten unter einem Dach. Hier gibt es in der Regel ein Coupon-System, bei dem man sich vorab an einem Schalter Gutscheine besorgen muss. Mit denen bezahlt man dann an den einzelnen Ständen. Auf eine Bedienung wartet man hier – liebe Familie Meyer – natürlich ähnlich vergeblich wie auf Freibier in der Wüste Gobi. Auch wenn absolut nichts gegen ein feudales Gelage in einem Spitzenrestaurant spricht – der Charme der Thai-Küche liegt insgesamt darin, dass auch ohne viel Federlesens fantastische Speisen auf den Tisch gebracht werden. *Cook it, serve it and eat it.* Wobei die kulinarische Zauberformel gilt: frisch + frisch = lecker.

Wäre da nicht das berüchtigte Thema Schärfe: Hier ist in der Tat ein klein wenig Vorsicht angebracht. Zwar sind beileibe nicht alle Thai-Gerichte so beißend scharf, dass es einem die Sprache verschlägt, aber Chilis sind nun einmal ein zentraler Bestandteil der Thai-Cuisine. Von Vorteil ist, dass viele Thai-Gerichte erst am Tisch fertig gewürzt werden. Hier kann man seinen individuellen Schärfegrad passgenau justieren. Dies gilt allerdings nicht für die diversen Curry-Variationen (*gaeng*-Gerichte) oder für das feurige Nationalheiligtum *tom yam gung*, eine scharf-saure Garnelensuppe.

KLEINE CHILIKUNDE – MANCHE MÖGEN'S SCHARF

Obwohl Chilis *(phrik)* in Thailand nicht heimisch sind und ursprünglich aus Südamerika stammen, sind sie eine elementare Zutat der Thai-Küche. In botanischer Hinsicht werden sie zur Familie der Paprika gezählt und überkorrekt als Paprika- oder Chilibeeren bezeichnet. Chilis sind nicht einfach nur scharf, sondern es gibt sie in verschiedenen Geschmacksnoten, von rauchig bis blumig. Der Schärfeeffekt, der hauptsächlich von den Samen im Inneren ausgeht, ist das chemische Resultat einer Stimulierung der Wärmerezeptoren, durch welche ein Schmerzreiz ausgelöst wird. Da hier keine Wahrnehmung durch die Geschmacksknospen erfolgt, ist scharf keine Geschmacksrichtung wie süß, sauer usw.

Es gibt mit der Scoville-Einheit sogar ein Maß, mit dem die Schärfe gemessen werden kann. Damit wird angegeben, wie hoch die Konzentration des für den Schärfeeffekt verantwortlichen Alkaloids Capsaicin ist. Das absolute Maximum liegt bei 200.000 bis 300.000 Scoville-Einheiten, wobei die schärfsten Thai-Chilis auf den hohen Wert von 100.000 kommen.

In Thailand werden zwölf verschiedene Chili-Sorten, entweder frisch oder getrocknet, zum Kochen verwendet und sollen den Speisen Farbe und Aroma geben. Die schärfste unter ihnen ist die »himmelweisende« Chili *(phrik chii faa)*. Generell gilt, dass kleine Chilis schärfer sind als große und dass die Schärfe auch durch die Temperatur des Essens noch gesteigert wird. Ob rot oder grün ist dagegen weniger entscheidend. Seltener sind orangefarbene Chilis, die scharf und säuerlich schmecken. Chilis sind besonders reich an Vitamin B1, B2, C und an Eisen. Wer nun immer noch mit dieser Frucht fremdelt, dem sei gesagt, dass durch besagten Schmerzreiz Glückshormone ausgeschüttet werden. Also: Iss Chilis, *be happy!*

Die Thais wissen um die Mimosenhaftigkeit der *farang* bei ein paar Chili-Fasern in der Suppe und erkundigen sich meist nach dem jeweiligen schärfebezogenen Toleranzlevel. Entsprechende Nachfragen sollte man dabei nicht wie Martin aus einem plötzlichen, aber unangebrachten Heldenmut auf die leichte Schulter nehmen. Sportliche Naturen können während ihres Aufenthaltes aber versuchen, ihre Rezeptoren langsam auf Schmerzunempfindlichkeit zu trainieren.

Nach Möglichkeit meiden sollte man indes Imitationsversuche westlicher Gerichte. Denn diese sind in den allermeisten Fällen wenig schmackhaft und zuweilen schlicht ungenießbar. In Deutschland würde auch niemand auf die Idee kommen, an einer Currywurstbude Sushi zu probieren. Oder etwa doch? Im Zweifelsfall kann man sich immer eine Portion Reis mit Gemüse und ein paar Schnipseln Huhn bestellen, wenn man sich an die anspruchsvolleren Gerichte nicht so richtig herantraut. Und für alle, die sich unerklärlicherweise mit der Thai-Küche partout nicht anfreunden können, gibt es in den Touristenhochburgen noch einige obskure von *farang* geführte Lokalitäten mit Namen wie »Bei Franz«. Dort kann man zum Beispiel Schweinshaxe mit Sauerkraut und Kartoffelpüree bei über dreißig Grad Außentemperatur bestellen ...

Wie geht es entspannter?

Wenn es in Thailand eine Gelegenheit gibt, sich als echter Entdecker zu fühlen, dann beim Aufspüren von essbaren Kostbarkeiten. Hierfür sind lediglich offene Augen und eine kleine Portion Wagemut vonnöten. Algen-Snacks, unreife Mangos, Muschel-Omeletts, süße Mungobohnen, saure Fischsuppe mit Wasserspinat, Sapodillas (die Frucht des Breiapfelbaums) – die Liste der Spezialitäten ist endlos. Eine gute Strategie, die Schatzjagd zu ordnen, ist es, die Einheimischen bei der Nahrungsaufnahme zu observieren. Denn die wissen naturgemäß am besten über die Highlights ihrer Küche Bescheid. Wenn also vor einem Stand oder in einem Lokal – und seien diese auch noch so unscheinbar – ein mittlerer Menschenauflauf stattfindet, ist dies ein sicheres Indiz dafür, dass hier Wohltaten für den Gaumen verabreicht werden. Wenn hinter der Theke noch Herrschaften fortgeschrittenen Alters emsig zugange sind, dann kann eigentlich nichts mehr schiefgehen. Es sei denn, dort werden Speisen angeboten, die für den Europäer eher gewöhnungsbedürftig sind wie Rinderplazenta, Schlangenragout, Fischblasensuppe oder Vogeleier to go. Aber derlei Perlen der Thai-Küche sind meist schon von Weitem identifizierbar.

INSEKTEN – DER ETWAS ANDERE IMBISS

Ein Thema, um das man in einem Kapitel über Essen in Thailand nicht herumkommt, sind die Insektenhappen *(määng)*. Hierbei handelt es sich für Westler um ein Faszinosum erster Güte. Verständlich, haben doch alle Kulturen ihre Nahrungstabus. In Thailand jedenfalls gelten Ameisen, Heuschrecken, Grashüpfer, Raupen, Käfer und sogar Skorpione als normale Zwischenmahlzeit. Dabei werden die Tierchen gekocht, geröstet oder in Öl frittiert. Für noch mehr Entgeisterung dürfte bei Besuchern der Umstand sorgen, dass die Insekten in absolut allen Stadien ihrer Entwicklung – Eier, Larven, ausgewachsene Tiere – genossen werden. Dabei gelten die Vielbeiner aufgrund ihres hohen Protein- und Mineraliengehaltes als sehr nahrhaft. Den Geschmack beschreiben die meisten Insektengourmets als leicht nussig. Die Popularität dieser speziellen Leckerbissen ist inzwischen so groß, dass man sich ernsthafte Gedanken um den Fortbestand einzelner Arten machen muss. Diese Sorge könnte sich künftig noch weiter zuspitzen, da einige Forscher die Auffassung vertreten, Insekten seien eine Möglichkeit, eine wachsende Weltbevölkerung, die sich beharrlich auf die 10-Milliarden-Marke zubewegt, satt zu kriegen. Bei Touristen bleibt ein Besuch der Insektenstände eine beliebte Mutprobe.

Es soll Westler gegeben haben, die all diese Speisen im Unklaren über die näheren Zutaten vertilgt haben und danach voll des Lobes über die exquisiten Geschmacksnuancen waren. In jedem Fall gilt auch hier die alte Sponti-Devise »Probieren geht über Studieren«. In neun von zehn Fällen wird Experimentierfreude belohnt. Da die Nahrungsmittel meist frisch *(sot)* zubereitet und ordentlich erhitzt werden, kann man an den Straßenständen in der Regel bedenkenlos zuschlagen. Auch thailändische Anzugträger sind sich hierfür nicht zu schade.

Wenn man in den Futterkrippen der Einheimischen wildern geht, sollte man versuchen, den gemeinhin quirligen Betrieb nicht allzu sehr zu blockieren. Dies fängt damit an, sich in Hochfrequenz-Lokalen vorab darüber klar zu werden, was man haben will, und nicht an der Spitze einer 150 Meter langen Warteschlage eine Rundum-Typberatung einzufordern. Zumal die angesichts der begrenzten Sprachkenntnisse sowieso nicht erfolgen kann. Wenn es ein Standardgericht gibt, das weggeht wie geschnitten Ananas *(sapparot)*, ist man gut beraten, sich der Mehrheitsmeinung anzuschließen. Allgemein ist eine gewisse Lockerheit im Hinblick darauf angebracht, was schließlich in der Schüssel landet.

Angesichts der Sprachbarrieren kommt es manchmal zu kleineren Missverständnissen, auf denen man besser nicht endlos herumreiten sollte. Wer Tintenfisch *(plaa meuk)* mag, sollte mit Garnelen *(gung)* keine allzu großen Probleme haben. Die Rede ist hier nicht von High-End-Restaurants, sondern von den für Thailand so typischen überdachten Wok-Pfannen, wo man eine komplette Mahlzeit zum Preis einer Tüte Chips bekommt. Aber auch in mittelpreisigen Gastwirtschaften ist, was die Serviergeschwindigkeit und Professionalität der Belegschaft betrifft, Entspannung Trumpf. Das Gros des Dienstleistungspersonals stammt aus armen Verhältnissen und besitzt nur ein paar Jahre Schulbildung. Mit exzentrischen *farang*-Wünschen kann es schnell überfordert sein. Deshalb der Rat: *Simplify your order!*

21 ROYALES THAILAND

ODER EIN KÖNIG UND EINE SEELE

Wo sie denn nun schon wieder hinwolle, möchte Susanne von Lisa wissen, als diese wie ein Derwisch durch die Wohnung wirbelt und all die Dinge und elektronischen Gerätschaften zusammensucht, ohne die sie keinen Schritt aus dem Haus macht.

»Na, wir gehen heute ins Kino – 4-D«, informiert Lisa ihre Mutter. »Aber das hab ich dir doch schon mindestens fünfmal erzählt!«

Das ist zwar eine maßlose Übertreibung, denn – wenn überhaupt – hat Lisa dies allenfalls einmal als ferne Möglichkeit in den Raum gestellt. Aber sei's drum. Nach einer wohlgemeinten Standpauke von Madame Sopapun, allzeit anständig, brav und rechtschaffen zu sein, wird ihr endlich ein zeitlich begrenzter Passierschein ausgestellt. »22 Uhr – und keine Minute länger!

Das Kino, oder besser gesagt der Filmpalast, befindet sich in den oberen zwei Etagen eines Einkaufszentrums. Das Ambiente erinnert an eine Raumstation der ferneren Zukunft. Ein riesengroßes Areal, baumdicke silberne Säulen, rot gelederte Sitzoasen, viel Glas und Chrom. Lisas Freundinnen Ket und Saa sitzen schon wie auf heißen Kohlen. Es ist zwar noch reichlich Zeit bis zum Filmbeginn, aber es muss ja noch ausreichend Proviant für die Aufführung besorgt werden. Also Popcorn, Krabbenchips *(krupuk)*, goldgelb frittierte Bananenscheiben *(kluai khaek)* und Erdnüsse mit Kokosmantel der extrem populären Marke Koh-Kae.

Das bekommt der Ausländer in Thailand schnell mit: Immer etwas zum Knabbern dabeizuhaben, ist für Thais eine Überlebensfrage, der allerhöchste Priorität eingeräumt wird. Denn die Gefahr ist durchaus real: Man könnte ja einen jähen Hungeranfall bekommen und es dann nicht mehr bis zur Garküche an der nächsten Straßenecke schaffen!

Wie auch immer. Das Ganze kostet jedenfalls ein kleines Vermögen, sodass Lisa wohl wieder einen Vorschuss auf das nächste Taschengeld beantragen muss. Dafür sind die Kinosessel unheimlich bequem. Eine etwas eigenartige Kombination aus Massagesofa, Flugzeugsitz und Zahnarztstuhl, findet sie. In gespannter Vorfreude harrt Lisa dem Kinoevent entgegen.

Dann aber, kurz bevor es eigentlich losgehen sollte, ertönt urplötzlich eine getragene Streichermusik. Wie auf Knopfdruck und als wären sie alle Rekruten in der Grundausbildung springen die anderen Besucher auf und nehmen eine militärähnliche Haltung an. Auch Ket und Saa, die ansonsten eher durch ihren hin- und hertänzelnden Gang und ihr Kichern auffallen, haben sich wie Zinnsoldatinnen kerzengerade aufgestellt. Lisa ist die Einzige, die noch sitzt.

Irgendetwas hat es mit diesem Lied auf sich. Aber was genau? Sie hat keine Ahnung. Vielleicht sollte sie auf Nummer sicher gehen und sich ebenfalls erheben? Allerdings hat sie es sich gerade so schön gemütlich gemacht und sagt sich, wer aufsteht, muss sich auch wieder hinsetzen. Den Aufwand spare ich mir!

Da beugt sich die Dame neben ihr herunter und sagt: »Wollen Sie denn nicht den König ehren?«

Lisa rutscht in einem Anflug von Trotz tiefer in ihren Sitz. Was für einen König überhaupt? So was gibt's doch nur im Märchenbuch. Und selbst wenn, für einen König stehe ich nicht stramm, da muss schon eine einschlägige Hollywood-Berühmtheit kommen.

Nach Ende des Filmes, der alle Erwartungen erfüllt hat – der Sitz hat ordentlich gewackelt und auch die Geruchseffekte waren klasse –, kommt die Frau noch einmal auf Lisa zu. Offenbar hat ihr Lisas demonstratives Desinteresse vorhin sehr missfallen. Sie öffnet ihr Portemonnaie und zeigt ihr ein Bild von einem Mann, der trotz weit fortgeschrittenen Alters noch erstaunlich jung aussieht und erklärt: »Das ist unser geliebter Herr König. Wir Thais verehren ihn sehr. Er hat viel für unser Land getan.«

Lisa schaut sich das Bild kurz an und bricht dann in ein heiteres Gelächter aus. »Der sieht aber lustig aus, irgendwie putzig.«

Der Frau klappt daraufhin das Kinn in Zeitlupe herunter, während die danebenstehende Saa offenbar kurz davor ist, ohnmächtig zu werden. Ket hat als Erste die Fassung wiedergewonnen und zieht Lisa zur Seite, bevor sie noch mehr Unheil anrichten kann.

Was ist da schiefgelaufen?

Vorsicht, Lisa! An dieser Stelle wurde die ultimative Tabuzone der Thais betreten. Hier verstehen die Toleranzliebhaber überhaupt keinen Spaß mehr. Wohl in keinem anderen Land der Welt wird dem Königshaus von so gut wie jedermann ein solcher Respekt und eine an Liebe grenzende Verehrung erwiesen wie in Thailand. Umgekehrt drohen bei einer Herabwürdigung auch Ausländern zum Teil drakonische Strafen. Majestätsbeleidigung gilt in Thailand als ernste Straftat.

IMMER NUR FREUNDLICH!

Es gibt in Thailand mit dem *lèse-majesté* ein eigenes Gesetz, das das Königshaus vor ungebührlichen Taten und Äußerungen schützen soll. Dabei gilt: Den König, seine Frau oder den Thronfolger zu kritisieren, ist absolut tabu. Jedem Bürger steht es frei, mutmaßliche

Fälle zur Anklage zu bringen. Allerdings wächst die Kritik an dem Gesetz. Es wird moniert, dass es nicht nur genutzt wird, um Beleidigungen gegen die Monarchie zu unterbinden, sondern auch, um unliebsame Stimmen ruhigzustellen. Insbesondere seit dem Sturz des ehemaligen Premiers Thaksin 2006 ist die Anzahl der Fälle sprunghaft angestiegen.

Ein Fall, der jüngst in Thailand Aufsehen erregte, war der des 61-Jährigen Ampon Tangnoppakul. Dem »Onkel SMS« genannten Mann wurde vorgeworfen, vier SMS-Nachrichten mit majestätsbeleidigenden Inhalten an eine Regierungsstelle geschickt zu haben. Hierfür war er im November 2011 zu 20 Jahren Haft verurteilt worden, im Mai 2012 ist er im Gefängnis verstorben.

Aber was hat es mit der ganz außergewöhnlichen Verehrung der königlichen Familie in Thailand auf sich? Zur Beantwortung dieser Frage muss man ein wenig ausholen: Einmal haben die Thais einen sehr ausgeprägten Sinn für die Familie (siehe Kapitel 13: »Enge Verhältnisse«, Seite 111). Je umfangreicher diese ist, umso besser. Am allerbesten ist es da natürlich, wenn man gleich das ganze Land irgendwie unter einen familiären Hut bringen kann. Dann lassen sich Konflikte schön im Einvernehmen klären, es herrscht eine herrlich einträchtige Stimmung, und hässliche Streitereien kommen erst gar nicht auf. In diesem wunderbar harmonischen Szenario erscheint die ganze Nation als ein weitverzweigter Verwandtschaftsclan mit dem König als ernstem, aber gütigem Familienoberhaupt. Wehe dem, der diese stilvolle Eintracht mutwillig infrage stellt!

Doch die besondere Königsverehrung der Thais hätte nicht so tiefe Wurzeln geschlagen, wenn die Royals nicht auch einige konkrete Verdienste vorzuweisen hätten. In der Tat hatten die Thais meist Glück mit ihren Regenten, die zwar stets in einer standesgemäß prunkvollen Umgebung residierten, aber trotzdem meistens Augen und Ohren für die Nöte ihrer Untertanen hatten. Vor allem wird ihnen zugutegehalten, dass sie das Land durch kluges Taktieren vom Schicksal der Kolonisation bewahrt haben. Hinzu kommt, dass der thailändische König auch als gottgleiche Reinkarnation Buddhas gilt, was die quasi-religiöse Verehrung erklärt, die ihm zuteilwird.

Seit nunmehr 230 Jahren wird Thailand dabei von einer Familie regiert: den Chakri. Konnten sie dabei zunächst nach Gutdünken schalten und walten, sind die Könige seit 1932 an die Verfassung gebunden und erfüllen in der Hauptsache eine repräsentative Funktion. In Grundsatzfragen hatte das Königshaus aber immer noch einen großen Einfluss, der seine nominelle Stellung überstieg. Wobei man sich zuletzt nicht des Eindrucks erwehren konnte, dass der König zum Spielball der politischen Auseinandersetzung im Land geworden ist.

DER LANGZEITMONARCH

Unter seinen illustren Ahnen stach der am 13. Oktober 2016 verstorbene König Bhumibol Adulyadej, der als Rama IX. firmierte, hervor. Seit Bhumibol 1946 den Thron bestieg, hatte er sich in vielfacher Weise um das Wohl des Landes verdient gemacht. Er war mit einer Regentschaft von 70 Jahren einer der dienstältesten Monarchen der Welt. Rastlos hatte er sein Land bereist und sich bei vielen Entwicklungsprojekten persönlich engagiert. Außerdem galt er als ausgemachter Schöngeist, der Instrumente spielte und sich als Kunstmäzen betätigte. Obwohl Thailand seit 1932 lediglich eine konstitutionelle, also eine durch Verfassung und Parlament beschränkte Monarchie ist, war der Einfluss des Könighauses stets groß. Im Besonderen war man ihm dankbar, dass er in politisch turbulenten Zeiten, die ja in Thailand mit seither 13 Militärputschen nicht ganz selten sind, stets einen mäßigenden Einfluss ausgeübt und oft die Konfliktparteien an den Verhandlungstisch gebracht hat. Auch wenn das Wirken des Könighauses hinter den Kulissen nicht immer ganz eindeutig ist.

Eine lange befürchtete Destabilisierung des Landes nach Bhumibols Tod ist nicht eingetreten, was auch daran lag, dass das Militär zu diesem Zeitpunkt die politischen Zügel fest in der Hand hielt bzw. »vorsorglich« mit einem Putsch 2014 in die Hand genommen hatte. Nachfolger wurde sein einziger Sohn Maha Vajiralongkorn Bodindradebayavarangkun (Rama X). Da dieser bislang eher einen legeren Lebensstil gepflegt hat, besitzt er bei weitem nicht die natürliche Autorität seines Vaters. Die offizielle Krönungszeremonie mit buddhistischen und hinduistischen Bestandteilen fand vom 4. bis 6. Mai 2019 statt. Die lange Übergangsphase hatte damit zu tun, dass König Maha seinem Vater einerseits den nötigen Respekt erweisen wollte. Zum anderen hat er die Zeit genutzt, um seine Kompetenzen abzusichern. Der Termin der Krönung war strategisch gewählt: Der Krönungstag des Vorgängers war der 5. Mai 1950 gewesen. Insgesamt spielt das Königshaus zwar immer noch eine wichtige Rolle im Leben der Thailänder. Aber seit Bhumibols Ableben ist ein gewisser Bedeutungsverlust unübersehbar, auch wenn vom royalen Establishment und seinen Verbündeten weiter versucht wird, das Ansehen der Monarchie hochzuhalten. So waren etwa alle Thailänder angehalten, im Vorfeld der Krönung des neuen Königs und bis zu seinem Geburtstag am 28. Juli Kleidung in der königlichen Farbe Gelb zu tragen. Einen großen Teil seiner Zeit hält sich König Maha übrigens in Deutschland auf, und zwar in Tutzing am Starnberger See.

Wie geht es entspannter?

Was hier zu tun bzw. zu unterlassen ist, dürfte ohne Umschweife ersichtlich sein. Wobei es sich diesmal nicht bloß um eine gut gemeinte Empfehlung, sondern um eine formale Anordnung handelt. Zuwiderhandlung auf eigene Gefahr! In Thailand geht es gemeinhin superrelaxt zu, jeder kann nach seiner Fasson glücklich werden. Das Land ist aber eben auch kein gänzlich tabufreier Raum. Dabei ist aber zu bedenken: In jeder Gesellschaft gibt es einige verminte Bereiche, um die man als Außenstehender klugerweise einen großen Bogen machen sollte. Diese mit mentalen Verbotsschildern umzäunten Areale sind im Laufe der Geschichte entstanden und sollen meist das Ausbrechen von Konflikten verhindern. Deshalb sollten Zweideutigkeiten vermieden und kritische Renovierungsarbeiten den Einheimischen überlassen werden.

Lange Rede, kurzer Sinn: Sicherheitshalber sollte man in Thailand alles vermeiden, was in irgendeiner Weise als Verunglimpfung und Herabsetzung der königlichen Familie verstanden werden könnte. Dies gilt für Bildnisse, Statuen, königliche Symbole insgesamt und natürlich auch für eine ungebührliche Rede. Selbst bei Allerweltssachen wie Geldscheinen, auf denen das Konterfei des Königs abgebildet ist, ist Vorsicht angesagt. Sie dürfen nicht zerknüllt oder beschrieben werden, genauso wenig wie man auf ihnen in aller Öffentlichkeit herumtrampeln sollte. Besonders kurios ist die Vorgabe, die Scheine nicht verkehrt herum in der Brieftasche zu lagern, weil seine Majestät nicht über Kopf transportiert werden darf. Nun wird in Thailand niemand den Geldbeutel eines Ausländers unter diesem Aspekt überprüfen, aber die einzuschlagende Marschroute in dieser Tabuzone dürfte deutlich geworden sein. Im Kino sollte man sich anlässlich der bei jeder Vorführung gespielten Königshymne erheben, um den anwesenden Thais durch die Bekundung des Respekts für ihren König eine Freude zu machen.

22 EINER FÜR ALLE

ODER ZAHLEN MACHT GLÜCKLICH

Die Konkurrenz schläft nicht. Und Martins Firma ist nicht die Einzige, die in Thailand produzieren lässt. Da wäre etwa der Arbeitgeber von Herrn Fröhlich, der nebst Anhang ebenfalls in der »Stadt der Engel« weilt. Der Wettbewerb ist hart, aber man kennt sich und man schätzt sich, weshalb nichts dagegen spricht, sich zu einem gemeinsamen Essen zu treffen. Ein Termin ist schnell gefunden, denn es lockt die Aussicht, die eigenen Thailand-Erfahrungen mit denen anderer abzugleichen. Herr Fröhlich schlägt ein Restaurant am Chao Phraya mit einem fantastischen Blick auf das Wat Arun vor. Man trifft sich vor dem Lokal und nimmt in Begleitung der Ehefrauen auf der Terrasse Platz. Im Licht der Abenddämmerung hat der Fluss die goldbraune Farbe von Karamellpudding angenommen. Der Tempel wirkt wie ein entrücktes Monument aus grauer Vorzeit.

Herr Fröhlich hält sich nicht lang mit einführenden Worten auf. »Wat Arun bedeutet Tempel der Morgenröte«, erklärt er im Stile eines übereifrigen Hobby-Reiseleiters. »Er wurde während der Ayutthaya-Periode errichtet und hieß ursprünglich Wat Makok, also Oliven-Tempel.«

Susanne befürchtet schon das Schlimmste, nämlich einen zweistündigen Monolog über sperrige Themen à la die religiösen Reformen unter König Mongkut, auch bekannt als Rama IV. Diese Sorge stellt sich jedoch als unbegründet heraus. Herr Fröhlich gehört zwar zur Sorte Mensch, die sich selbst gern reden hört, hat aber ein

Restgespür dafür, wann es zu viel wird. Außerdem gibt es ja auch noch Frau Fröhlich, die umso weniger spricht, dafür aber mit einem sachten Ellenbogenstüber immer dann zur Stelle ist, wenn die Gesprächspferde mit ihrem Gatten durchzugehen drohen.

Nachdem man sich, wie es sich für waschechte Deutsche gehört, gegenseitig Freud und vor allem Leid im fernen Land geklagt hat, geht es auf den Höhepunkt des Abend zu: das Essen. Ein Menü, das seinesgleichen sucht: Als Appetizer gibt es *kai ho bai toey* (gegrilltes Huhn in Pandanblättern). Als Hauptgang folgt *kaeng phet pet yaang* (rotes Curry mit Ente und Litschis) und zum Nachtisch wird *sangkaya fak thong* (Thai-Kürbis mit Kokosfüllung) aufgetischt. Einfach köstlich.

Im Anschluss an das Festmahl werden zur Förderung der Verdauung sowie zur Hebung der allgemeinen Stimmung noch diverse Spirituosen verkostet. Ein wenig angesäuselt schlägt Martin vor: »Leute, jetzt lasst uns mal Nägel mit Köpfen machen! Ich wollte schon immer mal in eine der berühmten Skybars von Bangkok. Da soll man einen grandiosen Blick über die Stadt haben. Wenn nicht jetzt, wann dann?«

Der Vorschlag trifft auf breite Zustimmung. Bevor es losgehen kann, muss aber noch die Rechnung beglichen werden.

»*Check bin!* (Die Rechnung, bitte!)«, ruft Martin den Ober laut herbei.

Dieser kommt an den Tisch und fragt: »*Aroi mai?* (Hat es Ihnen geschmeckt?)«

»*Aroi mak* (sehr lecker)«, nickt Martin. »*Kop khun khrap* (Danke).« Mit einem freudigen Lächeln dreht der Kellner sich um und entschwindet.

Gefühlte zehn Minuten später ist er mit einem Lederetui auf einem silbernen Tablett zurück und legt beides bedächtig auf dem Tisch ab. Dann bleibt er mit den Armen hinter dem Rücken verschränkt neben seinen Gästen stehen. Susanne schaut ihn unschlüssig an, er lächelt zurück und bleibt hartnäckig an seinem Platz.

Martin zieht indes das Tablett zu sich, schlägt das Etui auf und beginnt ausgiebig, die Zahlen zu studieren. »Meine Frau und ich hatten zweimal das *Arun*-Menü, zwei Bier, ein großes Mango-Lassi, je zwei *Thai-Herbal*-Wodkas und *Muay-Thai*-Cocktails. Wie viel macht das?«, fragt er den Kellner, der Martin verdutzt anschaut und einen Moment später zur Salzsäule erstarrt. Auch nach wenigen Wartesekunden bewegt er sich kein Jota.

»Das kann sicher noch eine Weile so weitergehen. Vielleicht ist es nicht seine Aufgabe, die Beträge zusammenzuziehen?« grübelt Susanne und blickt vom schweigenden Kellner zu ihrem Mann, zu den Fröhlichs und wieder zurück. »Rechne du es doch einfach zusammen«, wendet sie sich an Martin, der nun die Zahlen auf der Rechnung überfliegt.

»Für uns macht es 2.450 Baht«, resümiert er und zieht aus seiner rechten hinteren Hosentasche sein Portemonnaie, legt fünf Fünfhunderter-Scheine in das Etui und schiebt es zu den Fröhlichs hinüber.

Wie aus einem Meditationszustand zum Leben erweckt verfolgt der Ober nun voller Interesse das Prozedere und dreht sich mit fragendem Blick zu seiner Kollegin am Empfangstresen um, als Herr Fröhlich ebenfalls den Computerausdruck genauestens studiert, den Restbetrag in den schmalen Klappumschlag legt und zum Kellner aufschaut. Der nimmt eilig Etui und Tablett vom Tisch, dreht sich wortlos um und verschwindet prompt in den hinteren Gemäuern des Lokals.

»Komischer Kauz«, sagt Susanne.

Die Tischgesellschaft nickt einvernehmlich.

Was ist da schiefgelaufen?

War der Kellner einfach nur zu bequem und wollte sich den Aufwand für das Auseinanderklamüsern der einzelnen Posten sparen? Oder setzt man in Thailand tatsächlich alles auf eine Karte, äh, Rechnung? Genauso ist es: Hier nimmt derjenige, der zu einer Mahlzeit eingeladen hat, die Rechnung automatisch auf seine Kappe. Die gesamte Rechnung wohlgemerkt, nicht nur eine Freirunde Sojamilch. Das sogenannte und bei uns übliche *going Dutch* (wörtlich: es auf niederländische Weise tun), bei dem alle Gerichte fein säuberlich getrennt beglichen werden, ist in Thailand nicht gern gesehen. Warum diese Bezahlweise ausgerechnet mit den netten Niederländern in Verbindung gebracht wird, ist umstritten. Eine Theorie besagt, dass dieser Ausdruck von den Engländern während der endlosen Englisch-Niederländischen Seekriege im 17. und 18. Jahrhundert in Umlauf gebracht wurde, um den Rivalen als ein Volk von verachtenswerten Geizknochen zu brandmarken.

Da aber die Frage, von wem denn nun eine Einladung effektiv ausgegangen ist, nicht immer mit letzter Bestimmtheit zu klären ist, kann es unter Thais schon mal zu herzzerreißenden Szenen kommen. Dann wird erbittert darum gestritten, wer denn diesmal der beneidenswerte Glückspilz ist, der die üppige Rechnung übernehmen darf. Wenn ein *farang* mit von der Partie ist, zeigt man sich von seiner ganz besonders generösen Seite: Dann lässt man dem Ausländer gern selbstlos den Vortritt.

Die Abneigung, mehrere Rechnungen anzufertigen, hat aber auch einen Hintergrund in den thailändischen Essgewohnheiten: Wenn mehrere Thais zusammen schmausen, dann bestellt sich nicht jeder wie in Europa ein Hauptgericht, das er ganz allein verschlingt. Sondern es werden Platten und Teller mit den verschiedensten Gerichten und Leckerbissen bestellt, auf die jeder nach Herzenslust zugreifen kann. Thailändische Essenstische biegen sich nicht selten unter der Last der Speisen. Thais, so könnte man sagen, wollen halt auf mehreren Geschmackshochzeiten gleichzeitig tanzen. Da würde es natürlich ein recht kompliziertes mathematisches Verfahren erfordern, den jeweiligen Preisanteil exakt auszurechnen. Das ist den pragmatischen Thais eindeutig zu aufwendig.

Wie geht es entspannter?

Auch wenn er von deutschen Gepflogenheiten abweicht, hat der Einer-für-alle-Ansatz durchaus Vorteile. Einmal ist es einfach praktisch, wenn die Bedienung nicht den Gesprächsverkehr blockiert und stattdessen nur ein Gast die Brieftasche zücken muss. Dann kann bei öfters tagenden Runden der hübsche psychologische Effekt eintreten, dass man bei mehreren Essen nur einmal zahlen muss und daher den Eindruck gewinnt, insgesamt einen guten Schnitt zu machen. Diese Kalkulation ist zwar irreführend, weil sie im Großen und Ganzen auf plus/minus null hinausläuft, aber sie trägt vielleicht dazu bei, dass man sich öfters mal was gönnt. Dann wäre ja schon viel gewonnen. Thais als Bürger einer bevorzugt auswärts speisenden Nation kennen sich da bestens aus. Dies funktioniert aber nur bei wiederkehrenden Treffen und setzt zudem voraus, dass bei allen Beteiligten eine prinzipiell ähnlich ausgeprägte Zahlungsbereitschaft vorhanden ist. Wenn man immer der Gelackmeierte ist, der zahlen muss, macht es auch keinen Spaß.

Wem das alles zu gewagt ist und wer vor dem Thai-Kellner trotzdem nicht als neurotischer Knauserer dastehen möchte, kann mit seinen Tischgenossen im Voraus ein *splitting the bill* vereinbaren. Dabei wird zunächst jemand pro forma zum Zahlmeister bestimmt und der Gesamtbetrag später durch die Anzahl der Parteien dividiert. Aber auch dieses Verfahren ist nicht ganz risikofrei. Denn es soll ja Zeitgenossen geben, die bar jeden Anstandes solche Situationen skrupellos ausnutzen, um es mal so richtig krachen zu lassen. Dann lassen sie sich teure Speisen und edle Tropfen servieren, die sie allein nie ordern würden. Aber bei der Aussicht auf eine Subvention durch die Tischnachbarn, die für die Mehrkosten anteilig aufkommen müssen, werden sie sehr großzügig. Zu sich selbst, versteht sich. Dies ist umso unfairer, als es wiederum Menschen gibt, die auf jeden Baht achten und es – um die Rechnung niedrig zu halten – schon mal bei einem Tofu-Tomaten-Süppchen *(tom yam tao hu)* belassen. Sie dürften unter diesem ungenauen Bezahlmodus nahezu körperlich leiden.

Egal für welches Zahlverfahren man sich letztlich entscheidet, Thais werden einige Mühe damit haben zu verstehen, wie man bei einer so bedeutenden Sache wie einem gelungenen Restaurantbesuch auch nur einen Gedanken daran verschwenden kann, woher die finanziellen Mittel für die kulinarischen Wohltaten kommen.

23 SICHER IST SICHER

ODER EIN TALISMAN FÜR ALLE FÄLLE

Manchmal geht aber auch alles daneben. Erst startete der Wochenendtrip nach Kanchanaburi mit einer riesigen Verspätung, weil die defekte Klimaanlage im Apartment für mehrere Stunden den geballten Sachverstand von fünf Teilzeit-Monteuren in Anspruch genommen hatte. Dann machte auch noch der Bus mit einem letzten resignierten Schnaufgeräusch schlapp, sodass die Meyers zu einem ausgedehnten Zwangsaufenthalt in einem schläfrigen Städtchen verdonnert waren, wo sich selbst ein träges Murmeltier zu Tode gelangweilt hätte. Zu allem Überfluss hat das Hotel in Kanchanaburi nun auch noch ihre Zimmerbuchung offenbar im River Kwai versenkt, und die nette, wenngleich resolute Frau vom Empfang behauptet felsenfest, den Namen Meyer noch nie im Leben gehört zu haben. Ob sie sicher seien, dass sie so heißen?

Susanne versucht sich an die erste Lektion ihres Meditationsratgebers – Fokussieren und innere Versenkung – zu erinnern. Tief durchatmen! Um eine ernsthafte Beschwerde vorzubringen, fehlt ihr eh die Energie.

»Unsere Glücksengel scheinen wohl gerade zusammen in die Sommerfrische gefahren zu sein«, versucht es Martin mit Humor. Ein guter Ansatz, wie sich zeigt. Denn wie stets wird Gelassenheit in Thailand auf die eine oder andere Weise belohnt.

Just in dem Moment, als Martin, Susanne und Lisa die anderen Herbergen abklappern wollen, erscheint ein Mann wie aus dem Nichts, säuselt etwas von einer Hausbootunterkunft der Extraklasse und hält ihnen einen voluminösen Aktenordner unter die Nase. Schenkt man seinem Lobeslied Glauben, handelt es sich um eine Fünf-Sterne-Unterbringung zu Jugendherbergstarifen. Eigentlich sind die Meyers keine Freunde von Straßendeals, aber das Fotoalbum der Anlage mit dem Umfang eines Versandhauskataloges zerstreut ihre Zweifel. Außerdem scheint es, dem Eintrag am Ende zufolge, Familie Lustig aus Detmold dort grandios gefallen zu haben. Auch um einfach nur ein Dach über dem Kopf zu haben, willigen sie ein und trippeln dem Süßholzraspler hinterher wie eine Gruppe Pfadfinder.

Und in der Tat: ein wirklich idyllisches Fleckchen Erde. Friedvoll und mit einer üppigen Bepflanzung, als hätte jemand eine Wagenladung tropischer Samen verschüttet. Zwar waren die Fotos der Unterkunft arg irreführend, sowohl was die Größe der Zimmer als auch den Zustand des Mobiliars betrifft. Aber das Preis-Leistungs-Verhältnis ist dennoch unschlagbar. Außerdem herrscht ringsum eine paradiesische Stille wie unmittelbar nach der Erschaffung der Welt, die nur vom zarten Surren und Zwitschern der heimischen Vogelwelt unterbrochen wird. Auch mal Glück gehabt, zumindest für den Moment.

Als die Sonne ihre honiggoldenen Segel streicht, regt sich jedoch etwas im Paradies: Ein ganzer Stoßtrupp kleiner Thai-Racker beginnt direkt vor ihrem Hausboot damit, ein maritimes Spektakel zu veranstalten. Offenkundig wollen die Invasoren die größten Seeschlachten der Weltgeschichte nachspielen. Mit Anlauf und vollem Karacho springen sie der Reihe nach unter großem Gejohle in das erfrischende Nass. Gegenseitige Anfeuerungsrufe sollen die Athleten zu neuen Höchstleistungen anspornen.

Nachdem die Meyers zunächst etwas verärgert über die Störung ihrer Vorabendruhe gewesen sind, finden sich Susanne und Lisa schließlich auf der Zuschauertribüne ein.

»Guck mal, was haben die denn da alle an einer Schnur an der Seite hängen?«, macht Lisa ihre Mutter auf ein pikantes Detail aufmerksam.

Susanne beugt sich vor und erstarrt. »Das ist – nichts!«

»Jawohl!«, beharrt Lisa. »Das sind Penisse!«

»Pst!«, macht Susanne, ungeachtet der Tatsache, dass sie hier sowieso niemand versteht.

»Ich hab so was auch schon mal in einem Laden gesehen, nur größer, viel größer.« Lisa spreizt ihre Finger. »So in etwa. – Papa, komm doch mal!«

»Eindeutig«, sagt Martin, nachdem er die Formen an den Schnüren einer eingehenden Inspektion unterzogen hat. »Das sind kleine Holz-Penisse. Früh übt sich ...«

»Also Martin, weißt du!«

Einer der kleinen Schwimmer hat das Interesse an seiner Ausrüstung bemerkt, schwenkt den Holz-Penis und ruft ein spitzbübisches *»good luck«* herüber.

»So jung und schon so verdorben.« Susanne schüttelt den Kopf.

Als Minuten später die Besitzerin des Ressorts am Ufer auftaucht, geht sie schnurstracks auf sie zu und stellt sie zur Rede. »Also, ich weiß ja, dass man in Thailand bei sexuellen Dingen etwas entspannter ist. Okay. Aber das sind doch Kinder! Denen kann man doch nicht so was Obszönes umhängen!«

Im sachlichen Ton einer Chefärztin klärt die Frau Susanne auf: »Da ist überhaupt nichts dabei. Palad khik. Das ist ein ganz normaler Glücksbringer. Lucky charm. Die Jungs sind damit gegen Geister geschützt.«

Ob Susanne denn ein ausgewachsenes Exemplar als Geschenk haben möchte, fragt die Dame höflich, sie habe da noch welche in ihrem Büro.

»Nein, nein, nein!«, ruft Susanne und fängt – puterrot – das breite Grinsen von Mann und Tochter auf.

Was ist da schiefgelaufen?

Kurios. Wie leicht man doch eine/n Westler/in aus der Fassung bringen kann. Dabei sind die kleinen Penisse doch nur »ganz normale« Glücksbringer. Doch wieso haben Thais, mal abgesehen von einzelnen Formen, einen erhöhten Bedarf an glückssteigernden Dingen? Aus Thai-Sicht sind hier zwei Unterfragen maßgeblich: Wie kann man sich gegen die Risiken und Gefahren des Lebens wappnen, ohne jede Handlung sorgenvoll darauf abzuklopfen, ob sie eventuell auch weniger günstige Folgen auslösen könnte? Und wie ist es möglich, die eigene Lebenslage zu verbessern, ohne dabei in den sauren Granatapfel des Spaßverzichtes beißen zu müssen? Klarer Fall: Man greift auf probate Hilfsmittel zurück, die den persönlichen Schutzengeln und Glücksbeauftragten ordentlich Beine machen.

Nun sind Glücksbringer eine universelle Erscheinung, was auf ein tief verwurzeltes Bedürfnis des Homo sapiens verweist, sich des Beistandes wohlgesinnter Instanzen zu versichern. Insofern ist die Talisman-Passion der Thais nicht weiter ungewöhnlich. Aber die pure Masse an Geschützen, die sie zur Gefahrenabwehr auffahren, sprengt jeden Rahmen: Amulette, Ketten, Münzen, Medaillons, Stoffproben, Fortuna-Göttinnen, heiliges Wasser, Winkekatzen, Porträts, magische Tätowierungen *(sak yant)*, Figuren, Reliquien – all diese Dinge sollen die Mächte des Bösen auf Abstand halten und die des Guten anlocken. Um dieses Anliegen herum gruppiert sich in Thailand ein ganzer mittelständischer Geschäftszweig, der einer stattlichen Anzahl von Menschen Lohn und Brot sichert. Fast scheint es, als würde der dezent-anarchische Lebensstil der Thais eine spezielle und besonders effiziente Versicherungswirtschaft erforderlich machen. Freihändig durch die Gegend zu fahren, scheint den Thais nicht geheuer zu sein. Verständlicherweise werden die

Glücksbringer speziell von Männern mit gefahrenträchtigen Erwerbstätigkeiten nachgefragt. In Bangkok kann man sich einen guten Überblick in Flussnähe auf dem Amulett-Markt unweit der Thammasat-Universität verschaffen.

PHALLUS SEI DANK: ERFOLG IM GESCHÄFT, GLÜCK IN DER LIEBE

Am eigenartigsten von den teils bizarren thailändischen Glückstaktiken wird dem Westler sicherlich der Phalluskult vorkommen. Besonders beliebt sind kleine Penis-Nachbildungen, die *palad khik* heißen und aus Holz, Knochen oder Metall bestehen können. Sie werden an Bändern um die Hüfte oder anderweitig am Körper getragen. Die hier beim Besucher aufsteigenden Assoziationen sind allerdings irreführend, da es sich dabei nicht um ein Instrument aus einem Laden für erotisches Zubehör, sondern um einen Allerwelts-Glücksbringer handelt.

Natürlich geschieht eine solche Formenwahl nicht völlig willkürlich. Die *palad khik* sind von Indien über den Umweg Kambodscha nach Thailand gekommen. Dort hat sich die Phallus-Gestalt des Hindugottes Shiva mit animistischen Fruchtbarkeitssymbolen vermischt. In ihrer Luxusausgabe sind sie mit alten Khmer-Sprüchen des Kulturvolks Kambodschas, magischen Symbolen und Abbildungen von Tieren wie Affen und Tigern versehen.

Heute werden die Amulette in der kleineren Form (bis zu vier Zentimeter) v. a. Knaben um die Hüfte gebunden, um sie vor Gefahren und Krankheiten zu schützen. Erwachsene Männer tragen die Glücksbringer, um Popularität zu gewinnen und Erfolg bei Frauen zu haben. Sollen lange Paarbeziehungen begünstigt werden, wird er auf der rechten Seite getragen. Auf der linken Seite werden die Penis-Abbilder getragen, um allgemein Glück auf sich zu ziehen und etwa beim Glücksspiel oder im Beruf erfolgreich zu sein. Besonders beliebt sind sie bei Ladenbesitzern, die an der Kasse oft *palad khik* ausstellen, um den Umsatz zu beflügeln.

Trotz Massenproduktion werden auch heute zahlreiche *palad khik* noch in Handarbeit und nach Auftrag von Mönchen hergestellt. Obwohl die Thais mit den Anhängern offen umgehen, werden sie niemals wie andere buddhistische Glücksbringer um den Hals getragen. Wer sich diesem Thema in eingehender Breite widmen möchte, kann in Bangkok den Chao Mae Tuptim Schrein aufsuchen. Dort sind Penisstatuen in verschiedensten Farben und Formen ausgestellt.

Befragt man einen Thailänder zu seinen Talismanen, wird er darauf bestehen, dass es sich dabei um absolut unerlässliche Schutzmaßnahmen handelt. Und wie es sich für eine so bitterernste Angelegenheit gehört, machen die Thais aus ihrem Faible für Glücksbringer eine richtiggehende Wissenschaft. So gibt es etwa eine Amulett-Systematik mit vier Unterkategorien: In die erste gehören natürliche Kuriosa wie Tierzähne, spezielle Samenkapseln oder Steine mit besonderen Eigenschaften. Die zweite Kategorie besteht aus Abbildern des Buddha und verehrten Mönchen. Unter der dritten Rubrik werden handelsübliche Glücksbringer wie die *palad khik,* Meditationssymbole *(yantra)* oder *takrut*-Amulette (ein längliches Stück meist aus Metall, das mit Schutz- oder Segensformeln beschriftet ist) geführt. Zur sachgemäßen Inbetriebnahme dieser Gruppe von Amuletten sind »Zaubersprüche« vonnöten. In einer vierten Rubrik wird Pflanzenwurzeln eine magische Qualität zugeschrieben. Allen vier Typen ist gemein, dass ihre Wirkung durch rituelle Prozeduren erhöht werden kann.

Einige dieser Glücksbeschleuniger wechseln zu ziemlich hohen Preisen den Besitzer; man hat schon von Summen von mehreren tausend oder zehntausend Baht gehört. Doch im Großen und Ganzen zeigen sich die Thais gewohnt pragmatisch und legen den Preis für Amulette anhand der verarbeiteten Materialien fest.

Die Beantwortung der Frage, inwieweit all diese Dinge den Weltenlauf real beeinflussen können, sei jedem selbst überlassen. Tatsache ist aber, dass der Glaube an die unendliche Güte der Kräfte des Guten die nimmermüde Gegenseite oft erst zu ihrem schändlichen Treiben herausfordert. Etwa wenn Verkehrsteilnehmer mehr auf ihre Talismane als auf die Produkte der Helm- und Gurthersteller oder auf die Ratschläge des Verkehrsministeriums vertrauen. Diese leichtfertige Haltung trägt zu dem sehr betrüblichen Umstand bei, dass Thailand nach Schätzungen der Weltgesundheitsorganisation mit 33 Verkehrstoten pro 100.000 Einwohnern eine der höchsten Raten weltweit aufweist. Die Gesamttotenzahl beträgt etwa 23.000 pro Jahr, wobei die Zeit um den Jahreswechsel, wenn Freunde und Familien besucht werden, besonders kritisch ist. Das Gros der Fälle betrifft Motorradfahrer – Alkohol, überhöhte Geschwindigkeit, Fahren ohne Führerschein sowie generell nicht durchgesetzte Verkehrsregeln gelten als die Hauptunfallursachen.

Wie geht es entspannter?

Wer zumindest einen Türspalt zum Verständnis der Thais und ihren Denkweisen aufbekommen will, tut gut daran, sich von einer Auffassung schnell zu verabschieden: dass nur das existieren kann, was sich zweifelsfrei nachweisen lässt. Mit dem unbeirrbar nüchternen Blick des Ingenieurs wird man dem Thai-Wesen garantiert nicht näherkommen. Wirklich klar und eindeutig ist für Thais kaum etwas. Entsprechend sind hier Vorstellungskraft, Neugier und eine vorurteilsfreie Offenheit gefragt. Für den bodennahen Mitteleuropäer ist das sicher nicht ganz einfach, denn angesichts des geballten Auftretens von übersinnlichen Kräften und Figuren muss in den thailändischen Parallelwelten ein ziemliches Gedränge herrschen. Da die Glücksboten offenbar ab und zu aufgehalten werden, gehen die Thais lieber auf Nummer sicher und decken sich gleich massenhaft mit Anti-Unheil-Policen ein. Getreu der Devise: Je mehr Verbündete, desto besser – die Welt ist schließlich ein hochriskanter Ort und missgünstige Geister lauern an jeder Ecke (siehe Kapitel 18: »Besuch von nebenan«, Seite 153). Deren Hang zu Kapriolen ist ja weithin bekannt.

Was hier wieder einmal massiv zur Verwirrung des interessierten Beobachters beiträgt, ist die tänzerische Leichtigkeit, mit der Thais Aberglaube und Buddhismus sowie Frömmigkeit und Materialismus miteinander kombinieren. Dieses virtuose Gemisch ist ihr eingetragenes Markenzeichen. Was folgt daraus für den aufgeschlossenen Thailand-Versteher? Zunächst: Hochmut ist gänzlich fehl am Platze. Als auswärtiger Gast hat man die Hausordnung zu respektieren. Wenn man aber nicht nur ein mustergültiger Gast sein will, sondern auch einen ungefähren Eindruck von der verblüffenden Welt der Thais erhalten möchte, so empfiehlt es sich, diese als eine Art Gesamtkunstwerk zu betrachten. Wie etwa bei einer Peking-Oper verschmelzen dabei die verschiedensten Stilelemente zu einem kreativen Ganzen, das man nicht verstehen, sondern nur bewundern kann. Hier eine fundierte Einschätzung abzugeben, ist schon allein deshalb extrem mühsam, weil allein der Versuch, einen groben Überblick über die verschiedenen Zutaten der Thai-Mischung zu gewinnen, eine wahre Lebensaufgabe ist. Mit Kleinigkeiten wie überprüfbaren Beweisen für reale Glückseffekte sollte man sich da nicht weiter aufhalten. Also den Intellekt ausnahmsweise mal auf Stand-by schalten und kühn hineingesprungen in das thailändische Alltagsmeer! Genügend Rettungsringe sind ja vorhanden – man muss nur zugreifen.

24 GUTE ZEITEN, BESSERE ZEITEN

ODER DER SPARSTRUMPF ALS LADENHÜTER

Dieses Mal werde ich es ihm zeigen, denkt sich Martin und schlägt den Ball nicht sonderlich hart, dafür aber gut platziert über das Netz, sodass sich Anuchit recken und strecken kann, wie er will. Diesen Ball erreicht er nicht. Punkt für Martin. Er führt mit fünf zu drei im entscheidenden dritten Satz. Endlich ist mal Revanche für die schier endlose Niederlagenserie angesagt, die Martin bislang gegen seinen thailändischen Tennispartner einstecken musste. Aber unabhängig von den Resultaten ist Martin froh, jemanden gefunden zu haben, der seine Vorliebe für die gelben Filzbälle teilt. Denn aus vielerlei Gründen gehört Tennis nicht eben zu den klassischen thailändischen Nationalsportarten, wenngleich die Erfolge des ehemaligen Tennisprofis und Klatschspaltenkönigs Paradorn Srichaphan alias »Superball« dem Sport einen deutlichen Aufwind verschafft haben. Unter den Leibesübungen, die den Thais zusagen, hat trotzdem das *sepak takraw* eindeutig die Nase vorn. Doch hierfür ist Martin zu ungelenk.

FUSSBALL AUF THAI-ART

Wenn es abends in Thailand etwas kühler wird, kommen vielerorts junge und nicht mehr ganz so junge Thais zusammen, um ein paar artistische Kunststücke der Spitzenklasse aufzuführen. Das Spiel nennt sich kurz *takraw* und kann in weiten Teilen Asiens auf eine jahrhundertelange Geschichte zurückblicken. Im Mittelpunkt steht ein aus Rattan geflochtener Ball mit einem Durchmesser von rund zwölf Zentimetern und einem Gewicht von ca. 180 Gramm. Dieser Ball darf abgesehen von den Händen mit allen Körperteilen gespielt werden, also mit Füßen, Knien, Schultern oder mit dem Kopf. Entscheidend ist, dass er den Boden nicht berührt. Dabei entwickelt sich der Ball mitunter zum regelrechten Geschoss und beschleunigt auf 120 km/h und mehr.

Es gibt verschiedene Spielvarianten, wobei das Kreis-*takraw* am einfachsten und populärsten ist. Dabei bilden mehrere Spieler in gleichen Abständen einen Kreis. Während die Spieler der einen Mannschaft versuchen, den Ball so lange wie irgend möglich in der Luft zu halten, ist es an der anderen Mannschaft, ihnen den Ball abzujagen oder zu warten, bis sie einen Fehler machen. Berührt der Ball den Boden, bekommt die gegnerische Mannschaft einen Punkt. Wer zuerst eine bestimmte Anzahl von Punkten erreicht, hat gewonnen.

Es gibt auch eine offizielle Wettkampfversion, das Netz-*takraw,* bei der wie etwa beim Volleyball zwei Mannschaften den Ball über ein gespanntes Netz befördern müssen. In Vietnam gibt es übrigens ein ähnliches Spiel, dass *da cau* genannt wird und bei dem statt eines Rattanballs eine Art Federball benutzt wird.

Aus der Clubbekanntschaft ist eine zarte Freundschaft gewachsen. Man trifft sich auch jenseits des Tenniscourts und hat bereits zusammen einen Ausflug im Familienkreis unternommen. Nachdem Martin das Match tatsächlich gewonnen hat, trinken er und Anuchit noch einen *Krating-Daeng*-Energydrink zusammen. Sein Tennispartner beglückwünscht Martin fair und aufrichtig zu seinem fulminanten Spiel. Dieser bedankt sich artig, wird aber den Verdacht nicht los, dass seinen Partner irgendwo der Schuh drückt. Der sonst so mitteilungsfreudige Anuchit erscheint ungewohnt gehemmt und redet selbst für einen Thai etwas zu sehr um den heißen Brei herum. Martin fragt ihn geradeheraus, ob er etwas auf dem Herzen habe.

»Ja, Martin, es gibt da ein Problem. Vielleicht kannst du mir ja weiterhelfen.«

»Worum geht es denn?«

»Na ja, du weißt, dass ich mir vor Kurzem einen LCD-Flachbildschirm und einen von diesen superflachen Laptops gekauft habe. Dann gab es noch die Hi-Fi-Anlage im Sonderangebot, und unser alter Espressoautomat war auch nicht mehr der beste«, zählt Anuchit seine jüngsten Triumphe an der Konsumfront auf.

»Du scheinst ja in der Lotterie gewonnen zu haben«, gratuliert ihm Martin.

»Na, eben nicht. Obwohl ich natürlich wie jeder Thai fleißig spiele. Jedenfalls habe ich da ein Angebot für ein schönes Motorrad bekommen. Eine Honda Phantom. Eine einmalige Gelegenheit und ein echtes Schnäppchen.«

»Eine schöne Maschine! Aber was hat das mit mir zu tun?«

»Ich bin im Moment etwas knapp bei Kasse. Deshalb wollte ich dich fragen, ob du mir, sagen wir, 50.000 Baht (etwa 1.250 Euro) leihen könntest«, kommt Anuchit schließlich zum Punkt.

Martin ist alles andere als begeistert, weiß er doch, wie schnell die Thais beim Kauf von mehr oder minder nützlichen Dingen bei der Sache sind. Kein Wunder, dass die meisten Thais ewig pleite sind! Er beschließt, hart zu bleiben: »Also, Anuchit, bei echten Notfällen bin ich gern bereit zu helfen, aber für ein Zweitmotorrad gebe ich kein Geld her.«

Anuchit unternimmt noch einen weiteren Versuch, erkennt aber schnell, dass sein Sportpartner sich nicht wird erweichen lassen. »Ihr Deutschen und eure Prinzipien. Aber wahrscheinlich hast du recht, wirklich dringend brauche ich das Motorrad nicht.«

Martin ist erleichtert. Dennoch kann er sich nicht des Eindrucks erwehren, dass Anuchit von seiner Absage ziemlich enttäuscht ist.

Was ist da schiefgelaufen?

Ach ja, das liebe Geld. Hat sich Martin hier in unangebrachter Weise als Geizkragen aufgeführt? Oder tut man in Thailand gut daran, Privates und Finanzielles feinsäuberlich voneinander zu trennen? Die vorläufige Antwort lautet: Zumindest als Ausländer sollte man sich bei Kreditgesuchen stark bedeckt halten – auch wenn Thais dies untereinander anders handhaben. Denn zeigen sie sich den emotionalen Bedürfnissen ihrer Mitmenschen gegenüber etwas zugeknöpft (siehe Kapitel 6: »Immer schön reserviert«, Seite 52), sind sie bei materiellen Zuwendungen außergewöhnlich generös. In festeren Freundschaftsbeziehungen ist es durchaus Usus, dem klammen Kameraden ohne mit der Wimper zu zucken auch größere Geldbeträge zur Überbrückung von temporären finanziellen Ebbephasen zu überlassen. Insofern ist Martin hier schon aus der Reihe getanzt. Allerdings ist das Minus auf den Bankkonten häufig gar kein vorübergehendes Phänomen, sondern ein mit einem Schulterzucken hingenommener Dauerzustand. Die kompromisslose Frisch-und-fröhlich-Mentalität der Thais hat halt ihren Preis.

EINE FLÜCHTIGE BEZIEHUNG: THAIS UND DAS GELD

Eines ist klar: Mit der Knauserigkeit der berüchtigten schwäbischen Hausfrau haben Thais rein gar nichts am Hut. Geld ist für sie definitiv nichts, was unter gewaltigen Anstrengungen gehortet werden müsste, um für schlechte Zeiten gewappnet zu sein. Vielmehr scheinen sie zur Auffassung zu neigen, Geld sei eine Ware mit stark begrenzter Haltbarkeit und müsse deshalb umgehend aufgebraucht werden. Münzen und Scheine aller Art dienen v. a. einem Zweck:

so schnell wie möglich zum Kaufmann oder Gastronom des Vertrauens getragen zu werden. Und die Umweltbedingungen sind ja auch so erfreulich, dass Zeiten, in denen man sich ganz und gar von verdünnter Rübensuppe ernähren müsste, relativ unwahrscheinlich sind. Auch arktische Wetterphänomene kennt man in Südostasien nur aus *National-Geographic*-Dokumentationen. Das heißt: Im Zweifelsfall lässt sich überall eine Hängematte aufspannen. Die existenziellen Fixkosten sind hier also weit niedriger als anderswo, was ein umsichtiges Haushalten weniger dringlich macht.

Daraus folgt jedoch nicht, dass die Wünsche der Menschen nicht auch in Thailand ins Unendliche gehen würden. Gerade Thais wissen Kurzweil und Komfort sehr zu schätzen. Manche Spötter behaupten gar, dass sie regelrecht amüsiersüchtig sind. Allerdings: Es gibt nichts für umsonst. Ein deutliches Einnahmen-Ausgaben-Gefälle ist daher in Thailand die Regel. Da bleiben oft nur Privatdarlehen, Glückspiele oder der Gang zum Pfandhaus als – wenig nachhaltige – Auswege übrig.

Insgesamt wird man sagen müssen, dass Thais zu großen Teilen einem starken Materialismus anhängen. Selbst in einigen buddhistischen Klöstern werden die Gläubigen bedenkenlos abgezockt. Worin die Ursache hierfür liegt, ist nicht ganz klar. Ein Erklärungsansatz verweist auf die Regierungszeit von König Chulalongkorn (1853–1910). Angesichts des Vordringens der europäischen Kolonialmächte in Asien hat dieser dem Land einen strikten Modernisierungs- bzw. Verwestlichungskurs verordnet. Trotz einiger vorbildlicher Reformen wie der formellen Aufhebung der Sklaverei im Jahr 1874 wurde dabei die alte Wertordnung massiv unterspült und kein gleichwertiger Ersatz geschaffen. In dieses Vakuum habe sich dann der Materialismus als neue dominante Haltung eingenistet.

Da die Rückzahlungsmodalitäten in den wenigsten Fällen offen angesprochen werden, zieht sich die Tilgung oft bis zum Sankt-Nimmerleins-Tag hin. Den »Kreditnehmer« an seine Verpflichtungen zu erinnern oder gar eine explizite Aufforderung zur Rückerstattung auszusprechen, gilt dabei als wenig vorteilhafter Charakterzug. Klartext ist eine Sprache, die die Thais nicht sonderlich mögen.

Der großzügige Verleiher hat auch in Erwägung zu ziehen, dass das Darlehen eventuell gar nicht dem Freund selbst, sondern vielmehr einem von dessen Vertrauten gilt. So kann es sein, dass weit verzweigte Verbindlichkeitsnetzwerke entstehen und sich die Geber-Nehmer-Beziehungen im Idealfall irgendwie ausgleichen. Für den *farang* hingegen stehen die Chancen, in diesem Spiel ungeschoren davonzukommen, nicht sehr günstig. Denn über eines sollte sich der Thailand-Besucher bewusst sein: Er ist für die Einheimischen völlig unabhängig von seinen realen Budgetlinien der auferstandene König Krösus höchstpersönlich. Jede Widerrede ist zwecklos. Und so wie von jenem legendenumrankten Monarchen aus dem Morgenland wird auch vom *farang* eine nahezu orientalische Freigiebigkeit erwartet. Ehrensache, dass man als scheinbarer (Baht-)Millionär beispielweise die Bewirtungskosten der in Fußballmannschaftsgröße angetretenen Thai-Freunde übernimmt. Vor diesem Hintergrund sollte man sich darauf einstellen, dass womöglich weniger ein Überbrückungskredit als eine direkte Subvention nachgefragt wird. Dies kann zu der unbefriedigenden Situation führen, dass für die unbändige Ausgabefreudigkeit jemand anderes geradesteht, während man selbst jeden Baht zweimal umdreht!

Wie geht es entspannter?

Was heißt dies nun für den finanziellen Alltagsverkehr in Thailand? Wie immer geht es darum, die Balance zu halten. Einerseits sollte man nicht so weit gehen, den eigenen Geldbeutel mit Faden und Zwirn zuzunähen. Ein Freundschaftsdienst ist eben genau ein solcher, und Knickrigkeit ist nirgends auf der Welt eine Tugend. Andererseits sollte man vor allem bei arg zufälligen Kontakt- und Freundschaftsanfragen stets eine gewisse Skepsis walten lassen. In

Finanzfragen ist in Thailand grundsätzlich Umsicht und Fingerspitzengefühl gefragt.

Das heißt natürlich nicht, dass es ausnahmslos alle Thais einzig und allein auf das Portemonnaie des Westlers abgesehen hätten. Aber angesichts des erheblichen Wohlstandsgefälles in Kombination mit dem gesteigerten thailändischen Vergnügungsbedürfnis geht von ihm für manche Einheimische eine beinahe magnetische Anziehungskraft aus. Hintergedanken sind nicht auszuschließen. Selbst untereinander schließen Thais Freundschaften nicht selten nach dem Kriterium der Nützlichkeit. Dieser Fingerzeig gilt selbstredend besonders für spontane Bekanntschaften mit einer erotischen Komponente. Aber auch sonst sind landauf, landab findige Schlitzohren unterwegs, die dem Ausländer unter Aufbietung der fadenscheinigsten Begründungen und fantastischsten Geschichten liebend gern dabei behilflich sind, sich auf die wirklich wichtigen Dinge im Leben zu konzentrieren. Und dabei soll Geld ja angeblich nur stören.

25 SCHUHLOS GLÜCKLICH

ODER DER GAST, EIN KÖNIG MIT PFLICHTEN

»Da vorn, das Haus müsste es sein«, sagt Martin erleichtert, nachdem sie schon eine ganze Weile im Gestrüpp der Apartment-Hochhäuser herumgeirrt sind. Manche sehen aus wie hochkant gestellte Schuhkartons, andere eher wie ambitionierte Projekte von halbwüchsigen Lego-Architekten – jedes für sich eine eigene Welt aus Glas und Beton. Die Eltern von Lisas Schulfreundin Ket – Herr und Frau Thongtep –, in deren Wohnung Lisa eine Art provisorisches Dauercamp errichtet hat, haben darauf bestanden, endlich ihre Familie kennenzulernen. Also haben Susanne und Martin sich auf den Weg nach Thonburi gemacht. Zu zweit. Denn Lisa ist mit der Begründung eines Schulprojektes, das ausschließlich in einer engen Rund-um-die-Uhr-Kooperation umzusetzen sei, schon am Tag zuvor vorausgeeilt. Susanne mutmaßt, dass es sich dabei wohl eher um eine Langzeitstudie über Musik, Comics und Lippenstifte handelt. Martin seinerseits war mit der Wahl des Begriffes »Haus« etwas ungenau: Eigentlich sind es fünf turmähnliche Wohnsäulen, die zu einem Komplex von der Größe einer mittleren Kleinstadt gebündelt sind. Vor der Tür des Wohnturms, in dem die Thongteps residieren, steht ein Geisterhäuschen, dessen Größe in einem angemessenen Verhältnis zum vorhandenen Wohnraum steht.

Via Gegensprechanlage melden Martin und Susanne ihre Ankunft, mit einem dumpfen Surren wird der Weg freigegeben. Es dauert eine Weile, bis sie sich in den einundzwanzigsten Stock der Wohnburg hochgearbeitet haben. Familie Thongtep steht schon an der Tür und strahlt, als würde sie die königliche Familie mit einem Besuch beehren.

»*Sawadee,* schön, dass Sie gekommen sind. Lisa hat uns schon viel über *yööramanii* (Deutschland) erzählt«, begrüßt sie Herr Thongtep feierlich.

Susanne überreicht das Gastgeschenk, das von Frau Thongtep mit aller gebotenen Beiläufigkeit zur Seite gelegt wird. Das kennt Susanne ja bereits.

Vor der Tür liegt eine ganze Flotte von Schuhen in den verschiedensten Größen, Farben, Materialien und Stadien der Abnutzung vor Anker. Ein Wink mit dem Bambuspfahl, sollte man meinen. Aber nicht für Martin. Er stürmt in das Apartment, als würden dort die letzten Tickets für die Arche Noah verteilt. Lautstark rühmt er die phänomenale Aussicht auf den Fluss. Halt, hier stimmt was nicht, denkt sich Susanne, als sie den Blick von Frau Thongtep auffängt. Sehr ruhig schaut die – zu ruhig. Doch die Eintrittsgeschwindigkeit ihres Mannes hat einen solchen Sog erzeugt, dass sie ihm automatisch folgt. Die Thongteps verfolgen das Schauspiel mit einer Seelenruhe, als hätten sie den ganzen Tag über literweise beruhigenden Eukalyptus-Saft geschlürft.

Nach einer kurzen Kennenlernphase werden die Gäste zu Tisch gebeten.

»Ich muss Sie zu Ihrer Tochter beglückwünschen«, sagt Herr Thongtep an Martin und Susanne gewandt. »Sie ist wirklich ein braves Mädchen. Wohlerzogen, zuvorkommend, folgsam.«

Das Ehepaar Meyer blickt sich an, als hätte es sich nicht nur in der Hausnummer, sondern gleich im ganzen Stadtbezirk geirrt.

»Und sie hilft immer ganz von selbst bei der Hausarbeit«, setzt die Hausherrin noch einen drauf.

So ist das also, denkt Susanne. Bei uns rührt sie keinen Finger und kaum ist sie aus dem Haus, verwandelt sie sich in Mutter Theresa. Die Gelobte selbst hat es plötzlich ziemlich eilig, in die Küche zu entschwinden. Zwischendurch signalisiert Lisa ihren Eltern, dass man im Hause Thongtep so eine Art Schuhphobie hat. Sobald diese sich unbeobachtet wähnen, streifen sie ihr Schuhwerk eilig ab.

Die Sitzordnung am Tisch folgt offenbar einer bestimmten Logik. Allerdings missfällt Martin der Einfallwinkel der Sonne, weshalb er kurzerhand eine Umgruppierung vornimmt. »Lisa, Ket, ihr müsst ja auch nicht allein am Katzentisch sitzen! Kommt, wir tauschen!«, ruft Martin und schon zieht er Lisa hoch und pflanzt sich auf ihren Platz. Bei den Thongteps scheint die Wirkung des Eukalyptus nachzulassen, denn es deutet sich ein erstes zartes Runzeln auf der Stirn des Gastgebers an.

Es entwickelt sich ein munteres Gespräch, bei dem Ket und Lisa sich mädchenhaft zieren, näher Auskunft über ihr ominöses Schulprojekt zu geben. Aber Martin kann sich sowieso immer weniger auf das Gespräch konzentrieren. Weil er beim Chrysanthemen-Tee, der zum Willkommen gereicht wurde, ordentlich zugeschlagen hat, drückt ihn nun ein gewisses Bedürfnis. Den Weg zur Toilette hat er bereits durch aufmerksames Beobachten ermittelt, also will er den Rest der Tischgemeinschaft nicht mit seinem Anliegen belasten. Er geht also, so als hätte den Großteil seines vierzigjährigen Lebens hier im Thongtep-Apartment verbracht, mir nichts, dir nichts zum Ort der Orte. Die Stirn von Herrn Thongtep nimmt das Profil von gewellter Dachpappe an.

Während bislang Martin das Privileg hatte, die Geduld der Gastgeber zu strapazieren, setzt nun Susanne zu einem Aufholmanöver an. Als unangefochtene Familienbevollmächtigte für Einrichtungsfragen interessiert sie sich schon lange für die Tricks und Kniffe der thailändischen Innenausstattung. Also nutzt sie die Gunst der Stunde – die Mädchen sind ebenfalls aufgestanden, um ihr »Projekt« fortzusetzen – und inspiziert die einzelnen Räume mit einer Hingabe und Sorgfalt, als wäre sie die Chefredakteurin der Zeitschrift *Schöner Wohnen.* Dies bringt nun wiederum Frau Thongtep dazu, auf ihrer vorderen Schädelpartie eine kleine Ballettaufführung stattfinden zu lassen. Doch aller Gesichtsakrobatik zum Trotz: Die Thongteps bleiben ausgesprochen liebenswürdig und erfüllen ihre Gastgeberpflichten mit einer Gewissenhaftigkeit, als wären sie vom protokollarischen Dienst des Königreichs Thailand. Es folgen noch einige Ausrutscher seitens der Gäste, bevor sich die Besuchsvisite ihrem Ende zuneigt.

Auf dem Heimweg wird Susanne plötzlich grüblerisch: »Ich weiß nicht. Trotz aller Freundlichkeit hatte ich irgendwie den Eindruck, als wären die Thongteps von unserem Besuch nicht so hundertprozentig angetan gewesen. Komisch, dabei wollten sie doch, dass wir kommen.«

Was ist da schiefgelaufen?

Na, kein Wunder bei solchen Gästen, möchte man ihr da zurufen. Aber im Ernst: Gegenseitige Besuche gehören selbstverständlich auch in Thailand zum festen Inventar zwischenmenschlicher Beziehungen, die ideal geeignet sind, soziale Bindungen zu festigen und zu vertiefen. Bedingt durch das meist freundliche Wetter und die Erfahrungen von Nähe in der Dorfgemeinschaft werden die Heimstätten der Thais vor allem außerhalb der größeren Städte nicht festungsartig verbarrikadiert. Man lebt vielmehr im organischen Austausch mit seiner Umgebung. Dies senkt die Schwelle für Überraschungsbesuche der Nachbarn natürlich ungemein. Im Generellen wird in Thailand eine »Politik der offenen Tür« verfolgt. Trotzdem existiert ein fester Kanon an Besucherpflichten, den auch Ausländer beherzigen sollten.

So dürfte sich weithin herumgesprochen haben, dass man sich fast überall in Asien vor Betreten eines Privathauses und erst recht von sakralen Gebäuden tunlichst seines Schuhwerkes zu entledigen hat. Wie delikat die Schuhfrage in diesem Teil der Welt sein kann, bekamen etwa die englischen Kolonialherren im benachbarten Burma (Myanmar) zu spüren. Dort war ihre Missachtung des Gebotes, Pagoden nur schuhlos zu betreten, für den Ausbruch von gewaltsamen Aufständen zumindest mitverantwortlich. An dieser Stelle haben die Meyers jedenfalls schon mal den ersten Fehltritt begangen, der einem mittleren Sakrileg gleichkommt. Die Empfindlichkeit der Thais gegenüber Straßenschlappen aller Art und Größe hat sowohl rein praktische als auch religiöse Gründe. Denn auch wenn die Sauberkeit im öffentlichen Raum manchmal zu wünschen übrig lässt – in den Heimen der Thais ist in der Regel eine nahezu klinische Reinlichkeit anzutreffen. Insbesondere die Böden sind stets blitzblank, sodass man von ihnen wirklich eine Mahlzeit zu sich nehmen könnte. Und in der Tat sitzen, essen und schlafen die Thais am liebsten auf dem (häufig aus schönen Teakholzdielen bestehenden) Boden. Entsprechend picobello hat dieser zu sein.

DER STUHL, DAS UNGELIEBTE WESEN

Jedem, der Thais bei ihren alltäglichen Verrichtungen beobachtet, werden ihre zuweilen akrobatischen Sitzhaltungen auffallen. Dabei scheint das Motto zu gelten: Je niedriger man sitzt, umso besser. Einen Stuhl bzw. Thron hatte lange Zeit nur der König. Das Volk saß auf dem Boden, und dort sitzt es auf Bambusmatten bevorzugt noch heute. Die allgemeine Reserviertheit dem Stuhl, diesem westlichen Sitzmöbelstück, gegenüber hat sich weitgehend gehalten. Allenfalls akzeptiert man kurzbeinige Hocker, früher aus Holz, heute aus buntem Plastik, mit denen man nur geringfügig über der Erde schwebt.

Ein Motiv für die Stuhlaversion der Thais kann sicherlich in der thailändischen Vorliebe, sich ausgiebig in der Waagerechten zu entspannen, gesehen werden: Wenn man schon auf dem Boden sitzt, macht es keine so großen Umstände mehr, sich in die Horizontale zu bringen. Was die vorbildliche Sitzhaltung bei Besuchen in Heimen ohne Tisch und Stühle anbelangt, so wird von den Männern erwartet, dass sie den Schneidersitz einnehmen, wohingegen die Frauen ihre Beine damenhaft-würdevoll zur Seite zu schlagen haben. Eine Gepflogenheit, die ungeübten Westlern einige schmerzhafte Momente bereiten dürfte.

Wenn man also mit Schuhen in die Wohnräume von Thais hineinspaziert, ist das – etwas übertrieben gesagt – so, als würde bei uns ein Gast auf den gedeckten Mittagstisch klettern. Hinzu kommt, dass in der buddhistischen Vorstellung von der verschiedenen Wertigkeit einzelner Körperteile Schuhe als unrein gelten. Dies hängt damit zusammen, dass sie an den Füßen baumeln, die ihrerseits den unvorteilhaftesten Teil des menschlichen Körpers ausmachen. Da man die Füße selbst schlecht ablegen kann, müssen zumindest die Schuhe vor der Tür bleiben. Auch löchrige Socken sind, so blamabel sie für den Träger auch sein mögen, kein triftiges Gegenargument. Da gibt es kein Pardon! Bleibt das Schuhwerk an, so wird der unbestrittene Mittelpunkt des thailändischen Lebens entweiht.

Dabei sollte man sich auch nicht von wiederholten Beteuerungen der Hausherren, dass ein Ausziehen der Schuhe nicht notwendig sei, überzeugen lassen. Denn die haben damit in jedem Fall ein Problem, nur sind sie zu höflich, dies klar zu artikulieren. Des Weiteren sollte der erste Schritt, den man in das Domizil seines Gastgebers setzt, nicht punktgenau auf der Türschwelle landen. Denn die Thais sind der Auffassung, dass diese Schwelle eine Barriere gegen vagabundierende Geister bildet und sie daran hindert, ihr Unwesen im Haus zu treiben. Tritt nun ein tollpatschiger *farang* auf diese häusliche Demarkationslinie, so wird der Schutzwall symbolisch durchbrochen, und das Unheil nimmt seinen Lauf.

Bei der Begrüßung (und auch sonst) haben die Eltern gemäß der thailändischen Familienordnung absolute Priorität. Sie sind die wichtigsten Personen im Raum. Kindern ist es hingegen nicht erlaubt, bei den Erwachsenen zu sitzen. Sie werden in einiger Entfernung platziert.

Wie geht es entspannter?

Da Thais beim Aufbau von Beziehungen zu Fremden eher zurückhaltend sind, kann die Einladung von *farang* in die eigenen vier Wände als eine ausgesprochene Sympathiebekundung betrachtet werden. Beruht das Wohlwollen auf Gegenseitigkeit und ist man an einer tieferen Beziehung interessiert, sollte man sich um ein besonders umsichtiges Verhalten bemühen. Dabei kann es nicht schaden, den voraussichtlichen Ablauf des Besuches vorab einmal (im Geist oder auch als improvisiertes Theaterstück) kurz durchzuspielen. Dies hilft dabei, potenzielle Untiefen für Ausrutscher und Ungeschicklichkeiten bewusst zu umschiffen und die Geduld der Gastgeber nicht überzustrapazieren. Aber keine Sorge: Der Gast wird in Thailand nicht als lästiger Störfaktor, sondern vielmehr als Glücksfall wahrgenommen, dem man alle verfügbaren Annehmlichkeiten zuteilwerden lässt. Auch wenn es die monetären Verhältnisse eigentlich nicht zulassen, wird man versuchen, ihn so zuvorkommend wie irgend möglich zu beherbergen. Ein VIP-Status ist stets garantiert. Und allzu schwer ist es nicht, den Part des zivilisierten Besuchers halbwegs fauxpasfrei zu absolvieren.

Also die Sandalen aus, über die Türschwelle springen, brav den *wai* machen (siehe Kapitel 3: »Hände gefaltet, nicht geschüttelt«, Seite 28), den Anwesenden ihres Alters entsprechend nacheinander Respekt bezeugen, die angedachte Sitzordnung partout einhalten und – aufgepasst! – keine eigenmächtigen Exkursionen in andere Räume unternehmen. Letzteres gilt selbst für die sanitären Einrichtungen. Die entsprechende Frage nach deren Lage lautet dabei: *Hong nam yu thi nai?* Aber Vorsicht: Nach europäischen »Sitzgelegenheiten« sucht man auf den Toiletten *(hong nam)* übrigens häufig vergeblich.

Wenn Thais Fremde in ihr privates Reich einlassen, dann wollen sie das Geschehen weitgehend kontrollieren können. Gastgeschenke werden zwar nicht direkt erwartet, kommen aber natürlich als Eisbrecher überall gut an. Das muss nichts Pompöses sein, ein Korb mit Früchten oder eine Schachtel Pralinen sind völlig ausreichend. Es ist die Geste, die zählt. Wichtig ist es noch zu beachten, dass eine Einladung ausschließlich für die jeweilige Person gilt. Für das Mitbringen von personeller Verstärkung sollte stets ein explizites Einverständnis eingeholt werden. Denn mit einer unerwartet umfangreichen Besucherschaft können die Thais als – zumindest äußerliche – Gefühlsminimalisten schnell überfordert sein.

26 LEGAL, ILLEGAL …

ODER WER SPIELT, HAT SPASS

Es ist ein Rätsel. Es geht um die Haushälterin. Madame Sopapun. Sie ist die gute Seele im Hause Meyer – standhaft wie ein Bodhi-Baum, gewissenhaft bis in die Spitzen ihrer perfekt zur Ballonfrisur getrimmten Haare und immer verlässlich zur Stelle, wenn die Alltagsnöte drücken oder man sich etwas Gutes gönnen will. Das heißt: außer am Dienstagabend. Dann ist sie nie da, offenbar unterwegs, ausgeflogen, auf Achse. Wo sie sich aufhält, bleibt im Dunkeln. Die Umstände ihrer Abwesenheit – plötzliches Verschwinden und Wiederauftauchen, größte Verschwiegenheit – laden zu waghalsigen Mutmaßungen ein. Lisa hat – im Scherz und ziemlich vorlaut – etwas von einem heimlichen Liebhaber gemunkelt. Reine Spekulation! Da die Meyers nicht auf den Spuren von 007 wandeln wollen, üben sie sich in diskreter Zurückhaltung, so wie es sich in Thailand gehört. Denn hier wird dem Nachbarn nicht unter das Rattan-Sofa gelugt.

Allerdings ist da eine Unregelmäßigkeit aufgetreten, die nach Klärung ruft. Stein des Anstoßes: die Haushaltskasse. Da sich Madame Sopapun als wahres Einkaufsgenie erwiesen hat, hat ihr Susanne einige finanzielle Vollmachten erteilt. Nachdem sie ihr das Haushaltsgeld zunächst wöchentlich gegeben hat, ist sie zu einer Monatsvariante übergegangen. Und es ist in der Tat verblüffend: Obwohl Madame Sopapun das Budget niemals ausschöpft und sogar immer ein hübsches Sümmchen übrig bleibt, werden stets die erlesensten Delikatessen serviert.

»Wie macht sie das nur?«, fragt sich Susanne. »Die richtig guten Dinge sind doch auch in Thailand nicht billig.«

»Vielleicht ist sie ja auf eine Goldader gestoßen«, stellt Martin eine wenig überzeugende Vermutung in den Raum.

Jedenfalls werden sie verwöhnt wie die siamesischen Könige. Nur in diesem Monat ist Schmalhans Küchenmeister, im Kühlschrank nicht mehr als eine eiserne Reserve. Morgens, mittags und abends gibt es nur noch Reis mit Reis. Das heißt: Reis mit Fischsoße und Chilis und ein paar Gemüsetrieben zur Dekoration. Die Meyers vermuten, dass sie auf eine vorübergehende Diät gesetzt wurden. Das sehen sie gar nicht ein.

Doch bevor sie ihre Haushälterin zur Rede stellen können, kommt die Madame eines Abends zerknirscht zu Susanne und Martin. »Mr. und Mrs. Martin, es gibt da ein Problem. Könnte ich eventuell einen Vorschuss auf das Haushaltsgeld vom nächsten Monat bekommen?«, fragt sie reichlich verschämt.

»Aber wir haben doch erst Mitte des Monats, und vorher hat es doch auch stets gereicht. Mehr als das!«

»Hm, ich gehe doch Dienstagabend immer zum ...«, sie hüstelt und senkt ihre Stimme zu einem Flüstern, »zum Poker.« Dann fügt sie schnell hinzu: »Und normalerweise gewinne ich auch immer. Nur diesmal hatte ich keine Zeit, vorher in den Tempel zu gehen, um für meine Glückssträhne Kerzen anzuzünden. Leider ist der ganze Einsatz flöten gegangen.«

»Sie haben das Haushaltsgeld genommen und damit gespielt?« Martin und Susanne werfen sich einen beunruhigten Blick zu.

Wie ein vierjähriges Mädchen dreht sich die Haushälterin mehrmals verlegen um die eigene Achse – und schweigt.

»So ist das also!«, ruft Martin. »Jetzt erklärt sich auch, warum der verwegen aussehende Tuk-Tuk-Fahrer Sie neulich so ehrfurchtsvoll gegrüßt und mit ›White Cobra‹ angeredet hat. Unsere Haushälterin, eine Bangkoker Spielergröße!«

Nun huscht ein leichtes Lächeln über die Lippen von Madame Sopapun, dem umgehend ein pflichtschuldiges Augenniederschlagen folgt.

»Na ja, wir wollen da kein Drama draus machen, schließlich haben wir ja bis jetzt schön von Ihrer Spielleidenschaft profitiert«, gibt sich Martin versöhnlich. »Aber ab jetzt ist Schluss mit dem Einsatz der Haushaltskasse.«

Später, als sie allein sind, fragt Susanne ihren Mann: »Kannst du dir das erklären? Ich hätte eher darauf getippt, dass sie zu einem Club für Hochleistungshäkeln geht, aber doch nicht zum Poker!«

Was ist da schiefgelaufen?

Die allzeit besonnene Madame Sopapun eine zügellose Zockerin? So sieht es aus. Und da ist sie keineswegs die Einzige! Eine ungezügelte Spielleidenschaft scheint ein fester Strang der thailändischen DNA zu sein. Aber woher kommt die?

Gemeinsam mit den Meyers sind wir wiederholt auf das unbändige Spaßbedürfnis der Thais gestoßen. Dabei ist klar geworden, dass die Thais eine großzügig bemessene Dosis *sanuk* als ihr unveräußerliches Menschenrecht ansehen. Wir haben auch erfahren, dass dieser Zug einige heikle Nebeneffekte produziert. Am ärgerlichsten für die Thais ist sicher der ständige finanzielle Notstand. Offenbar hat sie diese Klemme zu folgender Überlegung angeregt: Es müsste etwas geben, bei dem man sich prächtig amüsieren kann, ohne dass gleich ein Loch von der Größe Grönlands in die Brieftasche gerissen wird. Oder bei dem, noch besser, unterm Strich sogar etwas übrig bleibt. So eine Art sich selbst antreibender Spaßmotor. Das wäre mal eine echte Erfindung! Aber wo gibt es so was? Fragen wir mal die Chinesen, die kennen sich ja mit epochalen Neuerungen aus.

Kein Problem, haben die gesagt, wir haben da etwas Interessantes entwickelt: das Glücksspiel. Das macht ordentlich Laune und mehrt das Vermögen. Heureka! Soweit die Theorie. In der Praxis heißt es leider: Meist gewinnt die Bank. Aber davon lässt man sich nicht die Stimmung verderben. Und so wird in Thailand auf alles, was sich irgendwie bewegt oder seinen Zustand unvorhersehbar verändert, Wetten abgeschlossen.

Das Glückspiel kann in Thailand auf eine lange, bewegte Geschichte zurückblicken: Erste Vorläufer werden auf das 10. Jahrhundert datiert, als das aus China kommende »Bohnen-Raten« populär wurde. Unter König Rama III. (1824–1851) wurde das Glücksspiel offiziell erlaubt, woran sich im späten 19. Jahrhundert ein regelrechter Spielboom anschloss. Motiv der Obrigkeit, diese Leidenschaft weiter anzufachen, war die Aufbesserung der Staatskasse. Offenbar nahm das grassierende Wett- und Spielfieber aber so drastische Ausmaße an, dass die Spiele im Jahr 1916 durch Rama VI. wieder untersagt wurden. Eine Aufweichung des Verbotes zur Verbesserung der Steuerbasis gab es dann wieder Mitte der 1940er-Jahre, als zumindest einige Spiele für die Oberschicht legalisiert wurden. Die relativ restriktive Haltung des thailändischen Staates in dieser Frage erklärt sich aus der Absicht, Bankrotte und Konflikte zu verhindern. Befördert wird die exzessive Wettneigung der Thais sowohl durch den Glauben an Glückszahlen als auch durch die feste Überzeugung, dass Opfergaben mit einem Vielfachen vergolten werden. Heute gibt es einige staatlich überwachte Wettmöglichkeiten, wie etwa die staatliche Lotterie, Pferdewetten oder Wetten beim Thai-Boxen *(muay thai)*.

SPIEL- UND WETTFIEBER

Thais lassen sich durch staatliche Verbote nicht allzu sehr beeindrucken, zumal illegale Glücksspiele ohnehin den größeren Nervenkitzel bieten. So treffen sie sich an illegalen, *bon kan phanon* genannten Spielorten, um ihrer Zockerlust freien Lauf zu lassen. Oft müssen Teilnehmer 10.000 Baht (etwa 250 Euro) Mindesteinsatz auf den Tisch legen. Die Polizei hält eine schützende Hand über die Treffen, da sie an den Erlösen beteiligt wird.

Die Spielfantasie ist grenzenlos: Populär sind vor allem Wetten auf Sportereignisse, aber auch Würfel- und Kartenspiele. Es wird auf alle Arten internationaler Fußballspiele gewettet, besonders beliebt sind Welt- und Europameisterschaften. Getippt wird auf den Spielausgang oder die Tordifferenz. Immerhin versucht man, die Verluste mit dem *Asian-Handicap*-Ansatz in Grenzen zu halten. Dabei kann sich ein Spieler gegen ein unentschieden ausgehendes Spiel absichern, indem die Wette – je nach Art des Handicaps – auch in diesem Fall als gewonnen gilt oder es einen Teil des Einsatzes zurückgibt.

Bei den Würfelspielen dominiert das auch als *hi-lo* bekannte *soongdam*. Dabei werden drei Würfel gerollt und die Punkte addiert. Liegt die Summe über elf, haben diejenigen gewonnen, die zuvor auf »hoch« getippt haben, liegt sie exakt bei elf oder darunter, räumt die »tief«-Fraktion ab. Ein ähnliches Spiel mit drei Würfeln ist *bau cua ca cop* (auch *sic bo*), das vermutlich von England über China seinen Weg nach Thailand fand. Hier entscheidet die Augenzahl über den Gewinn. Neben der Zahlenvariante gibt es auch eine mit Tiersymbolen, die dem Spiel seinen Namen »Kürbis-Krabbe-Fisch-Tiger« gegeben haben.

In Thailand wird nicht nur fleißig gewürfelt, sondern auch rege Karten gespielt. Am geläufigsten ist dabei wohl *pok daeng*. Hierbei erhält jeder Spieler zwei Karten und kann bei Bedarf weitere ziehen. Gewinner ist derjenige, dessen Kartenwert der neun am nächsten ist. Wird ein Wert von zehn überschritten, muss man erneut bei eins beginnen. Ein weiteres populäres Kartenspiel ist *thai rummy*. Auch unter *dum-mee* bekannt ist es für vier Spieler vorgesehen und ähnelt dem europäischen Rommé.

Aber nicht nur Würfel und Karten sollen Fun und Bares bringen. Es wird auch Zahlenlotto gespielt. Eine in Thailand geläufige Untergrundlotterie ist *huay tai din*. Die Umsätze werden auf das 16-fache der staatlichen Lotterie geschätzt.

Egal welchem Glücksspiel gefrönt wird, am Ende stehen meist herbe Verluste. Viele Thais haben enorme Spielschulden angehäuft. Um ihre Schulden abtragen zu können, eröffnen viele Zocker ihre eigenen illegalen Straßenkasinos. Auch im Ausland hat man sich auf die Thai-Spieler eingestellt: Z. B. wurde im kambodschanischen Poipet an der Grenze zu Thailand eine Art Klein-Las-Vegas errichtet. Dort spielen Thais vermehrt auch westliche Spiele wie Roulette. Auch in der laotischen Grenz- und Provinzstadt Savannakhet hat man ein Großcasino für thailändische Bedürfnisse errichtet, in dem Laoten selbst der Zugang nicht gestattet ist.

Wie geht es entspannter?

Die Spielleidenschaft der Thais ist etwas, was man als Besucher entspannt von außen betrachten und daraus seine Schlüsse ziehen kann. Wenn man um ihre ausgeprägte Hingabe zu Spielen, Lotterien, Wetten und Tombolas weiß, ist man auf dem Weg zum Verständnis der Thais einen Meilenstein vorangekommen. Dieses Wesensdetail passt perfekt in das große Thai-Puzzle. Insgesamt heißt es: Kurzweil schlägt Vorsorge – und zwar um Elefantenlängen. Tugendwächter, Erbsenzähler und Spaßverächter mögen nun einwenden, dass es sich hierbei nicht gerade um den vorteilhaftesten Charakterzug handelt. So ist es. Aber wie in einer harmonischen Großfamilie sollte man über die kleinen und großen Schwächen der Cousins und Cousinen hinwegschauen können und sich auf deren positive Seiten konzentrieren. *Nobody is perfect!* Zumal der erhobene Zeigefinger in Thailand zu den verbannten Handzeichen gehört. Jeder möge doch bitte vor seinem eigenen Teakhaus kehren. Ihre *sanuk*-Sphäre ist den Thais heilig. Wenn eine ältere Frau sich beim Zocken amüsiert – *so what?* Vorausgesetzt natürlich, dass sie dafür nicht die Sparbüchsen ihrer Enkel plündert!

Will man sich selbst in diesem Laster ein klein wenig fortbilden, so sollte man immer eine Reißleine in Form eines strikt limitierten Spieleinsatzes parat haben. 200 Baht oder so kann mal schon mal auf den Kopf klopfen. Bei großen Summe gilt: Finger weg! *Farang* mit einem Thai-Partner sollten einen wachsamen Blick auf die Entwicklungen an der Wettfront haben, um vor unliebsamen Folgen gewappnet zu sein. Denn allerspätestens bei einem Totalkonkurs hört der Spiele-Spaß nun wirklich auf.

27 MIT KOPF, HÄNDEN UND FÜSSEN

ODER INTERKULTURELLE GELENKGYMNASTIK

Das monotone Rattern und Klackern des Zuges hat eine überaus beruhigende, ja nahezu meditative Wirkung. Susanne hat ihre Nase tief in ein Buch über die Besonderheiten der thailändischen Mentalität vergraben. Nur einige wenige Seiten hat sie bislang geschafft. Lisa starrt gebannt aus dem Fenster, als liefe draußen der neueste Blockbuster. Ein Postkartenmotiv reiht sich an das andere. Meere immergrüner Palmen, Wasserbüffelherden, winkende Kinder. Nur Martin hat seine endgültige Sitzposition noch nicht gefunden und läuft wie ein eingesperrter Tiger den Gang auf und ab. Dabei wird die Fahrt noch eine halbe Ewigkeit dauern, denn Familie Meyer hat sich auf den weiten Weg nach Malaysia gemacht. Das Ziel der Fahrt ist der Bahnhof Butterworth gegenüber der Insel Penang mit ihren prächtigen Tempeln und Kolonialbauten.

Im Fernsehen haben die Meyers einen Bericht über Malaysias kunterbuntes Völkergemisch aus Malaien, Indern, Chinesen und Ureinwohnern gesehen, das sie nun selbst in Augenschein nehmen wollen. Zumal dort auch eine der vielfältigsten Küchen der ganzen Welt auf sie wartet. Es ist schon erstaunlich, wie verschiedenartig die einzelnen Länder Südostasiens sind.

Idealerweise unterhält die thailändische Eisenbahn eine Direktverbindung in das südliche Nachbarland. Freilich dauert die Fahrt von Bangkok aus – wenn tatsächlich alles klappen sollte – schlappe einundzwanzig Stunden. Es gibt zwar auch den *Eastern & Oriental Express,* der bis nach Singapur durchfährt, aber der ist eher etwas für die internationale Hautevolee. Hat Susanne gesagt.

LUXUSHOTEL AUF SCHIENEN

Wo ist sie nur geblieben, die schöne alte Fernostwelt? Eine etwas komische Frage, denn die Zeit bleibt natürlich auch in diesem Teil der Welt nicht stehen – auch wenn man das als Besucher gern so hätte. Für diejenigen, die sich nach vergangenen Epochen sehnen (und über das nötige Kleingeld verfügen), gibt es mit dem *Eastern & Oriental Express (E&O)* die Möglichkeit, eine opulente kleine Zeitreise mit Agatha-Christie-Feeling zu unternehmen. Der grün-beige Zug fährt die 2.000 Kilometer lange Strecke von Bangkok nach Singapur in drei bis vier Tagen. Während dieser Zeit kann man exotische Gerichte probieren, in der Bordbibliothek stöbern, einen Cocktail zu Pianoklängen schlürfen oder einfach nur aus dem Fenster schauen.

Der *E&O* ist jedoch nicht etwa ein historisch kostbares Überbleibsel aus ästhetisch anspruchsvolleren Zeiten. Er war vielmehr die Idee eines eisenbahnverrückten Amerikaners, der die aus Neuseeland stammenden Waggons mit großem Aufwand und viel Liebe zum Detail restaurieren ließ. Dies sollte der Sache aber keinen Abbruch tun, denn was gibt es Schöneres als glaubwürdige Fantasiegebilde? Andererseits kann man zumindest die Strecke bis zur malaysischen Grenze auch für einen regelrechten Spottpreis auch in der dritten Klasse der staatlichen thailändischen Eisenbahn zurücklegen.

Außerdem, findet Susanne, bietet sich in einem normalen Zug die unschätzbare Gelegenheit, Bekanntschaften mit Einheimischen zu schließen und einen authentischen Eindruck der lokalen Schlaf- und Essgewohnheiten zu gewinnen. Was gibt es Interessanteres auf einer Reise? Etwa der Chinese im fortgeschrittenen Methusalem-Alter da drüben, der Flugzeuge als modernes Teufelswerk ablehnt und die ganze Strecke von Kunming bis nach Kuala Lumpur über Land zurücklegt. Beeindruckend. Oder die beiden Lehrerinnen-Schwestern, die ihr Single-Dasein sichtlich in vollen Zügen zu genießen wissen und auf den thailändischen Familienkult nicht sonderlich viel zu geben scheinen. Allerdings kann die gemeinsame Fortbewegung auf engem Raum auch einige Irritationen mit sich bringen kann. Aber der Reihe nach.

Martin ist inzwischen fußmüde geworden und setzt sich auf einen der Sitze, die später am Abend zu Schlafliegen umfunktioniert werden. Zu diesem Zweck kommt extra ein Bahnangestellter vorbei und zieht mit der Präzision eines Herzchirurgen die Laken auf und legt akkurat gefaltete Decken hinzu. Ein schöner Service, wie früher bei Mama. Martins Füße jedenfalls schmerzen von dem langen Auf- und Ablaufen. Deshalb steckt er sich der Länge nach aus. Dabei zeigen seine leicht geschwollenen Ballen auf den freundlichen jungen Mann schräg hinter ihnen. Bis jetzt freundlich, sollte man richtigerweise hinzufügen. Denn seitdem Martin ihn mit seinen Füßen ins Visier genommen hat, verdüstert sich sein Gesichtsausdruck merklich. Eine ganze Gewitterfront ist da aufgezogen. Martin kann sich auf diesen Stimmungsumschwung zunächst keinen Reim machen. Aber dann kommt er doch auf die nicht allzu fern liegende Idee, dass dies irgendetwas mit seiner Sitz- oder vielmehr Liegehaltung zu tun haben könnte. Und siehe da, als er sich wieder aufsetzt, kommt es postwendend zum Aufzug einer neuerlichen Schönwettermiene. Martin probiert es gleich noch einmal aus: Liegen – die Miene verdüstert sich. Sitzen – die Mundwinkel zeigen nach oben.

Schon seltsam. Dieses Schauspiel wiederholt sich bei Lisa in einer etwas abgewandelten Form, als sie mit ihrem erhobenen Zeigefinger auf eine andere Passagierin deutet, als wolle sie die Luft durchbohren. Dabei wollte sie nur einen Thai-Mann darauf hinweisen, wohin seine Frau zwischenzeitlich abhandengekommen ist. Lange wehrt der Groll aber nicht. Kein Beinbruch. Faszinierend ist es auf alle Fälle: Gute Miene, wütende Miene – je nachdem, in welche Richtung Lisa und Martin ihre Tentakel ausstrecken. Die beiden zwinkern sich wissend zu.

Jetzt ist Susanne an der Reihe – ohne dass sie auch nur den Funken einer Ahnung hat. Eine Thai-Mutter hat mit ihrem Kleinkind bei ihnen Halt gemacht, damit die Fremden ihren Sprössling begutachten und bewundern können. Was diese mit großem Oh und Ah auch tun. Dann kann Susanne sich aber nicht zurückhalten, die Schädelkappe des Knirpses einem Drucktest zu unterziehen. Im Grunde genommen streichelt sie zart wie ein Engel über dessen Kopf. Aber ob zart oder nicht, das ist der Mutter herzlich egal. Mit einem bitterbösen Blick zieht sie ihr Herzblatt aus der Gefahrenzone und ergreift förmlich die Flucht vor der handgreiflichen *farang*-Frau.

Was ist da schiefgelaufen?

Herrje, wirklich jeder Schritt ein Patzer. Wie schaffen die Meyers das bloß immer wieder? Diesmal kann man der Familie immerhin zugestehen, dass es sich bei ihren Delikten um missliche, aber nachvollziehbare Angewohnheiten handelt. Was ist damit gemeint? Dass man andere Personen mit einem deplatzierten Kommentar in eine hochpeinliche Lage bringen kann, leuchtet spontan ein. Dies gilt jedoch genauso für eine achtlose Benutzung von kulturell vorbelasteten Körperteilen. Hier im Ausland immer auf der Hut zu sein, ist nicht so einfach, da es sich um unbewusste Akte handelt, die jedem seit Kindestagen quasi in Fleisch und Blut übergegangen sind. Dummerweise heißt das aber nicht, dass bei diesen Handlungen ein geringeres Affront-Potenzial existieren würde. Das haben wir ja eben gesehen. Entscheidend ist mithin nicht der Transportweg, sondern einzig und allein, welche Botschaft beim Empfänger ankommt.

In Thailand ist in diesem Kontext eine ganze Menge zu beachten, da seine Bewohner bestimmten Abschnitten des Körpers eine je spezifische Bedeutung beimessen. Im Grunde gibt es hierbei für Thais drei zentrale Fauxpas-Komplexe: den Kopf, die Hände und die Füße. Am heikelsten ist für sie ohne Zweifel das menschliche Haupt. Das ergibt auch Sinn, werden doch von der Zentrale aus alle wichtigen Körpervorgänge gesteuert. Etwas blumiger ausgedrückt: Hier sitzen der Geist und die Seele eines Menschen. Daher gilt der Kopf als oberheilig, sodass er durch ein profanes Anfassen nachhaltig entwürdigt werden kann. Da die linke Hand für eher unästhetische Tätigkeiten reserviert ist – ohne hier weiter ins Detail zu gehen –, ist bei den Greifwerkzeugen ein striktes Rechts statt Links angesagt. Besonders kontaminiert ist der Zeigefinger, der auf keinen Fall auf andere Personen gerichtet werden sollte, da dies von Thais als eine sehr rüde, eventuell sogar aggressive Geste wahrgenommen wird. Selbst bei hitzigen Wortgefechten ist dieser Fingerzeig absolut verpönt.

Die Füße sind für Thais schließlich so etwas wie die beiden finsteren Gegenspieler des edlen Kopfes. Während sich dieser in lichte Höhen erhebt, waten die Füße nicht selten durch morastige Landschaften. Insofern ist es für Thais nur folgerichtig, dass die Füße konsequent diskriminiert werden. Sehr gerecht ist dies zwar nicht, denn wo würde man denn ohne sie hinkommen? Aber so ist es nun einmal. Es geht ja hier nicht um richtig oder falsch, sondern um kulturell verfestigte Verhaltensmuster. Aus der rigorosen Anti-Fuß-Haltung folgt jedenfalls, dass man unter keinen Umständen mit den Füßen auf Menschen zeigen darf. Denn hierbei handelt es sich um eine der krassesten Beleidigungen, die man einem Thai überhaupt zumuten kann. Für Ihre Sicherheit kann dann womöglich nicht mehr garantiert werden. Dieser wohlgemeinte Hinweis gilt bei allen eingenommenen Sitzhaltungen.

Wie geht es entspannter?

Was kann man also tun, um in Thailand und anderswo in Sachen Gliedmaßengebrauch keine unnötigen Missverständnisse oder gar üblen Kränkungen zu provozieren? Zweierlei. Zum einen ist man gut beraten, sich eine wirksame Dosis Wissen über potenzielle Taktlosigkeiten zu verschaffen. Zum anderen gilt es, den eigenen Bewegungsapparat genauer unter die Lupe zu nehmen und mit den Erfordernissen des besuchten Landes in Einklang zu bringen. Hier einen echten Spurwechsel hinzubekommen ist allerdings – wie gesagt – wegen tief verinnerlichter Gewohnheiten nicht ganz leicht. Aber vielleicht kann man sich ja ein kleines Trainingsprogramm für eine interkulturell korrekte Gelenkgymnastik entwerfen.

INTERKULTURELLE GELENKGYMNASTIK – EIN TRAININGSPROGRAMM

1. Berührung: Einiges an möglichem Ärger kann schon allein dadurch vermieden werden, dass man sich vor Augen führt, dass es die Mehrzahl der Thais nicht sehr mag, angefasst zu werden. Von Fremden schon gleich gar nicht. In keinem Fall sollte man aber ihre Köpfe berühren. Nie und nimmer! Hier kann es zu sehr abrupten Reaktionen kommen. Dies gilt auch für Kinderhäupter, die man in unseren Breiten gern mal tätschelt, um eine gütige Verbundenheit auszudrücken. (Fremden) thailändischen Frauen gegenüber sind Berührungen in jedem Fall zu unterlassen. Und auch unter Paaren ist Zurückhaltung zu empfehlen. So wird etwa Händchenhalten in der Öffentlichkeit nicht sonderlich befürwortet, auch wenn sich hier in den letzten Jahren v. a. in Bangkok die Sitten etwas gelockert haben.

2. Die linke Hand: Aus der Aversion gegenüber der linken Hand folgt, dass man alle Vorgänge des Gebens und Nehmens ausschließlich mit der rechten Hand abwickeln sollte. Gleichwohl ist es bei Thais gern gesehen, dass wenn man etwas von einer älteren oder höherstehenden Person in Empfang nimmt, dies mit beiden Händen und leicht gesenktem Kopf tut. Eine andere als vorbildlich und überaus anmutig angesehene Übergabetechnik besteht darin, die linke

Hand zu nutzen, um damit die Elle des ausführenden rechten Arms abzustützen.

3. Der Daumen: Demgegenüber ist eine weitere fingerbezogene Quelle für Fehlinterpretationen (neben dem ausgestreckten Zeigefinger) der nach oben erhobene Daumen. Denn diese Geste bedeutet in Thailand eben nicht wie bei uns »Alles paletti!« oder »Gut gemacht!«, sondern ist ein Zeichen von kindlicher Missbilligung vergleichbar etwa mit dem Herausstrecken der Zunge.

4. Die Füße: Um nicht mit den schlecht beleumundeten Füßen für Unmut zu sorgen, sollte man sich selbst zu einem bodenständigen Zeitgenossen erziehen und beim Sitzen versuchen, stets beide Füße auf der Erde zu haben. Oder man klappt sie so zur Seite, dass sie auf keinen anderen Menschen weisen. Als unhöflich wird auch das Sitzen mit über Kreuz geschlagenen Beinen angesehen. Zudem sollte daran gedacht werden, dass nicht nur das Zeigen mit den Füßen auf Menschen ein Tabu ist, sondern dass dies genauso auch für religiöse Objekte und Abbildungen der königlichen Familie gilt.

So, das war's jetzt erst einmal in Sachen verdächtiger Körperteile. Etwas kompliziert das Ganze. Aber definitiv kein Grund, sich entmutigen zu lassen, denn wie heißt es doch so schön: Es ist noch kein Kultur-Meister vom Himmel gefallen.

28 EINE STADT SIEHT GELB

ODER DIE WUNDERSAME WELT DER FARBEN

Es ist der 5. Dezember, ein angenehmer Tag, schön warm, aber nicht zu heiß. Genau richtig. Die Sonne strahlt in einem satten Gelb.

Gelb ist auch Martins Bananenmüsli, das er zur morgendlichen Stärkung in sich hineinschaufelt. Da er allein zu Hause ist, macht er nicht viel Aufwand um seine Verköstigung. Seine zwei Frauen sind gestern zusammen mit Madame Sopapun für ein paar Tage zu deren Familie in den Isaan gefahren. Sturmfrei. Allerdings sind sie nicht aufgebrochen, ohne ihm zuvor die Anziehsachen zumindest für den heutigen Tag zurechtgelegt zu haben. Das macht Susanne immer.

Zuerst betrachtet Martin das Ensemble aus einiger Entfernung und umkreist es wie ein Raubtier seine Beute. Dann geht er näher heran und inspiziert ungläubig die Kleidungsstücke. Was soll denn das? Gelbes Hemd, gelbe Krawatte? Ich bin doch keine vollreife Mango! Nein, so kann ich nicht rumlaufen. Also kramt er sich aus dem Schrank ein Alternativ-Outfit zusammen. Hellgraues Hemd, dunkelgraue Hose, mittelgraue Krawatte. Nicht sehr stimmig, das merkt Martin wohl, aber weit weniger ausgefallen. Schwungvoll zieht er die Tür des Apartments hinter sich zu.

Der Haus-Portier begrüßt ihn schon von Weitem. Zuerst glaubt Martin an einer optischen Täuschung zu leiden. Aber nein, der hat doch tatsächlich ein quittengelbes Jackett an. Der grundsolide Herr Jumsai. Gewagt, gewagt.

»Guten Morgen, Mr. Meyer. So grau heute?«

»Kann ja nicht jeder …« – wie ein Zitronenfalter durch die Gegend flattern, hat Martin sagen wollen. Stattdessen lächelt er und zupft an seinem mittelgrauen Krawattenknoten.

Da sein Fahrer heute frei hat, hält Martin ein Taxi an. Er steigt ein und – auch der Fahrer ist in Gelb gekleidet. Gelb wie ein Kanarienvogel auf einer Zitronenkur. Martin beginnt zunehmend an seiner geistigen Verfassung zu zweifeln. Von unverbesserlichen Schwarzsehern hat er ja schon gehört, aber notorische Gelbseher? Gibt es so was?

Der Gelbtraum geht in die nächste Runde. Auf den Straßen sind gelbe Banner gespannt, gelbe Fahnen hängen aus den Fenstern, an Autos flattern gelbe Wimpel. Nur an den Ampeln gibt es mit Rot und Grün noch Alternativen.

Der gelben Flagge nach zu urteilen, die an dem alten Fahnenmast vor seiner Firma gehisst wurde, ist das Areal von einer auswärtigen Macht gekapert worden. Zumindest die vertrauten Kollegen sind noch da. Wenn auch – in Gelb. Da kommt ihm Pantisa entgegen. Überflüssig zu erwähnen, dass sie aussieht wie eine Sonnenblume auf zwei Beinen.

Kopfschüttelnd sieht sie ihn an: »Aber so geht das doch nicht! Sie müssen sich schon ein bisschen anpassen.« Sagt's und verschwindet.

Wenig später kommt sie zurück und bindet ihm eigenhändig eine honiggelbe Krawatte um.

Als Martin schließlich durch die Reihen seiner Mitarbeiter geht, nicken sie ihm freudig zu. Da steht er nun, Teil der großen gelben Familie.

Was ist da schiefgelaufen?

Tja, als Einziger so aus der Reihe zu tanzen, ist kein tolles Gefühl. Aber hat denn in Thailand so gut wie alles eine verborgene Bedeutung? Es scheint so. Zumindest spielen Farben hier nicht nur für persönliche Vorlieben oder als Modestatement eine Rolle. Sie sind vielmehr eine Sache, der man sich mit großem Ernst widmet. Denn an einer adäquaten Farbauswahl entscheidet sich für Thais nichts weniger als Glück oder Unglück. Deshalb nimmt man auch einigen Aufwand auf sich, um je nach Anlass den korrekten oder glücksfördernden Farbton zu tragen.

Dies ist sicherlich etwas, was dem Westler drollig und umständlich vorkommen wird. Es zeigt aber, wie tief die alten Glaubenssätze noch in der Bevölkerung präsent sind. Zudem wird hier abermals ein Grundpfeiler des Thai-Wesens sichtbar: nämlich die unbeirrte Verknüpfung von individuellem Geschmack mit dem Bedürfnis, Teil einer großen Gemeinschaft zu sein. Folgerichtig hat das thailändische Farbenspiel auch zwei Seiten, eben die individuelle und die gemeinschaftliche.

In Thailand hat jeder Wochentag seine eigene Farbe. Nach dieser Tagesfarbe richtet sich die Auswahl der Kleider. So kann es etwa sein, dass an einem Mittwoch eine wahre grüne Kleiderwelle zu beobachten ist. Diese Tradition geht auf die Zeiten zurück, als man noch mit speziellen Kleidern in die Schlacht gezogen ist. Dabei haben Astrologen die jeweils Sieg verheißende Farbe für die Kampfumhänge bestimmt. Hier kamen die alten indischen Planeten-Götter ins Spiel, auf die sich die thailändischen Wochentage beziehen und die je ihre eigene Hausfarbe besitzen.

DER DONNERSTAG IST ORANGE

Absicherung ist immer gut. Denn wer weiß, welche unfreundlichen Mächte im weiten Universum ihr Unwesen treiben. Ein effektiver Schutz von allerhöchster Stelle ist den Thais so wichtig, dass sie für jeden einzelnen Wochentag einen eigenen Schutzgott in Beschlag genommen haben. Bei einem solchen Rundumschutz kann eigentlich nichts mehr schiefgehen. Zu diesem Zweck macht man sich die Hausfarben der hinduistischen Schutzgötter zunutze.

Über den Sonntag wacht das Rot des Sonnengottes Phra Arthit. An einem Montag sorgen das Gelb oder Beige des Mondgottes Phra Chan für ein günstiges Umfeld. Dienstags schützt das Rosa des Marsgottes Phra Angkarn vor unliebsamen Dingen. Das Grün des Merkurgottes Phra Phut dient an einem Mittwoch der Rückversicherung. Am Donnerstag ist das Orange des Jupitergottes Phra Pareuhat angesagt. Das Himmelblau des Venusgottes Phra Suk macht den

Freitag zu einem Glückstag. Und der Samstag ist für das Violett des Saturngottes Phra Sao reserviert.

Dieser Brauch hat sich im Laufe der Zeit in der breiten Bevölkerung durchgesetzt, wenngleich die Jugend von heute dies etwas lockerer handhabt. Je nachdem, an welchem Wochentag eine Person geboren ist, stellt die Farbe dieses Tages auch ihre persönliche Glücksfarbe dar. Damit die diversen Alltagsverrichtungen unter einem guten Stern stehen, wird diese Glücksfarbe bevorzugt getragen, oder man geht in einen Tempel und bindet den heiligen Bäumen Bänder in der betreffenden Farbe um. Wenn man hingegen jemand anderem etwas Gutes tun will, wickelt man zum Beispiel Geschenke in der Glücksfarbe des Empfängers ein.

Neben dieser individuellen Seite haben Farben aber auch für das soziale Leben der Thais eine große Bedeutung. So haben Institutionen wie Behörden, Schulen und Universitäten ihren favorisierten Farbton, der etwa durch farbige Poloshirts ersichtlich ist. Häufig rühren diese von den Geburtstagsfarben des Gründers der Einrichtung her oder von verehrten Persönlichkeiten. So ist etwa für die Studenten und Dozenten der Chulalongkorn Universität in Bangkok die Farbe Rosa bzw. Pink vorgeschrieben, da sie die Geburtsfarbe ihres Namensherren König Chulalongkorn ist.

Wer seine Verbundenheit mit dem aktuellen thailändischen König Bhumibol, der an einem Montag geboren ist, ausdrücken will, tut dies durch das Tragen von gelben T-Shirts, Hemden und Blusen. Zu seinem Geburtstag am 5. Dezember ist das Land in ein Meer von Gelb getaucht. Womit auch der Grund für Martins Gelb-Erlebnisse geklärt ist.

Wie geht es entspannter?

Muss man nun als Ausländer mit einer ganzen Kleiderkollektion anreisen, um für alle Farbfälle gewappnet zu sein? Aber nein. So weit gehen die Besucherpflichten nun auch wieder nicht. Bei den Farbregeln der Thais handelt es sich für den *farang* um ein Phänomen aus der Rubrik »Kann, muss aber nicht«. Die einzige Farbe, die man nach Möglichkeit meiden sollte, ist Schwarz. Denn Schwarz ist auch in Thailand die Farbe der Trauer und für Beerdigungen reserviert. Zwar wird der existenzialistische Lieblingston von westlichen Künstlern und Architekten auch bei der thailändischen Jugend immer beliebter, doch bei älteren Semestern weckt er weiterhin ein mulmiges Unbehagen. Vor allem bei persönlichen Einladungen und Feierlichkeiten sollte man deshalb Mut zur Buntheit zeigen.

Ansonsten kommt es im Ausland natürlich immer spitzenmäßig an, wenn man die nationalen Besonderheiten a) kennt und b) auch beherzigt. Mit einem solch mustergültigen Verhalten wird man wohl überall auf der Welt begeisterte Jubelstürme ernten. Ist man in Thailand – und sei es auch nur vorübergehend – in einen festen sozialen Kontext wie einer Schule oder einer Firma eingebunden, sollte man den offiziellen Farbkodex bei der Garderobenwahl zumindest berücksichtigen. Die Zugehörigkeit zur Gemeinschaft muss dabei nicht mit dem Holzhammer dokumentiert werden, sondern kann auch dezent unter Beweis gestellt werden. Da reicht schon ein Tuch, eine Krawatte oder ein Haarband in der jeweils favorisierten Farbe. Das bereitet nicht allzu viele Umstände, und wie stets und überall kommt es vor allem auf den erkennbaren guten Willen an. Im Zweifelsfall sollte man einen Thai-Vertrauten um Rat bitten. Dieser wird den ahnungslosen *farang* sicher mit großer Freude in die wundersame Welt der Thai-Farben einweihen.

Dem Ausländer wiederum bietet sich hier ein netter Anstoß, seinen Alltag etwas farbenfroher zu gestalten. Und wenn man es recht besieht, hat auch die Wochentag-Farbton-Regel zwei durchaus praktische Seiten: Zum einen weiß man beim Blick auf die Tracht der Kollegen im Büro immer gleich, welcher Tag gerade ist. Zum anderen verkürzt die Formel den morgendlichen Auswahlprozess am heimischen Kleiderschrank – zumindest auf der Farbachse.

29 NO HAIRCUT TODAY!

ODER VOR VERSPERRTER TÜR ZU STEHEN IST MENSCHLICH

In der Casa Meyer laufen die üblichen Morgenroutinen ab. Während Lisa demonstrativ am Frühstück herummäkelt, screent Martin etwas apathisch via Smartphone Business-News und Sportergebnisse. Da Madame Sopapun heute frei hat, sorgt Susanne in der Küche ein wenig für Ordnung. In Deutschland wird sie sich dann wieder um ihre Karriere kümmern und Martin ein wenig zurückstecken müssen, schließlich wird im Hause Meyer partnerschaftliche Gleichberechtigung praktiziert. Die Zeit in Thailand ist eine willkommene berufliche Auszeit, aber so langsam wird Susanne unruhig und ist voller Tatendrang. Sie ermahnt die beiden anderen, diese kostbare Zeit des Tages doch bitte für Gespräche zu nutzen, die die familiären Bande stärken. So plätschert der Morgen ein wenig dahin, bis Martin, wie von einem imaginären Blitz getroffen, plötzlich aufsieht.

»Oh, was mir gerade einfällt, die Firma ist heute Abend Sponsor bei einer Ausstellung für zeitgenössische thailändische Kunst in einer angesagten Galerie. Da müssen *wir beide* unbedingt mit dabei sein. Du weißt ja, wie wichtig den Thais Familie ist.«

»Bitte was, das fällt dir jetzt ein?«, entfährt es Susanne.

»Sorry, das hatte ich total vergessen. Und es wäre gut, wenn du dich dafür ein wenig in Schale werfen könntest. Wir haben extra einen Fotografen gebucht, der auf der Veranstaltung auch Bilder für die neue Firmenbroschüre macht.«

»Aber so kann ich da auf gar keinen Fall hingehen. Schau dir mal meine Haare an. Ich sehe ja aus wie ein Zausel. Ich muss unbedingt noch vorher zum Friseur. Und ausgerechnet jetzt ist Herr Boonchai bei seiner Tochter in den USA.«

»Ruf doch mal Madame Sopapun an, vielleicht kennt sie eine gute Friseur-Alternative.«

»Das wird nichts bringen, sie macht heute Smartphone-Detox«, weiß Lisa.

»Gut, dann werde ich mal auf eigene Faust schauen.«

»Wunderbar, ich wollte sowieso mal einen Long Bob ausprobieren und habe da einen Laden auf dem Rückweg von der Schule gesehen«, schließt sich Lisa kurzerhand an.

Mit einem der grün-gelben Toyota-Taxis geht es mit voll aufgedrehter Klimaanlage – gut gekühlt – in ein eher traditionelles Bangkoker Viertel. Lisa erteilt die nötigen Richtungsanweisungen. Nach circa 20 Minuten Fahrt durch enge Gassen mit dem üblichen Spalier von mit Sonnenschirmen bewehrten Verkaufsständen auf beiden Seiten hält der Fahrer ein paar Meter vorher an und weist auf die gegenüberliegende Straßenseite.

Irgendwas stimmt hier nicht, denkt Susanne noch beim Aussteigen und sieht es nur wenig später.

Der Salon ist völlig verwaist, so als sei er schon vor längerer Zeit wegen chronischer kommerzieller Erfolglosigkeit aufgegeben worden. Das kann doch nicht sein. Susanne rüttelt ungläubig an den Gitterstäben. Doch nichts rührt sich. Ein nicht näher verständlicher Fluch ist hörbar. Sie rüttelt noch einmal, diesmal noch vehementer, den Fotografen gedanklich vor Augen, der ihre ungeschnittenen und ungefönten Haare skeptisch begutachtet, bevor er die Fotosession entnervt abbricht.

Dann geht plötzlich das Gitter einen Spalt weit zurück und ein Mann im angehenden Rentenalter mit akkuratem Militär-Vintage-Schnitt kommt zum Vorschein.

»*No haircut today*«, sagt er so umstandslos wie lapidar.

»Warum?«

»Mittwochs geschlossen.«

»Bitte, wie kann es denn sein, dass der Laden mitten in der Woche geschlossen ist?«, echauffiert sich Susanne und schüttelt verdutzt den Kopf.

Der Ladenbesitzer spitzt nun die Lippen und wiederholt ihre Frage wortwörtlich wie ein Kinderarzt, der einer Vierjährigen eine genauere Leidensbeschreibung entlocken will.

Völlig entgeistert schaut ihn Susanne an. Will der sie jetzt komplett veräppeln, wieso spricht der ihr nach? Was soll das?

»*Bad luck*«, bekommt sie als nächstes zu hören, kombiniert mit einem fast kindlichen Kichern.

Bevor Susanne ein flammendes Plädoyer für das unveräußerliche Menschenrecht auf eine zurechtgemachte Haarpracht halten kann, wiederholt er ihre Frage noch ein weiteres Mal. Dann zieht er das Gitter einfach wieder zu.

Schachmatt für Susanne, könnte man sagen. Lisa genehmigt sich daraufhin im nächstgelegen 7-Eleven-Laden – die sind wirklich überall zu finden – erst mal einen Energydrink zur nötigen Ad-hoc-Stärkung.

ROTER BULLE AUS THAILAND

Beim für alle Thailandbesucher offenbar zum Ritual werdenden Einkehren in einen der insgesamt 10.000 7-Eleven-Stores wird man in der Abteilung für gekühlte Erfrischungsgetränke früher oder später auf kleine Flaschen im Hustensaftdesign stoßen, auf deren Vorderfront zwei rote Stiere mit Karacho aufeinander zusteuern. Natürlich fühlt man sich sofort an die kleinen blau-silbernen Dosen mit einer sehr süßen, taurinhaltigen Flüssigkeit erinnert, die seit den 1990er-Jahren in Europa ihren Siegeszug angetreten haben und mittlerweile sogar auf den Trikots eines Bundesliga-Erstligisten zu finden sind. Und natürlich wird man glauben, hier hätten findige Asiaten wieder einmal ungehemmt abgekupfert. So lautet die eigentliche Geschichte: Der frühere Früchteverkäufer und Busfahrer Chaleo Yoovidhya hat im Jahr 1975 in Thailand das Red-Bull-Vorbild „Krating Daeng" (Roter Büffel) erfunden. Dabei hatte er sich wiederum vom japanischen Getränk Lipovitan-D inspirieren lassen, und so schuf er aus einer kleinen Importfirma für Medikamente einen Milliardenkonzern.

Der Österreicher Dietrich Mateschitz hat auf einer Dienstreise nach Asien 1982 die Brause mit den vermeintlichen Wunderkräften entdeckt, nach Europa geholt, die Rezeptur leicht verändert und dann Red Bull mittels eines geschickten Marketing vor allem im Sponsoring für testosterongesättigte Sportarten zur Weltmarke gemacht. Der Yoovidhya-Clan, der ein Vermögen von 13 Milliarden US-Dollar angehäuft hat, gilt als äußerst verschwiegen und besitzt – direkt und indirekt – eine Mehrheit von 51 Prozent an der Red Bull GmbH. Zu einem Skandal kam es 2012, als Chaleos Enkel Vorayuth mit seinem Ferrari einen Polizisten tödlich überfuhr, Fahrerflucht beging und sich später ins Ausland absetzte. In Thailand selbst ist Krating Daeng nur einer von einen ganzen Palette an Energydrinks, ohne die Taxi- und Tuk-Tuk-Fahrer wohl überhaupt nicht vom Fleck kämen. Dortiger Marktführer war zuletzt vielmehr die Marke Carabao, die nach einer thailändischen Rockband benannt ist.

Was ist da schiefgegangen?

Okay, was war nun hier das Problem? An dieser Stelle sind gleich zwei Dinge auf etwas ungünstige Weise zusammengekommen. Zu einem wird in Thailand jeder einige Probleme haben, an einem

Mittwoch einen arbeitswilligen Coiffeur zu finden. Denn für Thais steht dieser Wochentag in puncto Waschen, Schneiden und Föhnen unter einem eher schlechten Stern. Einer im Umlauf befindlichen Legende zufolge hat der König nebst Gefolge sein Haupthaar stets an einem Mittwoch kürzen lassen, sodass es für seine Untertanen sehr ungebührlich gewesen wäre, an diesem Tag dasselbe zu tun. Das hört sich nach purem Aberglauben an? Mag sein. Aber in Thailand ist man, wie schon mehrfach ausgeführt, in Sachen Übersinnlichkeit immer noch begabter als anderswo (siehe Kapitel 18: »Besuch von nebenan«, Seite 153). Wobei oft nicht ganz klar ist, wie ernst die selbst auferlegten Restriktionen und Pflichten jeweils (noch) zu nehmen sind. Denn auch in Thailand hat die unerbittliche Logik der Profitmaximierung längst Einzug gehalten. Eine andere Erklärung besagt denn auch, dass die Mittwoch-geschlossen-Regelung schlicht damit zu tun hat, dass an diesem Tag das wenigste Geschäft zu machen war.

Gewöhnungsbedürftig ist sicher auch der thailändische Hang, Ausführungen des Ausländers wortwörtlich und zuweilen flankiert von mimischen Mitteln – wie einem als womöglich deplatziert empfundenen Lachen – zu wiederholen. Das mag im ersten Moment irritieren, schließlich benötigt niemand ein persönliches Echo. Es ist aber in aller Regel kein Grund, sich veralbert zu fühlen oder gar ungehalten zu reagieren. Wieder einmal handelt es sich vor allem um eine naheliegende Strategie zur Gewinnung von Zeit, mit der das Zurechtlegen einer angemessenen, und das heißt in Thailand eben einer unverfänglichen Antwort ermöglicht wird. Nach fast einem Jahr in Asien sollten die Meyers diese Basislektion eigentlich schon fest verinnerlicht haben.

Wie geht es entspannter?

Tja, zunächst gilt es, sich, so gut es geht, über alle denkbaren Spezialregelungen im Gastland zu informieren. Aber selbst wenn man vorbildlich Legionen an Kulturführern konsultiert, sich mühsam einen

Grundstock an Vokabeln antrainiert sowie Landeskundige und einheimische Verbündete eindringlich zu Rate gezogen hat, wird es doch unvermeidlich unvorhersehbare Situationen geben. Momente, in denen man im wörtlichen wie im übertragenen Sinne einfach vor verschlossenen Toren steht und partout nichts zu machen ist. Dann sollte der Landesgast sich vor Augen halten, dass man es eben mit einer sehr verschiedenartigen Gesellschaft zu tun hat, die ein Außenstehender unmöglich in allen einzelnen Verästelungen und Details kennen kann. Daher sollte man das ausweichende Verhalten der Thais auch als Chance begreifen, im Zweifelsfall kurzfristige Änderungen im Besuchsprogramm oder auf der To-do-Agenda in Erwägung zu ziehen. Das Schöne an Thailand ist, dass einem das kurzfristige Umdisponieren ziemlich leicht gemacht wird und dass alternative Aktivitäten meist keinen Krater in das Haushaltsbudget reißen. Im konkreten Fall dürfte Susanne allerdings nicht vielmehr übrig bleiben, als sich an einer halbwegs kunstvollen Hochsteckfrisur (englisch: *updo*) zu versuchen, die sich in Thailand immer noch einer stabilen Beliebtheit erfreut und die, professionell gemacht, sogar richtig elegant aussieht.

30 DAS ECHO IM PALMENHAIN

ODER DON'T WORRY, BE THAI

Die zwölf Monate sind wie im Flug vergangen. Martin hat seine Aufbauarbeit in der Firma erfolgreich abgeschlossen, Susanne ist zur Expertin für die Raffinessen der Thai-Kultur geworden und Lisa hat sich ein Vorbild an ihren Thai-Freundinnen genommen und ist zu einer allzeit braven und folgsamen Tochter geworden. Na ja, fast jedenfalls. Der Rest an Widerspenstigkeit ist wohl erblich bedingt. Alle drei haben eine Menge erlebt und gelernt und sind fest entschlossen, wenigstens einen Teil des *Thai Way* in ihr neues altes Leben mitzunehmen. Am Abend wollen sie sich dann noch ein paar Wettkämpfe im Thai-Boxen anschauen. Das sollte man bei einem Aufenthalt im Land keinesfalls versäumen.

BOXEN THAI-STYLE

Als in den 1970er Jahren die ersten fernöstlichen Kampfsport-Unterhaltungsfilme in die westlichen Kinos kamen, machten die Zuschauer auch erste Bekanntschaft mit der thailändischen Version des konventionellen Boxkampfes. Die bei vielen Betrachtern spontan einsetzende Faszination für das Thai-Boxen *(Muay Thai)* erklärt sich sicher durch den Vollkontakt-Einsatz von Füßen, Knien und Ellenbogen, wodurch es wesentlich härter, spektakulärer und existenzieller wirkt als die zuweilen sehr gepflegt anmutenden Gentleman-Faustkämpfe in griechisch-römischer Tradition.

Auch in Deutschland hat das Thai-Boxen in den letzten Jahren als Selbstverteidigungssport mit effektiven Abwehrtechniken stark an Popularität gewonnen. Dabei stellt sich für den Thailand-Interessierten wieder die schon öfter gestellte Frage nach der Diskrepanz zwischen zurückhaltender Sanftheit und brachialem Entertainment. Und wie bei anderen Facetten der thailändischen Wirklichkeit lohnt auch beim Thai-Boxen als Nationalsport mit langer Tradition ein genauerer Blick. Denn trotz der auf den ersten Blick ungestümen und martialischen Art, mit der sich die Kämpfer bearbeiten, handelt es sich bei Thailands Nationalsport um eine regelgeleitete Veranstaltung mit einer durchaus tieferen Philosophie. Seine Vorform – das Muay Boran – wurde einst von buddhistischen Mönchen gelehrt. Da wäre der sehr expressive Tanz (Wai Kru Ram Muay), der zu Beginn des Kampfes aufgeführt wird und welcher der Ehrerbietung für die Trainer gilt. Es wird großer Wert auf eine solide Ausbildung gelegt, bei der es auch um charakterliche und moralische Eigenschaften wie Entschlossenheit, Selbstbeherrschung und Respekt geht.

Allerdings dürfte das Thai-Boxen in seiner heutigen Form auch wieder dem Spektakel-Bedürfnis der Thais entgegenkommen. Sofern einer der Kontrahenten nicht vorher k. o. geht, läuft ein Kampf meist über maximal fünf Runden zu je drei Minuten. Dabei gibt es eine Punktwertung für wirkungsvolle und technisch sauber ausgeführte Angriffe. Da für den Kampf eine hohe Kondition und gute Technik gefordert sind, ist ein spezielles Fitnesstraining erforderlich, das auch nur für sich betrieben werden kann. Profi-Thaiboxer haben in Thailand einen Star-Status.

Es sind nur noch wenige Tage bis zum Heimflug, und schon jetzt fangen Martin, Susanne und Lisa an, Thailand zu vermissen. Ohne zu murren, löffeln die drei den *jok* genannten Reisbrei in sich hinein, den ihnen Madame Sopapun zum Frühstück vorgesetzt hat. Gegen ein Marmeladenbrot hätten sie zwar auch nichts einzuwenden – hat da jemand Käse gesagt? –, aber ein Grund zur Revolte ist das typische Thai-Frühmahl für sie nicht mehr. Es sind noch einige Besorgungen zu machen und insbesondere müssen noch alle Andenken und Mitbringsel unter Dach und Fach gebracht werden. Also brechen sie zusammen zu einem letzten großen Kaufhausfeldzug auf.

Da wäre etwa die große Seiden-Tagesdecke für Susannes Freundin Julia. Da die Decke das letzte Mal nicht auf Lager war, hat Susanne eine Bestellung aufgegeben, die sie nun abholen will. Allerdings bleibt es vorerst beim Wollen, denn die – ziemlich betreten dreinblickende – Verkäuferin hat schlechte Kunde: »Leider ist die Lieferung noch nicht da. Es besteht aber die Möglichkeit, dass wir Ihnen die Decke nach Deutschland schicken. Allerdings würde das bis zu sechs Wochen dauern.«

Früher hätte Susanne über die boshaften Mächte des Schicksals gewettert und die unzuverlässigen Lieferanten an einen sehr unwirtlichen Ort gewünscht. Aber nach einem Jahr Thailand kann sie so etwas nicht mehr aus dem Gleichgewicht bringen. Mehr als ein geseufztes *»Mai pen rai«,* das allgegenwärtige »Macht nichts«, ist ihr nicht zu entlocken. Der Verkäuferin scheint daraufhin ein Gesteinsbrocken von der Größe eines Findlings vom Herz zu fallen. Plötzlich fangen alle an, herzhaft zu lachen. Worüber? Das lässt sich nicht genau sagen, vielleicht über die Hilflosigkeit des menschlichen Strebens im Allgemeinen. Jedenfalls schwört die Verkäuferin Stein und Bein, alles in ihrer Macht Stehende zu unternehmen, um die Verzögerung so gering wie möglich zu halten. Weiter geht's.

Inzwischen hat es begonnen, in Strömen zu regnen. Und zwar so stark, dass der Regenschirm der Meyers nur noch symbolischen

Wert hat. Offenkundig scheint gerade die Jahresversammlung der Taxifahrer-Gewerkschaft stattzufinden, denn wo sonst die Straßen mit den quietschbunten Gefährten überbevölkert sind, herrscht nun eine gähnende Leere. Wenn man schon mal ein Taxi braucht! Aber dahinten kommt eins. Sie winken es mit der Professionalität von Vorfeldlotsen auf dem Flughafen heran. Das Taxi hält tatsächlich vor ihren Füßen an.

»Schnell rein, bevor wir völlig aufgeweicht sind!«, ruft Martin seinen Frauen zu. Nur leider sind sie mit diesem Vorhaben nicht die Einzigen.

Neben ihnen hat sich eine Horde anderer *farang* mit sonnengegerbter Haut in Sportleroutfits eingefunden. In einem Akt maximaler Unfreundlichkeit drängeln sie sich in das Taxi. Eine Unverschämtheit!, denken die Meyers im ersten impulsiven Augenblick. Dann beschließen sie, ein jeder für sich, sich davon den Tag nicht vermiesen zu lassen. Das wäre ja noch schöner! Stattdessen quittieren sie das Manöver mit einem Schulterzucken und stellen sich an einem der Stände am Straßenrand unter, wo sie sich jeder einen *Grass Jelly Drink* genehmigen. In Anerkennung ihrer beachtlichen Gelassenheit spendiert ihnen die Standfrau ein paar Proben aus ihrem unerschöpflichen Knabbervorrat an Erdnüssen, getrockneten Papayastücken und frittierten Bananen. Und so, als wollte auch der Wettergott Beifall zollen, klart es Minuten später zu einem azurblauen Himmel auf.

Was war noch eines der wichtigsten Dinge in Thailand überhaupt? Na klar: Essen, Dinieren, Nahrungsaufnahme, etwas Leckeres schnabulieren. Das sind die Stichworte. Bei den Meyers regt sich ein altbekanntes Gefühl. Nicht direkt Hunger, eher ein Bedürfnis nach einem aromatischen Gaumenkitzel. Über das, was sie hierbei zu berücksichtigen haben, wissen die drei inzwischen präzise Bescheid. Dazu gehört auch die Erkenntnis, dass *klein* in Thailand sehr oft *wundervoll* ist. Sie kehren also in einen kleinen – einen sehr kleinen – Familienbetrieb ein. Der sieht eher wie ein ausgeräumtes Wohnzimmer aus, aber alles ist tipptopp und mit Liebe zum Detail eingerichtet. Der Hausherr empfängt sie mit einer Mischung aus Freude und Verunsicherung. Mit Freude, weil die *farang* ihm das Vertrauen schenken, dass er sie gut zu verköstigen weiß. Etwas verunsichert ist er indes darüber – die Meyers können es geradezu in seinen Augen ablesen –, ob er die Ausländer auch nach ihren Wünschen zufriedenstellen kann.

Doch all diese Bedenken sind unnötig. Denn ohne jede Schwierigkeit verschaffen sich Martin, Susanne und Lisa einen Überblick über die verfügbaren Speisen. Zudem geben sie ihre Bestellung in einer so fachmännischen Weise auf, dass die übrigen Gäste überrascht ihre Hälse recken. Ein anerkennendes Nicken macht die Runde. Soweit ist alles klar. Allerdings scheint der Chef des Hauses wegen der unerwarteten Kundschaft so von der Rolle zu sein, dass er die Bestellungen hoffnungslos durcheinanderbringt. Statt der gewünschten Nudelsuppe mit Rind gibt es Huhn, und das *phat thai* entpuppt sich als *satay*, also als Grillspieße mit Erdnusssoße und Reis. Das Ganze sieht überaus einladend aus, und so stören sich Martin, Susanne und Lisa nicht weiter an der veränderten Menüfolge und lassen es sich schmecken.

Nach nochmaligem Durchgehen seiner doch etwas chaotischen Zettelwirtschaft fallen dem Chef seine Missgeschicke auf. Zerknirscht tritt er an den Tisch der Meyers und will Abbitte leisten. Aber die winken nur ab. »Es hat einfach fantastisch geschmeckt – *aroi mak.*«

Daraufhin beginnt der Chef zu strahlen, als hätte er gerade in der thailändischen Staatslotterie abgeräumt. Zur Belohnung für ihre Flexibilität gibt es als Nachtisch Banane in Kokoscreme *(kulai buat chee)* auf Kosten des Hauses. Als sie bezahlt haben und gehen wollen, hat der Chef schon seinen antiken Fotoapparat in der Hand.

»*Kao tott* (Entschuldigung), dürfte ich bitte ein Foto von Ihnen machen?«, fragt der Besitzer höflich. »Ich würde es gerne an unsere Ehrenwand hängen.«

»*Mai mii panhaa* – das ist doch überhaupt keine Frage!«

Was ist da *nicht* schiefgelaufen?

Bravo! Alle Prüfungen wurden fehlerfrei gemeistert. Es geht doch! Dafür gibt es die thailändische Staatsbürgerschaftsurkunde ehrenhalber. Und was genau haben die Meyers diesmal richtig gemacht? Exakt, sie haben sich auch durch ärgerliche Probleme und widrige Umstände partout nicht aus der Fassung bringen lassen und auch bei unangenehmen Dingen ein beeindruckendes Maß an Geduld und Gelassenheit gezeigt, den beiden Kardinaltugenden der Thais. Denn neben all den großen und kleinen Eigenheiten ist eine kühle Zurückhaltung der Außenwelt gegenüber – das »kühle Herz« – sicherlich so etwas wie die überwölbende Klammer der Thai-Mentalität. Gewiss, auch für einen Thai ist manchmal der Kanal randvoll, und dann kann es durchaus hitzig zur Sache gehen. Aber bis dahin ist es meist ein sehr weiter Weg.

In der Regel wird man von einem Thai weder Klagelieder hören, wie herzlos und ungerecht doch das Leben ist, noch wird man erleben, dass ein Thai an einer Ladenkasse oder einem Schalter einen mittleren Tobsuchtsanfall bekommt, nur weil er mal ein paar Minuten oder auch länger warten muss. Ganz im Gegenteil – dies wäre absolut unthai! Wer sich aufführt wie ein Jämmerling oder wie ein hitzköpfiger Choleriker, ist nämlich auf dem allerbesten Weg, sein Gesicht zu verlieren. Um ein solches Desaster zu vermeiden, nehmen Thais einiges auf sich. Im Zweifelsfall werden Probleme einfach weggelächelt. Gleichzeitig verfügen Thais auch über die imponierende Fähigkeit, Unannehmlichkeiten weitgehend unbeschwert zu erdulden. Beispiel: eine stundenlange Busfahrt mit epischer Verspätung? Kein Problem. Endlich mal Zeit, das Schlafkonto ein wenig aufzufüllen. Oder: Das Leben besteht nicht nur zur Hälfte, sondern zu drei Vierteln aus Arbeit. Was soll's? Hauptsache ein bisschen Spaß ist mit dabei!

Mit den Landesnormen gänzlich unvereinbar ist es auch, Mitmenschen auf deren Defizite und Versäumnisse aufmerksam zu machen. Wer macht denn so etwas? Das wäre doch unsouverän und ganz und gar unelegant. Nicht selten wird man stattdessen sogar noch nach nahen und nicht so nahen Entschuldigungen fürs Gegenüber suchen, um den Betreffenden nicht bloßzustellen. Zwar lassen sich auch Thais nicht alles bieten und in einer Weltmetropole wie Bangkok dreht sich, sagen wir mal, vieles um den schnellen Erwerb von Zahlungsmitteln, aber in der Tendenz und auf dem Land ist diese Haltung weiterhin dominant.

Wie geht es entspannter?

Nun, sehr viel entspannter geht es ja fast gar nicht. Würden die Meyers noch relaxter auftreten, müsste man fast die Frage nach beruhigenden Substanzen stellen. Behüte! Allerdings hat unsere Familie erst einen längeren kiesbedeckten Weg voller Stolperfallen und Fettspritzer hinter sich bringen müssen, um am Ende zu einer nahezu buddhistischen Gelassenheit zu gelangen. Allen, die es noch nicht zur Meisterschaft unserer Thailand-Helden geschafft haben, sei gesagt: Entspannen kann jeder. Jeden Tag ein paar Lockerungsübungen absolvieren, und über kurz oder lang wird sich eine ungekannte Leichtigkeit einstellen. Ziele relativieren sich, Probleme lösen sich in Wohlgefallen auf, die Mitmenschen werden zu Brüdern und Schwestern. So weit, so schön.

Natürlich hat eine superentspannte Lebenseinstellung wie die der Thais auch ihre nicht so vorteilhaften Seiten. Aber über die schauen wir an dieser Stelle einmal großzügig hinweg. Zumal man als Kurzzeitgast auf einer Rundum-Sorglos-Basis meist über den schönen Luxus verfügt, sich eine üppige Extraportion Lockerheit genehmigen zu können. Menschen, die hingegen für längere Zeit oder gar bis ans Ende ihrer Tage in Thailand leben, werden in Sachen thailändischer Lässigkeit schon auf eine wesentlich härtere Probe gestellt. Doch auch wenn es im Alltagsbetrieb zu manch unerquicklichem Leerlauf oder zu frustrierenden Fehlschlägen kommt – eines ist klar: Mit einer verkrampften Haltung erreicht man in Thailand nicht viel. Sich womöglich mit großem Donnergrollen aufzuregen, bringt rein gar nichts. Ein Vorgehen mit dem Holzhammer bietet vielmehr die sicherste Gewähr dafür, dass die Thais erst recht nicht das machen, was man von ihnen erwartet.

Hier bestätigt sich die altdeutsche Weisheit, wonach es exakt so, wie man in den Wald, äh, Palmenhain hineinruft, auch wieder herausschallt. Das heißt nicht, dass man zum Heiligen werden soll, der alles widerspruchslos erträgt. Aber bei Kritik und Beanstandungen sollte man in Thailand wenigstens halbwegs dezent vorgehen. Und häufig sind die Probleme und Ärgernisse, die einem auf einer Thailand-Reise begegnen, bei genauerem Hinsehen auch nicht ganz so gravierend, wie sie auf den ersten Blick scheinen.

Zumindest für Urlauber und andere Kurzzeitbesucher. Generell kann es natürlich nicht schaden, zu etwas mehr Ausgeglichenheit zu gelangen. Sich eine Auszeit zu gönnen, mal abzuschalten. Dafür ist eine Zeit im Ausland, besonders in Thailand, ideal geeignet. Hier gibt es ein weites Feld für entsprechende Experimente. Zurück zu Hause kann man ja die Dinge wieder etwas grundsätzlicher angehen. Denn Sie wissen ja: Entspannt währt am längsten!

ANHANG

10 DINGE, DIE SIE GETAN HABEN MÜSSEN

1. Nehmen Sie an einem **Kochkurs** (traditionell, Fusion, vegan) teil und tauchen Sie ein in das frisch-aromatische Universum der Thai-Küche mit ihren Kräutern, Würzmixturen und Dessertkreationen.

2. Sagen Sie auch zähen Muskelverspannungen den Kampf an und gönnen Sie sich eine ausgedehnte Lockerungszeremonie bei den thailändischen **Massageprofis**.

3. Gehen Sie auf die Pirsch im tropischen **Khao Sok-Nationalpark** in der Nähe von Surat Thani und sagen Sie Hallo zu Tapiren, Mützenlanguren und Nashornvögeln.

4. Brechen Sie zu einem **Schnorcheltrip** auf und bestaunen Sie den bunten und quirligen Unterwasserkosmos ohne kiloschweren Sauerstoffproviant in Flaschenform.

5. Machen Sie einen **Meditationskurs** und lassen Sie sich von der aufregenden Welt des Nichts überraschen. Lernen Sie, Ihr »Auge der Weisheit« zu gebrauchen.

6. Genehmigen Sie sich einen Passionsfrucht-Caipiroschka in einer der **Rooftop-Bars in Bangkok** und lassen Sie z. B. in der Moon Bar im Banyan Tree Hotel Blick und Sinne über die abendliche Skyline der Megastadt schweifen.

7. **Verlassen Sie die ausgetretenen Touristenpfade** und verirren Sie sich in eher unbesuchte Gegenden, wie ins wild-beschauliche Ubon Ratchathani im äußersten Osten. Ein Highlight dort ist der Sam Phan Bok Canyon.

8. Suchen Sie sich ein lokales Event aus dem **üppigen thailändischen Festivalkalender** heraus und lassen Sie sich von der unbändigen Feierlust der Thais mitreißen.

9. **Stehen Sie in aller Herrgottsfrühe auf** und beobachten Sie, wie Buddhisten demütig ihr Karma-Konto durch Opfergaben an schweigsam vorbeiziehende Mönche aufbessern.

10. Gehen Sie an keiner **Garküche** vorbei und lassen Sie keinen **Nachtmarkt** aus. Probieren Sie alles, was lecker und einladend aussieht, vertrauen Sie auf die fachkundigen Ratschläge der Thai-Verkäufer.

ANHANG

10 HANDLUNGEN, DIE SIE UNBEDINGT VERMEIDEN SOLLTEN

1. **Hitzige Gespräche über kontroverse Dinge** wie religiöse und politische Ansichten sind den Thais ein Graus. Auch ungefragte Ratschläge zu sozialen Problemen behagen ihnen nicht sonderlich.

2. Wer **öffentlich die Fassung verliert**, verspielt sein »Gesicht« und steht bestenfalls als Verrückter da. Aufgebrachte Reaktionen auf Fehler und Versäumnisse bewirken meist das Gegenteil.

3. Jedwede **Kritik am Königshaus** wird nicht nur als schwerer Verstoß gegen die Landessitten angesehen, sondern auch mit zum Teil drakonischen Strafen geahndet.

4. Wer in **zu legerer oder abgerissener Kleidung** durch die Gegend läuft, verliert jede Achtung der Thais und gilt als unhöflicher und nicht ernst zu nehmender Mensch.

5. **Rücksichtslosigkeit gegenüber Mönchen.** Sie sind in Thailand absolute Respektspersonen und müssen stets ehrfürchtig behan-

delt werden. Sie müssen immer am höchsten sitzen. Für Frauen ist jede Berührung tabu.

6. **Einen Thai an den Kopf zu fassen,** gilt als völlig inakzeptables Verhalten und sollte unbedingt unterbleiben. Auch ein »Übersteigen« von auf dem Boden sitzenden Personen wird als ungehörig empfunden.

7. **Die Füße und die linke Hand gelten als unrein:** Mit der linken Hand sollte weder gegessen noch etwas entgegengenommen werden. Man sollte darauf achten, dass die eigenen Füße und speziell die Fußsohlen nicht auf andere Personen gerichtet sind.

8. In ihren blitzblanken Privaträumen laufen Thais barfuß. Besucher dürfen beim Eintreten keinesfalls ihre **Schuhe anlassen**, Gleiches gilt in besonderer Weise für buddhistische Tempel.

9. Viele Thais glauben fest an die Existenz von Geistern. **Belustigende Äußerungen über Geister** oder gar hartnäckige Missionierungsversuche können als verletzend empfunden werden.

10. Nicht gern von Thais gesehen sind **küssende Paare in der Öffentlichkeit** und **Oben-ohne-Auftritte am Strand**. Wer mit **illegalen Drogen** erwischt wird, dem drohen drastische Haftstrafen.

ANHANG

GLOSSAR

ahimsa	im Buddhismus verankertes Gebot der Gewaltlosigkeit; eine Zuwiderhandlung führt zu einem schlechteren ▶ *karma*
B. E.	Buddhist Era – buddhistische Zeitrechnung
Bhumibol Adulyadej	Rama IX., von 1946 bis 13. Oktober 2016 ehedem hochverehrter König von Thailand, Nachfolger wurde sein Sohn Maha (Rama X)
Bodhi-Baum	Pappelfeige, ein »heiliger« Baum für Buddhisten, da Buddha unter einem solchen die Erleuchtung fand und ins ▶ *Nirvana* eintrat; auch Banyan-Baum genannt
Buddha	Bezeichnung sowohl für den Gründer des Buddhismus *Siddhartha Gautama* als auch für Menschen, die zur Erleuchtung gelangt sind
chai yo	Prost!
Chao Phraya (»Menam«)	Flusssystem in Zentral-Thailand; wichtige Transport- und Lebensader des Landes
Chao Thi	Erdgeist, dem bei Bebauung eines Grundstückes eine Ersatzbleibe in Form eines Geisterhäuschens gestellt werden muss
chedi	wichtiger Teil eines ▶ *wat*-Komplexes; glockenförmiges Bauwerk, wo Reliquien des Buddha oder die Asche von Königen liegen

Eastern Economic Corridor (EEC)	zentrales Mega-Entwicklungsprojekt der thailändischen Regierung zur Errichtung einer großen Sonderwirtschaftszone südöstlich von Bangkok mit »Smart Cities« und Produktionsstätten für Zukunftstechnologien
Eastern Seaboard	thailändische Ostküste
farang	Bezeichnung für alle westlichen Ausländer
food court	Ansammlung mehrerer eigenständiger Essensstände innerhalb eines Gebäudes
gai chon	Hahnenkämpfe
galgant	Thai-Ingwer, zentrale Zutat der Thai-Küche, speziell für Curry-Pasten, Suppen und Wok-Gerichte mit scharf-bitter-zitronigem Geschmack und zugeschriebener aphrodisierender Wirkung
Garuda	mythologisches Mischwesen aus Mensch und Adler; persönliches Emblem des thailändischen Königs
Isaan	(armer) nordöstlicher Teil des Landes
jai yen	»kühles Herz«; Metapher für emotionale Zurückhaltung
jok	Reisbrei, der zum Frühstück gegessen wird
karma	spirituelles Konzept, nach dem jede (physische wie geistige) Handlung eine Folge hat, die sich jedoch möglicherweise erst im nächsten Leben manifestiert
kathoey	Ladyboy; trans- oder homosexueller Mann mit demonstrativ femininem Auftreten
khao	Reis; Grundlage der Thai-Kultur
khon	traditioneller Maskentanz
khun	respektvolle Unisex-Anrede, die dem üblicherweise zur Anrede gebrauchten Vornamen vorangestellt wird
kieniau	geiziger Mensch
klong	Kanal für Transportzwecke
ko	Insel; steht vor allen thailändischen Inselnamen
kop khun kha / khrap	danke, in der weiblichen und männlichen Form
Krating Daeng	»Roter Büffel«; Energydrink (Original und Vorbild für Red Bull in Europa)

Krung Thep	»Stadt der Engel«; Bezeichnung der Thais für Bangkok
krupuk	ursprünglich aus Indonesien stammende, in Öl gebackene und dann getrocknete Krabbenchips
lakorn	TV-Seifenopern
Lan Na (auch Lanna)	Geschichtsepoche und ehemaliges Königreich (»Land der Millionen Reisfelder«) in Nordthailand mit eigenem Architekturstil, noch heute gern genutzter Werbename u. a. für Restaurants und Hotels
larb (laap)	in Nordthailand und in Laos populäres Rinder-Tatar-Gericht mit frischen Kräutern
lao khao	oft selbst gebrannter, bei der Landbevölkerung beliebter weißer Schnaps aus Klebereis
lèse-majesté	Gesetz zum Schutz des Königshauses vor ungebührlichen Angriffen
Loi Krathong	thailändisches Lichterfest
mai mii panhaa	Kein Problem!
mai pen rai	Macht nichts!; Universal-Entgegnung auf Fehltritte und Missgeschicke aller Art
mettā	buddhistisches Gebot, allen Geschöpfen eine mitfühlende Güte entgegenzubringen
muay thai	Thai-Boxen; Nationalsport und Respektritual
nam mon	von Mönchen geheiligtes Wasser
Nirwana	Ziel buddhistischer Praxis: Austritt aus dem Kreislauf der Wiedergeburten und Eintauchen in einen Zustand ultimativer Ruhe und Reinheit
pad thai	populäres Gericht aus Reisbandnudeln, Eiern, Bohnensprossen, getrockneten Krabben und Tofu
phi	Oberbegriff für alle thailändischen Geister (gute und böse)
phuang malai	kunstvolle, täglich aus frischen Blumen gefertigte Kränze, die zu religiösen Zwecken oder auch als individuelle Schutz- und Glücksbringer verwendet werden
plaara	Im ► *Isaan* gebräuchliche, intensiv fermentierte Fischsauce

prickly heat powder	weit verbreitetes Erfrischungspuder und Mittel gegen Hitzebläschen (etwa der Marke Snake Brand)
prik nam pla	Standardwürzsoße aus Chilis, Fischsoße, Knoblauch und Limettensaft
Rama	Held aus dem *Ramakien*-Epos und Ehrentitel der thailändischen Könige
rod khen	Schiebekarren von fliegenden Händlern
sabai	Ethik der Entspannung und des Wohlbefindens
sai sin	von einem Mönch gesegnetes Glücksband
Sak Yant Tattoo	von Mönchen gestochene und als magisch angesehene Tätowierungen mit verschiedenen Motiven, die ihren Trägern Stärke und Wohlstand verleihen sollen
Sangha Supreme Council	oberster Rat der thailändischen Mönchsorden, höchste religiöse Autorität des Landes (Sangha = Versammlung / Gemeinschaft)
sanuk	Philosophie des Spaßes und der Unterhaltung
satay	über Holzfeuer gegrillte Fleischspieße
sawadee	Herzlich Willkommen!
sia naa	»zerstörtes Gesicht«; Metapher für Gesichtsverlust/Minderung des sozialen Status
Siam	(bis 1939) alter Name Thailands
som tam	v. a. im ▶ *Isaan* populärer scharfer Salat aus Streifen unreifer Papayas und getrockneten Krabben
Songkran	thailändisches Neujahrsfest (ab 13. April)
songthaew	zu Großraumtaxis umgebaute Pritschenwagen mit zwei Sitzreihen quer zur Fahrtrichtung
soi	Gasse
suay	schön
takraw	beliebtes Mannschaftsspiel mit einem geflochtenen Rattanball
Thaksin Shinawatra	Unternehmer und Ministerpräsident von 2001 bis 2006, er und seine Familie gelten auch nach Absetzungen durch das Militär als einflussreicher Faktor in der thailändischen Politik

thanaka	v. a. in Myanmar, aber auch in Thailand gebräuchliche, aus der Rinde des indischen Holzapfelbaums gewonnene gelblich-weiße Paste, die als Naturkosmetik zum Sonnenschutz und zur Hauptpflege eingesetzt wird
tham bun	im Buddhismus gefordertes Verrichten von guten Taten
Theravada	einer der beiden Hauptzweige des Buddhismus, bei dem das Nirwana nur durch eigene Anstrengung erreicht werden kann (zweiter Strang: Mahayana-Buddhismus)
tòk long	Einverstanden!
tom-dee	gleichgeschlechtliche weibliche Paare, bei denen ein Teil (auch äußerlich) die Männerrolle spielt
tom yam gung	thailändisches Nationalgericht; sauer-scharfe Suppe mit Garnelen und Pilzen
tuk-tuk	dreirädrige Auto- bzw. Motorradrikscha (auch *samlor*)
wai	traditionelle Geste des Willkommens, Dankes und Respekts
wan phra	der inneren Einkehr gewidmeter buddhistischer Feiertag
wat	buddhistische Tempelanlage, die auch als Gemeindezentrum und Bildungsstätte dient
wihan	große Versammlungshalle in einem *wat*-Komplex

Bei CONBOOK darf sich wieder blamiert werden!

Die neuen Fettnäpfchenführer

Fettnäpfchenführer Brasilien
ISBN 978-3-95889-194-4
ISBN 978-3-95889-276-7

Fettnäpfchenführer China
ISBN 978-3-95889-188-3
ISBN 978-3-95889-278-1

Fettnäpfchenführer Griechenland
ISBN 978-3-95889-186-9
ISBN 978-3-95889-280-4

Fettnäpfchenführer Neuseeland
ISBN 978-3-95889-180-7
ISBN 978-3-95889-282-8

Fettnäpfchenführer Portugal
ISBN 978-3-95889-195-1
ISBN 978-3-95889-284-2

Fettnäpfchenführer Schweden
ISBN 978-3-95889-257-6
ISBN 978-3-95889-299-6

Fettnäpfchenführer Taiwan
ISBN 978-3-95889-172-2
ISBN 978-3-95889-286-6

Fettnäpfchenführer Thailand
ISBN 978-3-95889-196-8
ISBN 978-3-95889-288-0

Fettnäpfchenführer Vietnam
ISBN 978-3-95889-247-7
ISBN 978-3-95889-290-3

CON
BOOK.

Auf dem Holzweg durch die Highlands

Wer nur ein bisschen Englisch spricht, findet sich in Schottland bestimmt ganz schnell zurecht – schließlich hat doch jeder schon mal von Dudelsäcken, Whisky und Loch Ness gehört, oder? Auch Franziska fühlt sich schon ganz trittsicher, als sie von München nach Inverness zieht.

Doch in ihrem privaten und beruflichen Alltag und während eines Trips durch die Highlands stapft Franziska in jede Menge Fettnäpfchen. Aber aus Fehlern lernt man bekanntlich …

Ulrike Köhler
Fettnäpfchenführer Schottland
Auf dem Holzweg durch die Highlands

ISBN 978-3-95889-248-4
ISBN 978-3-95889-301-6

CON BOOK.

Eine Ode an das Moin

Nach dem Abi zieht Sonja aus dem Ländle nach Leer, um beim *Oostfresen-Blattje* ihr Volontariat zu absolvieren. Über die Einheimischen – und ihre Eigenarten – hat sie sich vorher nicht informiert. Ostfriesland ist schließlich ein Teil von Deutschland, so anders kann es da gar nicht sein.

Wie sehr sich Sonja doch irrt! Zum Glück schließt sie schnell Freundschaft mit Grietje, die sie so manches Mal davor bewahrt, ins nächste Fettnäpfchen zu hüpfen. Mit der Zeit scheint Sonja die neue Heimat gar nicht mehr so fremd – sie ertappt sich sogar dabei, wie sie ihren heiß geliebten Kaffee am Morgen gegen Ostfriesentee mit Wulkjes eintauscht.

Sylvie Gühmann
Fettnäpfchenführer Ostfriesland
Eine Ode an das Moin

ISBN 978-3-95889-256-9
ISBN 978-3-95889-297-2

CON
BOOK.

Mut zur Lücke – der geilsten Lücke im Lebenslauf!

Er wurde angeschossen und ausgeraubt, durchsegelte einen Hurrikan auf dem Pazifik, war als Schmuggler unterwegs, wurde verhaftet und verdiente ein paar Dollar als Stripper in Las Vegas – Nick Martin hat in sechs Jahren knapp 60 Länder auf fünf Kontinenten bereist und damit mehr fürs Leben gelernt als mit jeder noch so steilen Karriere.

Aus all diesen Erfahrungen hat Nick ein besonderes Werk erschaffen: Gemeinsam mit der Berliner Autorin Anita Vetter hält er sein Leben in einem erzählerischen Bildband fest.

Nick Martin
Die geilste Lücke im Lebenslauf
6 Jahre Weltreisen

ISBN 978-3-95889-249-1
ISBN 978-3-95889-273-6

CON BOOK.